예배가
목회다

Copyright ⓒ 새세대 2017
Copyright ⓒ 2017 by William H. Willimon
Originally published in English under the title
Worship as Pastoral Care
by Abingdon Press, 201 8th Ave., South, Nashville, TN 37203, U.S.A.
All rights reserved.

이 책의 한국어판 저작권은 도서출판 새세대에 있습니다.
신저작권법에 의하여 한국 내에서 보호받는 저작물이므로 무단 전재와 무단 복제를 금합니다.

예배가
목회다

WORSHIP AS PASTORAL CARE

윌리엄 H. 윌리먼 지음
박성환 · 최승근 옮김

도서출판 새세대

예배가 목회다

Copyright ⓒ 새세대 2017

초판 1쇄 발행	2017년 12월 10일
초판 2쇄 발행	2022년 9월 16일
지은이	윌리엄 H. 윌리먼
옮긴이	박성환, 최승근

펴낸곳	도서출판 새세대
발행인	곽요셉
홈페이지	newgen.or.kr
이메일	churchgrowth@hanmail.net
출판등록	2009년 12월 18일 제20009-000055호
주소	경기도 성남시 분당구 정자동 210-1
전화	031)761-0338 팩스 031)761-1340

이 출판물은 저작권법에 의해 보호를 받는 저작물이므로 무단 전재와 무단 복제를
할 수 없습니다.
잘못된 책은 구입처에서 교환해 드립니다.

ISBN 979-11-88604-01-2 (03230)
책값은 뒤표지에 있습니다.

듀크대학교 신학부의
학생들과 동료 교수들에게

교회가 그들의 역량으로
복을 얻기를 바라며

Worship as Pastoral Care

차 례

서문 • 8

1장 우리는 왜 관심을 가지는가? • 17
2장 목회 돌봄으로서의 예배 • 39
3장 여기에서 어떤 일이 발생하고 있는가? • 67
4장 예배: 가깝고도 먼 예배 • 95
5장 예배와 삶의 위기: 장례예식 • 127
6장 예전과 학습: 결혼예식 • 155
7장 예전과 정체성: 세례식 • 187
8장 예전과 공동체: 성찬식 • 213
9장 예전과 리더십: 사제와 목사 • 249

미주 • 275
성구색인 • 287

서문

나는 신학교 재학 중, 학교에서 개설한 예배나 예전에 관한 과목을 한 번도 수강하지 않았다. 물론 내가 다니던 신학교에는 이 주제에 대한 과목이 있었다. 그러나 당시는 미친 듯이 세속적인 1960년대였고, 나는 현대 문명 사회를 사는 인간을 위한 목회자가 되려고 준비하는 사람으로서 예배와 같이 낡아빠진 것에 대해 생각할 시간을 내야 할 필요성을 못 느꼈다. 게다가 나는 개신교도였다. 내게 성례전과 예전적 기도 같은 것이 무슨 의미가 있겠는가?

그러나 조지아 주 외곽의 작은 교회를 처음으로 섬기며 나는 신학교에서 배울 수 없는 것들을 배웠다. 이 오십 명 규모의 작은 교회 회중들은 오히려, 그들을 예배로 나아가게 하고 있다고 생각하는 나를 예배로 인도하였다! 신학교에서 목회자가 되기 위한 준비 기간 동안에 내 머릿속을 지배하는 유력한 이미지는 목사, 상담자, 선지자, 선생, 행정가였다. 그러나 우리 교인들은 나를 매번 새롭도록 더욱 당혹스럽게 하고 협박을 해대는 역할을 부여했다. 그것은 바로 '사제'였다.

성도들에게 설교를 하고(그것은 때로 훈계질이 되었다), 조언과 안내를 하고, 교육하고, 믿음의 지식과 행함이 자라도록 하는 것이 사제로서의 내 역할이었다. 이 모든 목회 활동들은 다분히 의도적으로 성도들과 나 사이의 어느 정도의 괜찮은 거리와 안전을 유지하며 방어적인 개입이 보장될 때나 가능했다. 게다가 이러한 역할을 하는 세속적 직업은 굉장히 많았다. 그리고 문화적으로 목회자도 그 정도의 역할만을 수행하는 것이 허용되는 추세였다.

그러나 사제가 된다는 것은 그 이상의 의미를 가지는 일이었다. 이는 하나님 앞에 회중과 함께 서서 전능자와 회중이 서로의 삶과 사랑을 함께 묵상하도록 하는 것이었다. 심지어 완전히 시골에 있고, 순전히 개신교도이고, 아주 비예전적인 회중일지라도, 내가 그들의 '사제'라는 것은 부인할 수 없는 사실이었다. 그들은 나를 설교자라고 불렀고, 나는 업무용 회색 양복을 입고 예배를 인도했다. 우리는 복음성가를 불렀고, 결단의 시간(altar calls: 설교자가 결단의 시간을 위해 성도들을 강단 앞으로 나오라고 초대하는 의식-역주)을 갖고 간증했다. 그럼에도 내가 회중과 하나님 앞에 매일 서며, 하나님과 우리가 만나게 되는 예전에서 회중을 인도하는 그들의 '사제'라는 사실에는 변함이 없었다. 그들은 일요일 아침에는 기도를 통해 그들의 죄를 고백했고, 월요일 아침에는 내 사무실에서 나와 함께 기도했다. 나는 그들의 고백을 들었으며 무수한 방법으로 하나님께서 그들의 죄를 사하셨음을 선포했다. 그들은 일요일이면 제단에 나아와 하나님께 자신을 드렸고 그들의 은사를 바쳤다. 교인들이 토요일에 주일학교 예배실을 칠할 때면, 나는 그들이 자신들의 헌신이 하나님께 바쳐지는 것임을 깨닫도록 도왔다. 그들은 소리 지르고, 의심하고, 노래하고, 울고, 환상을 보고, 주먹을 흔들며 부르짖기도 했다. 즉 그들은 예배했다. 그리고 고백컨대, 그렇게 함으로써 그들은 나를 예배로 인도했다.

그곳에 있으면서 나는 그들이 예배 행위에 깊이 관여하는 것에 놀랐다. 내가 예배의 질을 향상시키기 위하여 좋은 의도를 가지고 접근하면 전혀 시큰둥한 반응을 보여 당황했으며, 내가 가장 소중하게 여기는 가치들에는 무관심한 반응을 보이는 것에 좌절했다. 때로 내가 그저 그랬다고 판단한 설교와 기도에는 엄청나게 열정적인 반응을 하는 데에 놀랐다. 나는 그들이 무의식적이고 자발적으로 경배를 드리는 순간에 빨려 들어가기도 했다.

나는 예배에 대해 호기심을 갖게 되었다. 그들은 왜 일요일마다 교회에 있는 걸까? 그들은 무엇을 하며, 자신들이 뭘 하고 있다고 생각하는 걸까? 왜 그들의 예배 생활에는 그런 강렬한 분노, 무관심, 행복, 공포, 강박이 존재하는 걸까? 왜 나는 예배를 인도하면서 양가적 감정을 느낄까? 왜 나는 예배를 인도할 때, 마음을 다해 열정적이면서도 한참을 주저하며, 긴장과 자신감을, 경배와 자기 회의를 동시에 갖게 되는 걸까? 이러한 의문들은 나로 하여금 예배와 예전을 공부하게 만들었다.

교회의 예배 생활에 대해 계속적으로 고민하고 집필하며 목회적 책무를 수행하면서, 나는 목회자라는 직업의 두 가지 측면에서 좌절감을 느꼈다.

내게 목회 돌봄이란 주로 목회 상담의 측면에서 해석되었다. 이는 제한되고 조심스레 국한되어 있는 상담의 한 종류라고 생각했다. 나는 상담 업무를 위한 다양한 전문 기술과 접근 방식들을 배웠지만, 정작 교구 사역 중에는 배운 것들 중 상당수가 적절치 않고 비현실적인 것으로 판명이 났다. 종종 50분짜리 상담보다 10분의 위기적 대면 혹은 길가에서 잠시간의 대면이 더 중요하기도 했다. 나는 스스로를 양심적이면서 상담을 잘하는 목회자라 생각했지만, 솔직히 말하면 엄격한 의미의 상담이란 내가 돌봄에 투자한 시간 중에 아주 적은 부분만을 차지하고 있었을 뿐이다. 게다가 나는 목회 상담 분야에 있으며 신학적 이해를 갖춘 많은 이들과 지역교회의 목회 현장에서 매일 경험하는 생활 사이에 점점 더 넓어져가는 간극을 메우느라 쩔쩔맸다.

다른 한편으로, 나는 대학원에서 예전에 대해 배운 것을 목회자로서 교회에 적용해 보려 하였으나 자주 실패하였다. 예전학에 대한 아주 흥미로운 변화와 새로운 통찰들이 터져 나올 때, 대부분의 예전학자들은 역사적인 기초문헌 탐구, 신학적 사색, 당장 필요한 예전 문서들을 제작하는 일에만 몰두할 뿐이었다. 새로운 예배 형태와 예전적 통찰이 생겨나면서, 나는 이러한 새로운 양식들을 지역교회에서 실행하는 데 매우 어려움을 겪었다. 또한 나는 단순히 회중이 역사적이고 신학적으로 존중할 만한 예전들을 제대로 향유할 수 있도록 가르치는 것보다 예전을 새롭게 하는 데 훨씬 더 많은 수고가 든다는 것을 발견했다.[1] 나는 점차 예배 생활을 신경 쓰고 인도하는 사제로서의 역할과 성도들의 삶 속에서 발생하는 필요와 정서적 애착, 복잡한 심리적 역학관계 등을 돌봐야 하는 목회자로서의 역할 사이에서 긴장감을 느꼈다. 예배에 생명력을 불어넣으려고 시도하면서, 나는 내가 느낀 '필요'들을 충족시키지 못한 채 흘려보내거나 무시했다. 도대체 내가 사제와 목회자의 직무를 동시에 수행하는 것이 가능한가?[2]

이 책은 예배와 목회 돌봄이 상호적으로 작용하고, 도전을 주고, 풍부하게 하고, 서로를 뒷받침할 수 있는 여러 방법으로서 사제의 역할과 목회자로서의 역할을 통합시키기 위한 내 노력의 결과물이다. 이 책은 사제와 목회자의 역할이 통합적으로 수행될 수 있도록 하는 여러 가지 방법을 제안하기 위해 저술되었다. 즉 동료 목회자들이 교회의 예전 생활 안에서 목회 돌봄을 수행하기 위한 수많은 방편들을 깨닫고, 예배 갱신의 임무를 수행하는 와중에도 목회 돌봄을 수행할 때 지켜야 하는 규율에 대한 통찰과 기술이 어떻게 유용할 수 있는지를 알게 하고자 한다.

1장에서는 예배의 본질에 대해서 말하며, 이러한 이해를 뒷받침하는 예전학적 가정들을 다루고자 한다. 2장에서는 목회자들로 하여금 예배에 돌봄의 차원이 있음을 상기시킨다. 즉 예배하고, 신뢰하며, 서로를 돌보고, 증언하는 신앙 공동체의 맥락 밖에는 진정한 '목회' 돌봄이 존재할 수 없다는 것이다. 3장에서는 예배 리더십에 좀 더 통합적으로 접근하기 위해서 목회 돌봄의 영역들이 활용될 수 있는 여러 방법들을 정립하고자 하였다. 특별히 예배에 대한 자세한 심리학적이고 심리치료적인 이해는 4장에서 구체화된다. 나머지 네 개의 장에서는 목회자들이 좀 더 통합적으로 예배와 목회 돌봄에 대하여 생각하기를 권유하는 의미에서 구체적 예배의 행위들을 면밀히 조사하고, 이러한 행위들의 심리학적 기능과 목회적 측면을 자세히 알아보려 한다. 마지막 장에서는 회중을 위해 예전과 돌봄을 수행하는 직에 대한 몇 가지 논평을 다룬다.

특별히 듀크 대학교 신학대학원의 동료이자 목회심리학을 가르치는 리처드 구들링(Richard Goodling) 교수와 폴 미키(Paul Mickey) 교수에게 감사한다. 그들은 이 원고가 더 나은 수준이 되도록 검토해 주었다. 또한 에모리 대학교 재학 시절 내게 목회심리학을 가르쳐 준 은사 로드니 헌터(Rodney Hunter)에게도 감사드린다. 이들의 격려와 조언은 반드시 필요한 것이었다. 그러나 그들은 이 책에 기록한 나의 모든 관점에 동의하지는 않았으니, 내용에 어떠한 부적절한 부분이 있다 해도 이들을 비난하지 않았으면 한다. 비서인 팻시 마틴(Patsy Martin)은 원고를 타이핑하고 교정해 주었다. 이 역시 매우 큰 도움이었다. 내가 가르치는 학생들, 전 교회의 성도들, 그리고 동료 목회자들은 이 책에서 다룬 사례 연구에 자신들의 사례가 쓰이는 것을 허락해 주었다. 매우 감사하게 생각한다. 이제 와서 돌아보면 이 책은 공동체의 저작물이다. 믿음의 공동체 말이다.

듀크에서 함께 목회자를 양성한 가장 최근의 동료 칼라일 말니(Carlyle Marney)는 이렇게 말하기를 좋아했다. "우리의 예배는 하나님과, 또한 우리 자신과 함께 드려져야 하며, 무엇보다 하나님이 우리였기를 바라는 우리와 함께 이루어져야 한다." 단순히 일련의 행위와 통찰력의 도구로 전락하기보다는, 사제이자 동시에 목회자의 역할을 수행하기를 원하는 사람이라면, 하나님께서 사랑하시고, 그리스도가 구원하러 오셨으며, 목사가 섬겨야 하는 성도들 가운데 어떠한 질문을 던지는 것이 적절할까?

1장

우리는 왜
관심을 가지는가?

WORSHIP AS PASTORAL CARE

1장
우리는 왜 관심을 가지는가?

가련한 목회자를 동정하라. 목회자는 최근 집중 포화의 대상이었다. 목회자는 편안하지만, 점점 텅 비어가는 장의자에 앉아 있는 회중에게 따분한 설교를 늘어놓는다는 핀잔을 받는다. 교회를 망하게 하는 부패한 조직이라는 쓴 소리도 듣는다. 목회자는 자기 일의 대부분을 제대로 수행할 능력이 없다는 평도 듣는다. 목회자들이 하는 일의 대부분은 지속적인 결과를 거의 내지 못한다고도 한다. 목회자는 팔방미인이어야 하지만, 이 말인즉슨 제대로 하는 건 하나도 없다는 뜻이다. 목회자는 긴 노동시간, 박봉, 그리고 요구사항이 많은 신도들, 이 모든 것을 견뎌왔다. 심방, 훈련, 교육, 설교 준비, 동료 목회자의 고용 문제, 교회의 경제적인 어려움, 그리고 교회 내 분쟁들의 중재 등으로 이루어진 일상들로 인해서 지친 상태로 침대에 쓰러지기 직전에 목회자는 자신이 교회 생활의 한 가지 영역에 대한 걱정을 더 해야 한다는 사실을 깨닫게 된다. 그것이 바로 예배이다.

왜 예배에 대해 신경을 써야 할까? 많은 목회자들에게 예배란 뻔히 내다보이는, 매주 일요일마다 그리 큰 어려움이나 비판 없이도 수행하는 교회 회중 생활의 한 측면이다. 당연하게도 단지 몇몇 신도들만이 예배 도중 넘치는 기쁨을 느끼며, 반대로 몇몇만이 예배가 이루어지는 방식에 변화 또는 혁신을 바라는 것처럼 보인다. 그러니 왜 예배를 겨우 구멍을 때워내는 방식으로 고치겠는가? 차라리 그냥 내버려두는 게 낫다.

다른 목회자들에게는 예배가 명백히 그들의 주요한 관심사가 아니다. 많은 개신교 목회자들은 그들의 목회를 목회 돌봄, 가르침, 상담, 행정, 또는 사회적 행위의 관점에서 바라볼 뿐, 예배 리더십이라는 측면에서는 고려하지 않는다. 한 젊은 목회자는 이렇게 말한다. "저는 예배에 새로운 것들을 적용하려 노력해 왔습니다. 그러나 사람들은 변화를 원치 않았고요, 제법 많은 시도들이 실패한 후에야 저는 비로소 포기하고 제 에너지를 다른 데 쓰기로 했어요."

또 다른 이유에서 예배에 대한 노력을 포기한 목회자들도 있다. 그들은 예배에 대하여 개인적으로 의미 있는 경험을 해 본 적이 거의 없다. 그들의 회중을 위하여 예배가 의미 있는 의식이라는 증거도 찾지 못했다. 그리하여 예배는 단지 전근대적 과거의 유물이 되어야만 한다고 결정내린 것이다. 따라서 오늘날에는 예배 없이도 믿음을 지키는 게 가능하다고 생각한다. 예배의 더 낡은 모델들은 그들에게 흥미롭도록 시대착오적인 느낌을 주고, 예배를 개혁하려는 새로운 시도들은 피상적인 것처럼 보인다. 게다가 예배는 그들의 주요한 목회적 관심사가 아니다. 개신교 목회자들 중 누가 신학교에서 예배 인도를 위한 능력을 가지는 것이 목회자의 주요 임무라고 배웠겠는가? 그들이 되어야 할 것은 대개 상담가나, 행정가나, 선생, 아니면 목회자였지 '사제'는 거의 아니었다.[1]

예배에 대해 관심을 갖는 평신도나 목회자들이 있기는 있다. 사실상 지난 수백 년간의 교회사에서 해 왔던 것보다, 오늘날 우리는 기독교에서의 예배에 대해서 더 많이 쓰고 생각하며 예배를 변화시키고 있다. 가톨릭의 예배는 지난 500년간보다 제2차 바티칸 공의회(1962년) 이후 더 많은 변화를 겪었다. 과거에 예배를 그저 30분의 설교와 결단의 시간이라는 가장 중요한 행사를 위한 보조 장치 정도로 이야기했던 개신교 주류 교단들이 새로운 생각을 하고 끊임없이 새로운 예전들과 역사적 연구, 그리고 예전의 변화를 위한 자료들을 선보이고 있다. 왜 이 시기에 예배에 관한 그와 같은 관심이 일어나는 걸까?

지금은 고전이 된 예배에 대한 저작에서 폴 훈(Paul Hoon)은, 마치 새 술이 나쁜 술과 섞여 있는 것과 같이, 예배에 대해 의욕을 고취시킬 만한 몇몇 생각거리들이 미심쩍은 가치를 지닌 것들과 뒤섞여 있다는 점을 인정한다.[2] 옛날 부흥사들이 쓰던 속임수와 강제적으로 감정 반응을 끌어내는 행위 같은 것을 경멸해 오던 개신교 성직자들은 현대에 쓰이는 예전적인 술책들을 사용하는 데 죄책감이 없다. 예를 들면 풍선, 춤, 광대, 드라마, 그리고 친밀함을 보여주는 동작들인데 이것들은 회중들 가운데 여러 가지 감정적 상태를 고의로 유발하기 위한 것이다. 목회자들에게는 "조금이라도 회중을 뒤흔들어 놓는 것"이라면 뭐든 정당한 것인데, 그들은 회중을 사십 분 간, 녹음된 비명 소리나 영양실조 상태인 어린이들의 슬라이드 사진, 스스로의 "예언자스러운" 설교적 꾸짖음의 집중 포화에 시달리게 하기 때문이다. 경영적인 목표를 달성하고 값싼 감정적 고양을 불러일으키기 위해 예배를 이용하는 것은 개신교에서 새로운 일은 아니다. 공리주의적이고, 실용적이며, 감정을 고양시키는, 일요일 아침 예배 시간 동안 벌어지는 사람들에 대한 '조작'은 과거에 찰스 피니가 부흥회에서 사람들을 제단 앞에 강제로 꿇어앉히기 위해 사용했던 "새로운 수단들"(New Measures)을 사용한 이래로 계속 사용되었다. C. S. 루이스는 이렇게 말했다. "목회자의 임무는 '내 양들을 먹이는 것'이지 '쥐들에게 실험을 하는 것'이 아니다." 예배가 목회자가 최근 계획하는 전도 대회를 위한 궐기 집회 따위라든지, 또는 목사 자신의 숨겨진 의제를 포함하는 일련의 행동들로 전락할 때에 예배에 대한 우리의 관심사는 다시 의문스러워진다.

예전적 관성의 지루함은 종종 우리를 창조적이고 혁신적인 실험을 하도록 이끈다. 그러나 이러한 실험들은 때로 우리에게 들뜬 분위기를 '생명력'으로, 열광적 행사(lit-orgy)를 예전(liturgy)으로 착각하게 한다.[3] 전형적인 미국 정서에서, 우리는 신자들이 주일예배로부터 아무것도 얻지 못한다고 말할지도 모른다고 생각한다. 이는 그들이 단지 오래된 예배 형태를 따분해한다는 것을 의미하고, 가장 최신 형태를 따라가는 "새롭고 향상된 예배 모델"에 의해서만 다시 흥미를 되찾을 수 있다는 것을 의미한다고 생각한다. 목회자들은 예배에서 할 수 있는 새로운 것들을 자주 갈망하지만, 신자들이 왜 따분해하는지, 왜 예배에 몰입할 수 없는지에 대한 근본적 원인에 대해서는 질문하지 않는다. 또한 그들로 하여금 예배에 대한 새로운 요소들을 찾게 하는 목회적 동기부여의 원인에 대해서도 그렇다. 2세기의 성찬은 대부분의 사람들에게 새로웠을 것이다. 잘 진행되고, 노련하게 해석되며, 신중하게 기획된 전통적 양식의 주일 아침 예배도 매우 많은 회중들에게 급진적인 혁신일 수도 있을 것이다! 왜 우리는 예배에서의 새로움을 갈망하며, 이러한 새로움은 어떤 형태를 취해야 할까? 우리는 예배의 경험을 새로움의 경험으로 대체하고 있지 않은가?

끝으로, 현재 예배에 대해 신경 쓰는 것들 중 몇 가지는 기본적으로 우리가 가진, 자유교회(free-church) 개신교식의 불안으로부터 기인한다. 개신교식 단순함에 따라 희석되고 방부제 처리된 포도 주스, 장황한 가르침, 계몽주의, 고루한 중산층의 체면 등에 기반하여 양육받아 온 우리가 이제는 스스로 더 화려한 예전들의 더 비싼 와인 같은 걸 원한다는 사실을 깨달았다. 우리 개신교식 예배는 가톨릭의 예배에 비해 너무 얄팍하고, 메말랐으며, 인위적이다. 한 평신도는 내게 이렇게 말했다. "당신은 연중 52번의 주일마다 부흥회를 계속 열 수는 없어요. 뭔가 다른 것이 있어야 합니다." 우리는 안정적이고 스스로 만족할 수 있는 정체성을 가진 것으로 보이는 것들을 부러워한다. 가령 고교회 전통 교회들의 사제적인 권한이나 또는 오순절 계통 혹은 더 급진적인 계열의 저교회 전통 교회들에 존재하는 상당히 자발적으로 보이는 충일함이다. 개신교 계열의 신학교는 수십 년간 강단 중심으로 이루어지는 예배 개념과 약화된 목회의 원칙들에 지배되어 왔으며, 그들은 충분한 수준의 예배 리더십을 갖춘 목회자들을 양성하는 것을 게을리 했다. 우리는 주일 설교에서 제시되는 장엄한 말씀의 선포가 회중의 평생 양식이 되기에 충분하다는 오해에 빠졌다. 자신들의 회중을 위하여 돌아오는 매주일마다 '무(無)로부터' 예배가 발생하도록 해야만 한다는 부담감이 자유교회 전통 내의 목회자들에게 무겁게 지워져 있다. 목회자의 노력이 적중한 어느 주일에는 회중들이 예배를 제대로 드릴 수 있지만, 그렇지 못한 경우에 회중은 예전적 빈곤을 느끼며 겨우 예배를 본다. 너무 많은 "개신교적 자유"는 우리를 예전적 무지와 혼돈의 미로 속에서 헤매도록 우리를 방목해 왔다. 우리는 무언가 그 이상을 찾고 있다.

예배에 대하여 그 이상의 무언가를 추구함에 있어서, 우리는 예배의 목회적인 관심을 위한 가장 고귀한 동기들에 접근한다. 우리 앞에 놓인 질문들은 이런 것이 아니다. 내가 예배를 개혁해야 할까? 우리는 좀 더 자발성을 가져야 할까, 아니면 격식을 갖추어야 할까? 나는 검은 예복이나 장백의를 입어야 하는 걸까? 오히려 가장 적합한 질문들은 이런 것들이다. 내가 목사로서 회중들을 예배하도록 돕기 위해 어떤 방식을 택해야 할까?, 어떻게 우리는 사람들이 비록 잘 기억은 못하더라도, 주일 아침에 자신들이 원하는 것(하나님을 예배함)을 하도록 도울 수가 있을까? (나는 '예전-liturgy'이 본래 그리스어로 "사람들의 일"이라는 것을 상기시키고 싶다.) 어떻게 하면 우리는 목사로서 우리 전통과 다른 전통의 자원들, 우리의 목회 돌봄 영역과 새로운 형태의 예배 자원들을 활용해서 회중의 공동체적 삶을 강화하고 세울 수 있을까? 성도를 세우고 예배 자원 안의, 또는 다른 전통 안의 자원들을 우리의 목회 돌봄 규율들로 지키며, 회중으로서 우리가 하나 되는 삶을 강화시키고 교화시키는 예배의 새로운 형태에 활용할 수 있을까? 우리의 가장 주요한 목회적 목표는 성도를 교화하고 세워주는 것이다.

가톨릭 신학자인 버나드 쿡(Bernard Cooke)은 그의 기념비적인 신학 연구에서 다음과 같은 사실을 보여준 바 있다. 초대교회의 궁극적 목표는 '교화'(edification)였다.[4] 임직 목회자의 기원과 특성이 신약 시대와 초대 교부 시기에 정확히 어땠는지는 알 수 없다. 그러나 이 한 가지는 확실하다. 교회는 그 시기부터 몇몇 사람으로 하여금 회중 전체가 생명력을 잃지 않도록, 그리고 화합되도록 교화하고 교육하는 역할을 담당시켰다는 것이다. 세례 받은 모든 성도는 세상을 향한 그리스도의 사역을 함께 담당하였다. 즉 그것은 증언하고, 섬기며, 기도하고, 복음을 전하는 일반적인 목회 사역들이었다. 하지만 몇몇은 전체 회중을 돌보기 위한 특정 목회 사역을 담당하였는데, 그것은 예배하는 방법을 안내하고, 예배를 지속시키며, 예배에서 설교하고, 가르치고, 훈육하며, 예배를 이끄는 일이었다. 임직 목회자의 일들을 살펴보면, 그것이 바로 '교회'의 일이다. 알다시피, 이러한 직무 분담이 초대 교부 시기 성직자(cleros)와 평신도(laos)의 구별을 만들어냈으며 오늘날까지 가장 중요한 차이점으로 꼽힌다. 모든 그리스도인들은 세상에서 신실한 그리스도인으로서의 삶을 살아간다고 하는 보편적 책무를 공유하고, 목사는 신실한 기독교 공동체가 만들어지고 장성할 수 있도록 하는 추가적인 책무를 맡는다. 목사의 권한은 하나님과 공동체로부터 부여되며 그러므로 목회자로서의 직무를 수행하는 데 드는 노력은 교회 공통이 신경 써야 하는 것들을 향할 수밖에 없다.

공동체를 길러내는 자로서의 소명을 감당하기 위해 목회자들은 예배라는 수단을 현명하게 이용한다. 바울은 고린도교회에서 성도들이 보여준 이기적인 당파 싸움과 지나친 열심에 격분한 바 있다. 그때 그는 성도들에게 그들의 예전적인 행위들, 즉 먹고 마시는 것, 기도하고, 세례 주고, 방언하는 것, 설교하는 것까지 이 모든 것들이 하나의 목표를 위한 것임을 상기시켜 주었다. 그것은 교회를 장성하게 하는 것이다. 바울은 고린도 교인들에게 이렇게 말한다. 기독교의 예배란 본래 공동의 일이며, 또한 실체가 존재하는 것이라고 말이다. 이는 그리스도의 몸을 표현하고 이룬다. 만일 예배가 공동체를 이루는 데 도움이 되지 못 한다면, 즉 교회를 한 몸 이루게 못 한다면, 이것은 기독교의 예배가 아니다(고전 1:2; 14:26을 보라). 칼 바르트(Karl Barth)는 이렇게 말했다. "물론 공동체를 교화시키고 또한 스스로를 교화시킬 수 있게 하는 것은 비단 예배뿐만이 아니다. 그러나 그것은 바로 예배로부터 처음 시작되고 연속적으로 일어나는 것이다. 만일 거기서부터 일어나지 않으면, 교회는 어디서도 발생하지 않는다."[5] 만일 공동체가 예배하지 않으면,

그것은 기독교 공동체가 아니다. 그리고 예배가 공동체를 세우고 유지하지 않는다면, 그것은 기독교의 예배가 아니다.

예배가 기독교 공동체를 세우는 중심 요소인 이유 중 하나는, 예배 안에서 비로소 공동체의 모든 현안들이 충족되고 한데 모이기 때문이다. 예수께서 각자를 식탁에 둘러앉은 그의 몸된 신앙 공동체로 모은 것같이, 성령께서 오순절에 각양각색의 인종과 민족을 하나로 만든 것같이, 예배는 늘 공동체를 하나로 모으는 행위이다. 바로 여기에서 말과 행위, 이론(*theoria*)과 실천(*praxis*), 과거와 현재, 인성과 신성이 만난다. 이스라엘 백성들은 성막, 즉 하나님을 만나고, 판단을 충족시키며, 은혜를 입는 '회집의 장막'에 모였다. 우리의 모든 예배는 함께 나아가는 만남(*synaxis*, 성찬 중심의 예배)이 되어야 한다. 우리가 예전의 역사에서 일으킨 대부분의 문제들은 예배의 다른 측면들을 무시하고 한 가지 측면만을 강조한 결과였다. 이단의 본질이란 진리의 다른 측면들을 배제하고 한 측면에만 열정적으로 집착하는 것이 아니던가? 이를 예배에 대한 우리의 목회적 관심에서 경고의 교훈으로 삼자. 예배는 목회적이며, 교화시키고, 협력하며, 통합한다.

1. 기독교 예배를 위한 규범들

회중을 위한 예배에 관한 우리의 목회적 관심사에 초점을 맞추어 볼 때, 우리는 감히 이렇게 물어볼 수 있을지도 모른다. 무엇이 기독교의 예배인가? 제임스 화이트(James White)는 좋은 기독교 예배를 평가하기 위하여 유용한 세 가지 규범을 정리하였다. 이는 신학적, 역사적, 목회적 규범이다. 온전한 기독교 예배를 드리기 위해 이 규범들은 반드시 우리의 예배에서 나타나야 한다. 돈 워드로(Don Wardlaw)는 이 세 가지 상호 연관된 예배의 규범들을 이러한 삼위일체형 도식으로 상징화하였다.[6]

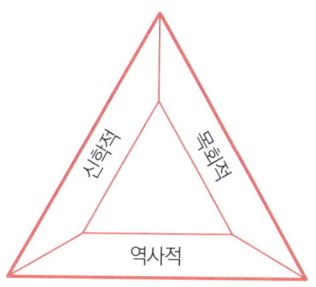

이러한 설명은 우리가 예배 중에 이 규범들을 준수하기에 좋은 이론적 정당성을 부여한다. 그러나 우리가 이러한 규범들이 예배에 적용되도록 해야 하는 가장 주요한 이유는, 이 세 가지 원칙의 고수가 우리의 돌봄을 받는 사람들의 삶에 어떠한 차이를 만들어낸다는 것을 확신하기 때문이다.

신학적인 질문을 하기 위하여 물어야 하는 것은 단순히 이것이다. 우리의 예배에서 하나님에 대해 말하고 있는 것은 무엇인가? 또는 필연적으로, 하나님께서는 우리의 예배에 대해 우리에게 뭐라 말하고 계시는가? 물론 이 질문들은 가장 어렵고도 근본적인 것이다. 그러나 흥미롭게도 이는 종종 우리가 마지막에 가서야 던지는 질문이기도 하다. 어쨌든 우리가 우리의 예배에 대해 생각한다면, 우리는 주로 다음과 같이 생각하는 것이다. '나'는 예배로부터 무엇을 원하는가? 또는 '우리의 신도들'은 예배로부터 무엇을 원하는가? 좀 더 용감한 질문을 하자면, 하나님께서는 우리의 예배로부터 무엇을 원하시는가? 우리의 예배는 아브라함과 이삭과 야곱의 하나님을 위한 것인가, 아니면 바알과 아프로디테와 큐피드를 위한 것인가? 우리의 예배는 성경적인 기준에 비추어 볼 때 우리의 기도와 찬양이 그래야 하는 것과 같은 진실성을 갖추고 있는가? 우리의 예배 중 많은 부분이 자기중심적이고 세속적이며 관성에 젖어 있다. 우리는 어떻게 우리를 부르는 복음에 충실할 수 있으며, 또 어떻게 세속적인 우상숭배와 기독교식 예전 사이의 차이를 인지해 낼 수 있을까? 만일 우리가 어느 정도의 신학적 질문과 답을 하지 못한다면 말이다.

신학적 규범을 준수하기 위하여 이러한 신학적인 질문을 던지는 것은 희미한 학문적 추상화에 휩쓸려 들어가는 것이 아니다. 오히려 신학적인 관심을 갖는다는 것은 바로 우리의 예배가 갖는 아주 실질적인 함의에 우리 스스로 깊은 관심을 갖는 것이다. 기독교의 예배는 우리가 어떻게 하나님께 말하고, 어떻게 하나님의 말씀을 듣는지에서 차이를 만들어 낸다는 가정 하에 진행된다. '축제'(Celebration)라고 하는 현대의 많은 오도된 시도들이 지니는 피상적인 어리석음, 그리고 무수히 많은 주일 아침마다 예배에서 나타나는 지루한 징후는 우리를 함께 부르시는 살아 계신 하나님께보다는 우리 자신을 높이고 보호함, 우리의 욕망, 우리의 사상에 더욱 어필하는 것일 수 있다. 이것이 바로 사도 바울이 고린도교회의 성도들을 훈계할 때 하던 말이다. "너희가 함께 모여서 주의 만찬(*kurakon diepnon*)을 먹을 수 없으니 이는 먹을 때에 각각 자기의 만찬(*idion diepnon*)을 먼저 갖다 먹으므로 어떤 사람은 시장하고 어떤 사람은 취함이라"(고전 11:2-29 참조. 저자는 이 구절의 뒷부분을 다음과 같이 의역하였다. "너희가 이기적으로 먹으므로 너희 자신을 파괴하도록 먹는 것이다!"-역주). 아마도 바울이 계속해서 말했던 것처럼, 우리와 우리의 회중들이 건강하지 못한 이유는, 또한 우리의 예배가 그들에게 해롭지도 않고 도움도 되지 않는 동시에 치유의 역할도 거의 하지 못하는 이유는, 우리가 전적 타자(Wholly Other)를 예배하지 않고 불완전하고 이상화된 우리의 이미지를 예배하기 때문이다. 너무나 현대적인 예배는 설교자나 최신의 통속 심리학과 유행에 의존한 나르시시즘적 개인을 위한 숭배로 퇴행했다.[7] 우리는 위기의식을 갖고 예배에 관한 객관적이고 초월적이며 신비롭고 예언적인 관점을 복원해야 한다. 하나님을 예배함으로 다시 돌아가야 한다. "교회 안의 하나님을 하나님 되게 하라!" 바르트는 일찍이 이렇게 힘주어 말했다. 신학적인 규범은 우리에게 '어떻게' 예배하는지'보다 '누구를' 예배하는지가 더 중요하다는 점을 일깨운다.

역사적 규범이 가르치는 바는 우리의 신앙 선배들이 하나님께 말했고, 하나님의 말씀을 들었던 방식이 오늘날 우리에게도 타당함을 확증하는 것이다. 예전의 갱신이 예전 역사의 연구와 함께 동행 발전되어 왔다는 것은 단순히 우연의 일치가 아니다. 이스라엘이 믿음 없이 방황할 때에 "돌아오라, 다시 돌아오라"고 옛 선지자들은 외쳤다. 그들은 골동품 수집가나 향수병에 걸린 사람들이 아니었고, 단지 사람들에게 그들의 기억을 따라 가르침을 받고 분별하라는 말이다.

칼 바르트는 한때 이렇게 말했다. 교회의 예배에서 가장 중요한 것은 최신 유행이 아니라 개혁이란 말이다. "교회는 항상 개혁되어야 한다"(*semper ecclesia reformanda*)는 것은 늘 시대와 함께 흘러가거나, 당대의 정신이 옳은 것과 그른 것을 결정하게 내버려두는 것을 의미하지는 않는다. 또한 과거에 숨어버리는 것을 의미하지도 않고 말이다. 이는 오히려 주님께 드리는 새로운 노래를 부르는 의무를 어제보다 더 잘 이행함을 의미한다. "(또한) 이는 시간적인 기원이 아닌 공동체의 본질에 대한 기원으로 회귀하는 일이 절대로 지겹지 않음을 의미한다." 또한 교황 피오 12세(Pius XII)는 그가 저술한 예배 회칙에서 (예배를) "마음과 생각 속에서 거룩한 예전의 원천으로 돌아가는 것"⁸이라 말한 바 있다. 특히 반역사적인 사회적 환경 속에서 때로 가장 오래된 믿음은 대단히 현대적인 울림이 있다. 역사적 예전 연구에서 우리는 내내 우리가 잃어 온 많은 것들에 의해 자극받는다. 종교개혁의 논쟁을 통해 형성된 예전 혁신들 중 많은 것이 개신교 예배를 생략되고 제한된 형태가 되도록 하였다.⁹ 초대교회들이 매주 일요일에 성찬례를 드릴 때 무엇을 했겠는가? 왜 존 웨슬리(John Wesley)는 성찬식에 복음 전파와 회심의 수단으로서 가장 중요한 의미를 부여했겠는가? 중세 교회에 있어서 고해성사와 속죄 이외에는 무엇이 목회적 관심사였겠는가? 어째서 신비주의가 교회의 성인들의 삶에서 중요한 부분을 담당해 왔겠는가? 왜 교회는 교회가 축복한 결혼 이전의 순결 서약을 고집하게 되었겠는가? 역사를 모르는 사람들은 결국 역사적인 실수를 반복할 운명에 처한다. 그들은 현재 그들의 믿음을 표현하는 좁은 틀 안에 갇혀서, 결국 과거의 영광을 잃어버리고 만다. 역사적 규범은 우리로 하여금, 우리가 오늘날 예배 안에서 존재하기를 원하는 방향을 알아갈 수 있는 가장 좋은 방법들 중 하나는 그 동안 과거의 교회 예배가 어디에 있었는지를 아는 것이라 말한다.

끝으로, 이 책의 주제에서 가장 중요한 것은 예배를 위한 **목회적 규범**이 존재한다는 것이다. 기독교의 예배는 예배자들과 인도자(혹은 인도자가 여러 명일 수도 있다)를 반영해야 한다. 예전이란 '사람들의 일'이다. 우리는 소위 말하는 성스러운 예배라는 것이 완전히 인간적인 특징을 가지고 있음을 인정하는 것이 부끄럽지 않다. 결국 우리들의 믿은 다소 충격적인 개념에 기반한 성육신화된 믿음이다. 이는 삶과 죽음, 말씀 사역, 치유와 우리가 하나님을 보기 원하는 것만큼 간절하게 보아 온 나사렛으로부터 온 한 유대인의 부활 안에 나타난 것이다.

신약성경은 교회를 그리스도의 몸이라고 말한다. 세상을 향한 하나님의 사랑이 나사렛 예수 안에 현신한 것이다(골 2:9). 그리하여 세상 가운데서 그분의 사랑이 육신을 입으며, 이는 세상을 향해 하나님의 사랑을 드러나게 하기를 쉬지 않는 그의 교회를 통해 가능한 것이다(고후 5:19-20를 보라). 확실히 말할 수 있는 바, 개개의 교회는 다양하면서 적절한 차원으로 이와 같은 사랑을 구현한다. 그럼에도 불구하고 우리가 볼 수 있는 것은 교회 정문에서 주보를 나누어주는 몸이 비대한 안내위원들, 여성 구제회의 회원들, 앞좌석에서 꼼지락대는 유치원생들과 헌금봉투에 5달러짜리 십일조를 넣어 봉하는 나이든 연금수령자들, 이들 모두가 도시 정글에서 사역하는 새롭고 혁신적인 선교사들이라는 점이다. 그리스도께서는 자신이 세상 안에 이러한 모습으로 있기를 택하셨다.

우리 목회자들은 자주 교회 안의 사람들이 누구인지를 이해하려 하기보다, 그들이 누가 되어야 하는가를 놓고 탄식한다. 목회자들은 성도들의 한계와 가능성을 현실적으로 고려하지 않고 어떠한 이론적 원칙들에 근거하여 '혁신적인 예배'를 고안해 낸다. 우리는 무엇이 진정한 예배인지에 대한 우리들의 개념을 제한하며, 성도들이 그들 스스로의 방식으로 진실하게 예배할 때를 보지 못하게 한다. 우리는 미리 고안해 놓은 예전 '틀'에 성도들을 밀어 넣으려다 그들이 그러한 방식을 거절하고 거부하면 당황스러워한다. 목회직 규범은 우리 목회자들에게 성도들을 목회적으로 진지하게, 또한 섬세하게 대해야 함을 상기시킨다.

예배를 평가하는 목회적 규범들을 확정하면서, 우리는 우리의 관심사를 성도들보다는 신학적이고 역사적인 믿음에 두었다. 나는 종종 재기발랄한 젊은 성직자들이 이렇게 말하는 것을 들어왔다. "목회자는 단지 부드러워진 예언자입니다." 이 말은 자신의 성도들을 위한 사랑과 진리를 위한 예언자적 열정이 상호 배타적이라는 의미를 함축한다. 그러나 나는 이 함의에 반하여 이렇게 주장하고 싶다. 우리의 목회적 관심은 신학적이고 역사적인 헌신에 의하여 발생하며, 그 반대의 경우도 성립한다고 말이다. 우리가 예배할 때 우리는 인류를 돌보신, 개인의 놀라운 다양성을 창조하신, 우리의 육체적인 존재 안에 임하셔서 우리를 완전케 하신 하나님을 예배한다. 인류는 하나님께서 성육신하신 이래로 이전과 같지 않다. 그리스도의 본질은 우리가 관심을 가져야 할 것들의 특징을 결정짓는다.

우리가 다음 장에서 더 살펴보기도 하겠지만, 역사적으로도 교회의 공동체적 예배는 목회적 활동과 돌봄의 원칙적 영역으로 간주되었다. 성례와 설교, 도유, 축복, 기도를 하면서 사제는 신과 인간 사이의 중재자 이상의 역할을 담당했다. 사제는 공동체에서 은혜의 방편들을 제공하며 예전 리더십을 통하여 공동체의 목회자의 역할을 해 왔다. 유대교 사원이나 이교도의 종교의식과는 달리 초기 기독교 예배는 가족 단위의 일이었다. 이는 종교적인 예식이라기보다는 식탁 모임에 가까웠다. 공동체 예배의 리더가 된다는 것은 모임을 대표하고 공동체의 권위를 행사하는 것이며 식탁 친교에서 그들을 이끄는 것이었다. 매주일 성찬을 통해 성도들에게 떡과 잔을 나눠주는 목회자는 단지 자신이 주중 동안 하는 일을 반복하는 것이다. 이는 양떼들이 세상 안에서 자기 몫의 사역을 해나갈 수 있도록 영양을 공급하고 안정적인 상태를 유지시켜 주는 일이다.

반면에, 전술한 것을 반복하지만, 우리의 신학적이고 역사적인 관심사의 대부분은 우리의 목회적 헌신으로부터 발생한다. 미국의 반지성주의적, 반역사적, 공리주의적인 문화권 안에서 많은 이들은 신학이나 역사 같은 것들을 실제 삶의 영역에서 멀리 치워진, 한낱 지적 유희에 지나지 않는다고 생각하는 경향이 있다. 목사들은 때로는 이렇게 말하기도 했다. 신학적인 세부사항을 가지고 사람들을 괴롭히는 대신에 단지 사람들과 어려운 상황에서 "당신의 존재를 공유하며 함께 있으라"(share your presence)고 말이다. 이를테면, 목사 스스로의 성품이 신앙에 대한 자신의 생각이나 신념, 또는 공동체의 의미 체계보다 훨씬 더 중요하다는 것이다. 우리는 이것에 대해 추후 좀 더 자세하게 다룰 것이다. 그러나 지금 잠시 언급하면, 내 기본적인 가정 중 하나는 이렇다. 사람들은 그들의 신학적 개념을 정교하게 하고 신앙에 대한 인지적인 이해를 넓히면서 도움을 받는다는 것이다. 우리의 개인적 문제들 중 많은 부분들에는 윤리적 차원이 있다. 우리 인간들의 문제는 단지 머리를 곧게 세우고 좀 더 명료하게 생각한다고 해서 전부 해결되는 것이 아니다. 그러나 문제들 중 어떤 것은 우리의 잘못된 이해들, 흐릿한 생각들과 검증되지 않은 이데올로기들, 적절하지 않은 이미지들과 제한된 개념들로부터 비롯된다. 주관적이고 순전히 직관적이며 심리학적이고 개인주의적인 소위 사람들에 대한 '목회 돌봄'을 강조하는 목회자들은 이러한 돌봄을 실행하면서 더욱 객관적이고 신학적-역사적이며, 윤리적 맥락에 대한 이해를 배제한 채, 기독교 사역을 세속적 치료법을 모방한 일종의 프로그램으로 대치하는 위험을 초래한다. 우리의 목회 돌봄이란 이 세상 안에서 신앙을 살아내는 예배 공동체라는 맥락 안에서만 수행될 수 있다. 우리의 목회 돌봄에서 이러한 맥락을 잊어버리는 것은 우리의 돌봄을 위한 관점과 정체성, 그리고 원천과 자원을 잃는다는 의미이다.

이 책은 목회자로서 갖는 우리의 관심사들 중 하나에 초점을 맞추는 데에 목적이 있다. 그것은 바로 예배다. 다시 한 번 명백하게 할 필요가 있는 바, 우리가 이러한 특별한 관심사에 초점을 맞춘다고 해서 다른 규범들이나 헌신과 같은 것을 배제하려는 것이 아니다. 이는 오히려 우리의 다른 관심사들을 더 보완하고 풍성하게 해줄 것이다. 나는 목회심리학이나 목회신학, 그리고 예전신학과 같은 분야들의 통찰을 활용하여 동료 목회자들이 공예배를 인도하는 상황에서 중대한 목회적 경험을 할 가능성에 민감해질 수 있기를 제안한다. 다양한 목회 돌봄의 영역들이 예전 및 예배와 연관되었을 때 하나님 백성을 돌보는 우리의 사역에 풍성한 자원을 제공할 수 있음을 보여주는 심리학적인 관찰, 신학적 관점들, 그리고 사례 연구들도 사례로서 제시될 것이다.

2. 방법론 노트(Notes on Methodology)

나는 심리학자가 아니다. 마찬가지로 뛰어난 역사학자나 신학자도 아니다. 나는 예전학자이며 때로는 목회자이다. (나는 꽤 많은 시간을 예배에 대하여 쓰고, 말하고, 가르치며, 생각하는 데에 쓴다.) 하지만 나는 예배에 관심이 있기 때문에, 내가 예배라는 것을 더 잘 이해하기 위하여 다양한 방식을 적용한다는 것도 안다. 기독교의 예배란 것이 얼마나 복잡하면서도 다면적인 현상인지는 매순간마다 다시금 깨닫게 되며 앞으로도 영원히 그러할 것이다. 물론 전문화 및 세분되고 국한된 연구는 성서 해석과 기독교 철학에는 적절할지도 모른다. 그렇지만 예전학에 있어서 편협함과 제한된 시각은 독약이다.

내가 아는 가장 영향력 있는 목회자들은 실무와 관점을 결부시킨다. 그들은 당회가 목회 돌봄에 대해 개입하여 결정을 내려주기까지 기다리는 법이 없다. 또한 그들은 예배를 일요일 아침에 일어나는 60분 동안의 것으로 제한하지도 않는다. 신학교들은 그들의 교육과정을 조심스레 정의내려진 분과와 학문의 영역들로 세분해 가면서 오히려 퇴보하는 경향이 있다. 가장 좋은 목회자들은 다방면을 다루는 제너럴리스트이면서 통합주의자이다. 왜냐하면 그들은 모든 목회의 영역들은 실재에 대한 관점이며, 단 하나의 관점이 유일한 진리이거나 인간의 필요를 충족시키는 능력을 독점할 수 없다고 보기 때문이다.

앞서 보았다시피, 예배는 무엇보다도 공동체적이면서 통합적인 사건이다. 예배는 단지 다양한 사람들을 통합시키는 것이 아니라, 다양한 전통과 기대와 표현과 동기들을 통합한다. 예배 경험의 폭넓고 총망라적인 특성은 예배에 대해서 조심스럽게 윤곽을 그리는 기획자와 저술가들을 혼란스럽게 한다. 그러나 목회자에게는 이러한 경험이 목회자로서의 삶에서 예배가 반드시 중심되어야 한다는 좋은 이유 중 하나가 될 수 있다. 장례예식이나 결혼예식, 기도회뿐 아니라 그와 같은 시간이나 매주일 아침에도 우리의 믿음은 표현되고 형성된다. 그러한 때에 우리의 가장 내밀한 곳에 위치한 믿음은 외부를 향한 행동과 말로 변화된다. 우리의 과거가 현재와 대면한다. 우리의 현재는 미래를 향해서 기울어져 간다. 바로 여기서 우리는 스스로를 돌아보며 지역교회의 신자들을 새롭고도 아주 흥미로운 방식으로 돌아볼 특별한 기회를 갖는다. 나는 이것이 다분히 논쟁적이기를 바란다.

앞서 말했듯이, 나는 심리학자가 아니다. 그럼에도 여전히 나는 기독교의 예배에서 일어나는 것에 의미를 부여하는 데 큰 도움이 되는 특정한 방법과 관점을 심리학의 영역에서 찾아냈다. 이 책을 통해 시도하고자 하는 것들 중 하나는, 이러한 심리학의 일부 도구를 예전신학의 맥락 안에서, 예배하는 사람들을 향한 목회적 관심에서 사용하는 것이다.

내가 목회심리학적 관점을 적용할 때, 나의 기본적 접근 방식은 현상학적이 될 것이다. 즉 나는 여러 가지 예배에서 나타나는 현상들을 다룰 것이라는 이야기다. 우리가 예배에 참여하고 예배를 이끌면서 하는 행위들, 가령 '사제'나 '목회자', 또는 '고백', '용서', '성례전', '결혼예식' 등을 묘사할 때 나타나는 공통적인 주제를 찾아내면서 말이다. 또한 이러한 주제들에 영향을 주는 특정한 심리학적 사유에 주목할 것이다. 이러한 방식으로 사용되는 심리학은 일종의 부연설명이 될 것이며, 폴 프루이저(Paul Pruyser)가 말한 것처럼 예전적 주제들에 대한 일련의 정교한 각주들이 될 것이다.[10]

그러나 이러한 현상학적 접근의 위험성은 심리학적 개념들 간의 자연스러운 통일성과 상호연관성이 소실될 수 있다는 것이다. 특히 즉석에서 심리학이 종교적인 징후에 적용될 때 심리학적 통합성과 완전성이 손상될 수 있다. 상충하는 심리학적 접근들은 각기 다른 현상에 다르게 적용될 수 있을 것이다. 그 결과 일련의 일관성 없고 다소 얄팍한, 피상적 수준의 심리학적 관찰 결과들이 도출될지도 모른다. 만일 노력의 결과가 이렇게 나온다면 그것은 오직 나의 잘못이라 할 수 있을 뿐이며 나는 다른 사람들이 더 나은 기술로 유사한 작업들을 수행해 나가기를 바란다. 공개적으로 밝히건대, 이 책을 기술하는 나의 최우선적 목표는 심리학적 체계화가 아니다. 비록 나 자신이 목회적인 측면에서는 일관적이며, 사람들에게 신뢰를 주기를 정말로 바라지만 말이다.

심리학적인 관점들이 예배를 공부하는 데에도 도움이 되겠다는 것을 깨달은 것은, 나 자신을 탐구하는 데 이러한 관점들이 도움이 된다는 것을 알았을 때였다. 가령 나는 특정한 신학적이고 목회적인 헌신들만이 내가 하는 일을 규명한다고 생각하곤 했다. 하지만 심리학은 내게 나의 종교적 헌신들이 내가 생각하는 것만큼이나 내 행동을 규명하지 않는다는 것을 상기시켜 줌으로써 내가 계속해서 정직해질 수 있도록 돕는다. 다시 말해, 심리학은 때로 내가 하는 모든 것들이 단지 내가 하나님과 교회를 사랑하기 때문에 이루어지는 것은 아니라고 말해 주는 예언자적 기능을 수행한다는 말이다. 반면 더 긍정적인 방식으로 심리학은 내가 목회자로서 행하는 좀 기이하고 명백한 의미가 드러나지 않아 보이는 것들도 때로는 궁극적인 가치를 지닌다는 은혜로운 계시를 보여주기도 했다. 비록 그 의미들이 평소에는 숨겨져 있더라도 말이다. 내가 스스로를 위하여 행한다고 생각한 것들 중 몇몇은 신실한 선행인 것으로 밝혀졌다. 아마 예수께서는 이러한 우리 행위의 신비롭도록 이중적인 본질에 대해 말하신 것이리라. "너희가 여기 내 형제 중에 지극히 작은 자 하나에게 한 것이 곧 내게 한 것이니라." 예수께서 하신 말씀을 잘 기억하자. 사람들이 심판의 날에 부지 중 헛발질 목회를 했다는 사실을 깨닫는다면 얼마나 놀라게 될까? (또는 다른 한편으로 그들은 어떻게 무기력 속에서 목회를 상실하게 된 것일까?) "주님, 우리가 언제 당신을 보았습니까?"라는 질문은 바로 이러한 목회자가 목회 현장에서 계속하여 마음속으로 묻는 질문이다.

그러므로 이 책에서 심리학과 같은 목회 돌봄 영역이 지니는 위치는 기독교 예배의 주요 사건에 대한 일종의 해설 정도라고 할 수 있다. 나는 이러한 영역들이 스스로 말하게 할 것이지만, 그 영역이 예배를 통한 회중의 성장을 주된 목회적 관심사로 지닌 한 사람으로서 이 영역의 목소리에 귀

기울일 것이다. 여기서부터 목회 돌봄의 영역들, 실천신학, 성경과 역사 연구, 심리학, 그리고 대화의 궁극적 중대함을 결정짓는 예전과의 대화가 시작된다.

2장

목회 돌봄으로서의 예배

WORSHIP AS PASTORAL CARE

2장
목회 돌봄으로서의 예배

목회 돌봄은 단지 "목회 상담"을 의미한다는 일반적인 통념은 일대일의 심리학적 만남과 같은 상담을 주로 강조하면서 오늘날 목회 돌봄의 실천을 심화시켜 왔지만, 다른 한편으로는 한계로 작용하기도 했다. 이번 장에서 나는 돈 브라우닝(Don Browning), 제임스 디테스(James Dittes), 데이비드 스위처(David Switzer), 폴 프루이저(Paul Pruyser)와 같이 목회 돌봄의 '목회적' 측면을 강조한 목회심리학자들의 최근 노력에 목회 돌봄의 '사제적' 측면을 회복하려는 나의 시도로 보완하고자 한다.

찰스 잭클(Charles Jaeckle)과 윌리엄 클레브쉬(William Clebsch)는 그들의 기념비적인 목회 돌봄의 역사에 대한 저작에서 역사적으로 중요한 목회 돌봄의 기능을 네 가지로 서술했다. 이는 치유(healing), 양육(sustaining), 안내(guiding), 화해(reconciling)이다.[1] 이들은 이 모든 돌봄의 형태가 모든 시대의 교회에 존재하되, 상황이 변화함에 따라 교회는 그 역사 안에서 어떠한 돌봄의 형태들을 다른 것보다 더 강조하려는 경향이 있었음을 밝힌다.

예를 들어, 교회의 첫 2세기인 초대교회 때에, 목회 돌봄이란 그리스도인들이 보기에 종말을 향해서 빠르게 치닫는 적대적인 세계 속에서 삶의 흥망성쇠를 견뎌내도록 영혼을 지켜주는 사역으로 특성화되었다. 성찬례와 같이 공동체를 지속되게 하고 지지하는 행위들은 공동체가 어려운 시대를 살아가는 데 필요한 자양분을 공급하였다. 뒤이은 백 년 동안 제국으로부터의 기독교 박해가 더해지면서 많은 그리스도인들이 박해의 위협 속에서 신앙으로부터 이탈하거나 믿음을 포기했다. 이 시기가 지난 뒤, 타락한 영혼들을 교회의 삶으로 돌아오게 하는 화해는 속죄와 회개를 통해서 이루어졌으며 이는 영혼을 위한 돌봄에서 중심 초점이 되었다. 목회 돌봄에서의 또 다른 변곡점은 콘스탄틴 황제가 승인한 제국의 종교로서 기독교가 성립된 이후에 일어났다. 이제 교회는 다양한 집단들을 로마 제국과 가톨릭교회의 정신에 동화시키기 위한 중대한 임무에 직면하였다. 그 기간 동안에 이루어진 일종의 귀납적 안내와 규칙은 예루살렘의 시릴(Cyril of Jerusalem)이 만든 교리문답 강연이나 베네딕트의 수도회 영성 규칙과 같은 것들이었다. 전자는 새 개종자들의 침례 후 이들에게 교회의 "거룩한 신비들"(the holy mysteries)을 단계적으로 설명하는 것이었고, 후자는 수도원에서의 영성 훈련을 위한 것이었다. 중세 때 치유는 영혼의 돌봄(cura animarum)이라는 중요한 기능을 담당하였다. 이 기능은 섬세하게 고안된 교회의 성찬례 시스템을 통하여 이루어졌다. 이때 치유의 대상이 되는 질병이란 통상적인 삶의 어떤 부분에 관련된 것이라도 해당되었다. 하나님과의 화해란 르네상스와 종교개혁 시기에 두드러지는 주제였다. 이어 계몽주의의 시대는 교회에 새로운 압박을 가했고, 교회는 그와 같이 '반역적이고 사악한 현대 사회'를 영혼들이 통과하여 살아가게 해야 했다.

  종교개혁 이후의 후기-기독교 시대(post-Christendom era), 즉 계몽주의 시대 이후에 기독교적 목회 돌봄에서 여러 심각한 문제들이 존재한다는 것이 드러났다. 그리고 이 문제들 중 대부분은 지난 3백년간의 사회와 교회가 발전하면서 비롯되었다. 계몽주의는 교회의 의례와 성례의 효능에 의문을 제기했다. 한때 교회의 배타적인 영역이었던 치유는 (교육이나, 사회복지, 예술 등과 같이) 교회의 뿌리로부터 점점 분리되어 독립적이고 세속적인 형태로 나타나기 시작하였다. 새롭게 발견된 이성은 교회가 정해 놓은 개인의 성취와 행복을 위한 낡은 공식들에도 의문을 제기하였다. 많은 영혼들이 치유, 양육, 안내, 화해를 위하여 교회 아닌 다른 곳으로 향하게 되었다. 18세기 말과 19세기 초에 일어난 혁명들은 다원주의와 의지주의(voluntarism)를 수반했는데, 이는 교회가 이전에 제공했던 것과 같은 오래된 귀납적 방식이 아니라 가치와 개인적 신념의 규범으로부터 삶의 지침을 추구하는 방식이었다.

마찬가지로, 종교개혁도 영혼의 돌봄이라는 영역에 위기를 일으켰다. 목회자가 갖는 권위의 근원은 교회의 본성으로부터 비롯되는 것이 아니라, 성경의 권위 또는 성령의 인도하심으로부터 비롯되는 것으로 바뀌었다. 목회자의 정체성이 이전에는 성례와 치유의 은총을 집전하는 대리인이었지만, 이제는 하나님의 말씀을 전하기 위한 설교자가 되었다. 그와 반대로 종교개혁가들의 신념과 실천은 종교개혁으로부터 형성된 교회들에서 구체적으로는 성례, 일반적으로는 공예배가 지니는 목회 돌봄의 중심적 위치를 상실하게 만들었다.

개신교인들의 말씀의 중요성과 성경 교육에 대한 관심, 그리고 성경의 내재적 권위와 개인주의에 대한 강조는 종교개혁이 계몽주의의 발전과 더불어 일부분 상호보완적 기여를 하게 하였다. 반면 주관적 감정 및 개인적 경험을 통한 확증에 대한 개신교 경건주의의 강조는 이성의 시대의 과도한 합리주의에 반하는 경향이 있었다. 흥미롭게도 주로 미국 개신교에 영향을 미친 19세기 부흥 운동은 계몽주의와 경건주의(즉 청교도 신앙)의 많은 주제들을 혼용해 왔다. 개신교인들을 위한 현대 신학적 성향은 프리드리히 슐라이에르마허(Fredrich Schleiermacher)에 의해 정립되었다. 그는 1799년에 이렇게 말했다. "세상에서 사제의 사명은 사적인 활동이며, 성전은 사제가 종교를 표현하기 위해 자신의 소리를 높이는 사적인 공간이다." 종교는 사적이고, 주관적이며, 개인적인 행위가 되었다.

개신교의 목회 돌봄이 가지는 딜레마를 살펴보면, 이러한 조류들이 결합한 결과는 명백하다. 클레브쉬와 잭클은 이렇게 말한다. "교리와 교회론에서 일어난 종교개혁의 대변동은 영혼의 치유라는 영역에서 그에 상응하는 혁명을 일으킬 수 없었다."² 종교개혁은 로마 교회가 이루어 낸 사변신학과 실천적 지침 간의, 그리고 참회하는 신앙과 가시적인 은혜의 방편들 간의 통합을 파괴해 버렸다. 또한 종교개혁은 인간의 근본적 죄성과 행위 구원의 불가능성, 그리고 하나님의 주권적 은혜를 강조함으로써 죄와 속죄 행위 간의 오래된 셈법을 공격했다. 하지만 종교개혁은 필연적으로 자기 식의 율법주의를 생산해 낼 수밖에 없었다. 이는 (막스 베버가 밝힌 바 있는) 신흥 경제 체제의 요구에 따라 형성된 개인의 행동을 위한 개신교적 규범들이었다. 구원은 교회와 성례전, 공동체, 그리고 전통 밖에서도 많은 이들이 경험할 수 있는 상품(commodity)이 되었다. 벌거벗은, 고독한 개인은 종종 진노하시는 하나님과 평화를 홀로 찾도록 남겨졌다.

설교는 루터가 발견한 자비로운 하나님을 전달하기보다는 많은 사람에게 도덕주의적이고 가부장적인 질책으로 느껴졌다. 목회 돌봄은 차츰 목회자와 돌봄을 받는 무리의 일원 사이에 이루어지는 일대일 거래 같은 것으로 전락됐다. 점점 더 심해지는 중세 후기 로마 교회의 경건주의적 요구에 대해 개신교는 회의적인 입장을 택했고, 이는 외면적이고 사제 중심적이며 형식적인 은혜의 방편들에 대한 깊은 불신으로 이어졌다. 양육과 화해 등의 목회적 기능은 과거에는 목회자가 신앙 공동체와 함께, 또한 그들을 위하여 했던 행위와 상징으로 존재했으나 이제는 더 이상 그렇지 않다. 오히려 그러한 기능은 목회자가 개인들에게 배타적으로 전달하는 생각, 말, 감정 정도가 되었다. 이는 어쩌면 오해되거나 잘못 해석된 형태일지도 모르지만, 많은 개신교인들은 루터의 '만인사제론'이 목회자가 담당하는 모든 사제적 행위에 대해 의문을 제기하는 것이라고 가정했다. '목회자'는 '사제'와 대조되는 개념이 되었고 목회에서도 이른바 '사제적' 기능이란 측면이 간과되었다.

종교개혁이 공예배의 실행에 미친 영향에서도 같은 분석을 할 수 있다. 예배학자들은 예전을 개혁하려는 움직임이 어떻게 변화해 왔는지를 연구해 왔다. 애초의 개혁은 사제의 배타적 영역이었던 예배를 성도들에게로 되돌려주기 위한 것이었으며 기독교 예배의 참여적이고 성경적이며, 연합적이고 행위가 따르는 특징을 회복하기 위한 것이었다. 하지만 이는 또한 성례전을 와해시켰고, 공예배를 그저 사적인 헌신 정도로 축소시켰으며, 주일 아침 예배를 말이 많고, 훈계적이며, 도덕적 질책이 가득한, 마치 설교자와 성가대의 합작 공연 같은 것으로 전락시키고 말았다.

이전에는 목회자가 그의 양떼를 돌보기 위해서 행하는 활동들은 영혼의 치유와 관련되었으며, 가장 크게는 예배에서 그들을 인도하는 것을 의미했다. 예수회의 예전학자인 융만(Jungmann)의 다음과 같은 강력한 발언에는 중요한 진리가 있다. "수백 년 동안 활발하게 집전되어 온 예전은 목회 돌봄에서 가장 중요한 형태였다."[3] '치유'란 성유와 성수를 붓는 것, 성인과 성인의 유물에 기도하는 것, 그리고 다양한 형태의 축사사역을 의미했다. '화해' 란 사람과 사람 사이의, 또는 사람들과 하나님 사이의 깨어진 관계 회복을 위한 목회 돌봄으로서, 전통적으로 죄의 용서, 고해성사, 보속, 면죄의 선언과 같은 예전적 행위들을 의미했다. '양육'(sustaining)이란 공동체의 지지와 하나님의 은혜를 보여주는 감사성찬례, 견진성사, 그리고 그 밖의 가시적이고 구체적인 행위들을 뜻했다.

교회에서의 목회 돌봄이 과거에는 협력적이며 사제가 집전하는 예전 행위들을 활용한 것이었다면, 현대에는 점점 더 개인주의적이고 심리학을 지향하는 기술로 변하고 있다. 이러한 기술들은 20세기가 만들어 낸, 필립 리프(Philip Rieff)가 현대인을 일컬은 "심리학적 인간"(psychological man)의 필요를 충족하기 위한 것이다. 이러한 기술은 치유와 개인적 성취, 그리고 자기 구제(self-help)를 위해 만들어진 지배적인 세속 치료법으로부터 큰 영향을 받았다.

물론 이전에 존재한 목회 돌봄의 형태가 완전히 공동체적이고 예전 지향적 행위였다고는 할 수 없고, 아마도 현존하는 문서들이 보여주는 것보다 더욱 개인주의적이었을지도 모른다. 존 크리소스톰(John Chrysostom)의 감동스러운 중세 문학인 "젊은 과부에게 보내는 편지"(Letter to a Young Widow)와 "죽음의 기예"(ars moriendi)는 개별적이며 개인주의적이고 심리학적인 목회 돌봄의 예로 상기해 볼 수 있다.[4] 그러나 리차드 백스터(Richard Baxter)의 『참된 목자』(The Reformed Pastor)와 같은 작품에서는 강조점의 변화가 명백하게 일어남을 부인할 수 없다. 이 저서에서 개신교 목회자들이 가져야 하는 주요한 관심사는 개별 영혼들을 위한 규율과 엄격한 목회적 안내로 묘사되었다. 백스터는 교구민들을 위한 돌봄에서 목회자의 가장 주요한 두 가지 관심사를 이렇게 묘사한다. 하나는 "그들의 생각과 애정의 흐름을 바꾸어서, 그들로 하여금 이 세상의 응당한 경멸을 받게 하는 것"이며, 또 다른 하나는 "모든 죄악은 드러나야 하며, 그 죄악이 이제껏 우리를 몰고 간 위험과 우리에게 남긴 상처 또한 밝혀져야 한다는 것"⁵이다. 조나단 에드워즈(Jonathan Edwards)는 초창기 미국 신학자들 중 가장 독창적인 학자이다. 그가 발전시킨 개인적인 종교 경험에 대한 탐구와 "신앙 감정"(affections)은 향후 이백 년 동안 개신교의 관심사가 되었다. 그로부터 한 세기 후, 윌리엄 제임스(William James)는 그의 영향력 있는 저서 『종교 경험의 다양성』(The Varieties of Religious Experience)에서 에드워즈가 이전에 천착했던 주제를 연구하였다. 그는 개인적인 종교 경험들의 다양성을 상술하고 입증하였다. 제임스는 종교적 현상을 심리학적으로 연구해 낸 선구자였으며, 실용주의 철학자로서 종교적 경험에 대한 치유적 가치를 강조했다. 그러나 그가 강조한 '다양성'은 또한 개인주의적이고 실용적이며, 공리적이고 심리학적인 지향성을 지닌 현대 목회 돌봄의 방향을 설정하기도 하였다.

현대 미국 개신교에서 목회 돌봄의 발전을 보여주는 최후의 시금석은 1920년대에 목회 돌봄의 의학적 모델을 채택한 것과, 목회 돌봄과 심리학이 방법론적으로 긴밀하게 연결된 것이다. 안톤 보이슨(Anton Boisen)은 이 시기의 가장 중요한 인물이다. 그는 정신질환을 앓으며 투병했던 기간 동안에, 목회 돌봄의 기술을 연마하기 위해 신학생들을 훈련시키는 가장 훌륭한 수단은 그들로 하여금 위기를 겪는 사람들을 만나도록 하는 것임을 깨달았다. 보이슨에 따르면 그들은 "살아 숨 쉬는 기록들"이다. 비록 보이슨이 순수한 프로이트 학파는 아니었지만, 프로이트 학파의 정신분석 이론은 그 시기에 크게 유행하였다. 낡은 근본주의가 종말을 맞고 사회적 복음(Social

Gospel)에 대한 흥미도 감소한 당시에, 보이슨의 경험에 근거한 신학적 훈련에 대한 "비학문적" 접근은 쉽게 받아들여졌다.[6] 보이슨의 훈련 프로그램인 임상 목회 교육(Clinical Pastoral Education, C.P.E.)은 1950년대까지 거의 모든 개신교 신학교의 커리큘럼에서 가장 주요한 부분을 차지했다. C.P.E.에서 신학생들은 실습 기관으로 병원이나 요양원 같은 의료 기관을 채택했으며, 목회 돌봄의 훈련을 위하여 의학적, 정신분석학적, 심리치료적 기술들에 많이 의존하였다. 한두 세대 동안 신학생들은 병원 응급실에서 임상 목회 수련 원목으로 지냈던 시기를 선명하게 기억하는데, 이 C.P.E. 훈련기간 동안에 그들은 동료 신학생들 집단 안에서, 또한 병들고, 죽어가며, 혼란스러워하고, 동요하는 환자들과 마주하면서 종종 고통스러운 자기 성찰의 시간을 가졌다. C.P.E. 훈련은 목회자들과 신학생들로 하여금 그들 자신과 다른 사람들을 더 잘 이해하게 하는 데 큰 도움이 되었다.

그러나 C.P.E.는 목회자 훈련 프로그램으로서 장단점을 모두 지니고 있다. 목사가 되기 위한 신학생을 훈련시키는 이 프로그램이 주로 정신병원에서 이루어지는 것을 기본으로 한다는 점은 종종 비판을 받는다. 왜냐하면 비정상적인 상황에서 "비정상적인" 사람들을 대상으로 사역을 하면 일반적인 교구 목회의 조건에서 정신질환이 없는 사람들을 대상으로 사역할 때를 충분히 대비하지 못한다는 의미일 수 있기 때문이다. 하지만 병원, 감옥, 정신병원은 학생들이 짧은 시간 동안에 많은 요구가 담긴 경험을 해보는 좋은 실험 장소가 될 수는 있다. 나의 경우엔 임상 목회 교육의 가장 큰 폐단은 오늘날 목회 상담을 목회 돌봄의 영역에서 주된 과제로 집중하게 하는 데 일조함으로, 목회적 상담에 맹목적으로 의존하는 현상에 기여했다는 점이다. 나는 이 점에 대해서 비판적이다. 임상 목회 교육의 실행자들은 이 돌봄의 맥락에 대해 충분하고 사려 깊게 고민하지 않았다. C.P.E.를 기반으로 하면, 목회의 주요 모델들은 의사, 정신분석학자, 정신보건 분야의 사회복지사, 또는 상담 기관에서의 업무를 전담하는 성직자에 한정되곤 한다. C.P.E.를 수행하는 신학생들은 심지어 때때로 흰 가운을 입고 병원 복도를 돌아다닌다. 사실상 이들은 다른 헬스 케어 분야의 전문직들과 시각적으로나 관념적으로, 또한 사용하는 용어에서도 별로 구분이 되지 않는다. 정신병리학적 분류와 용어는 빠르게 믿음의 언어들을 대체하고 있다. 모든 문제들은 영혼의 치유에 대한 관심사라기보다는 심리학적인 문제들이 된다.

미국 목회 상담 협회(the American Association of Pastoral Counselors)와 임상 교육 훈련 협회(the Association for Clinical Pastoral Education)의 구성원 중 다수는 상담 기관 활동의 전문가들이다. 그들을 만난 경험에 비추어 보면, 그들은 이른바 윤리학, 신학, 예배학 분야의 순수한 학문적 질문들에 무관심하고 적대적인 태도를 보인다. 실제 임상 환경에서 임상 프로그램을 지휘하는 C.P.E. 감독관들은 종종 전통적인 목회 돌봄 영역보다는 심리치료 영역이나 상담 기법, 목회적 효율성을 위한 세속적 도구들과 인정받을 수 있는 자격증(이는 목회 상담 운동에서 항구적인 문제이다.)에 더 많은 관심을 갖는다. 신학과 심리학 간의 관계에 대한 진지한 고찰을 해 온 돈 브라우닝(Don Browning), 시워드 힐트너(Seward Hiltner), 토마스 오든(Thomas Oden), 알버트 아우틀러(Albert Outler)와 같은 학자들이 있어 왔으나, 많은 C.P.E. 감독관들은 이들의 책을 거의 읽지 않는다. 이른바 심리학과 신학 간의 대화란, 심리학이 발언권을 독점하는 가운데 이루어지는 다분히 일방향적인 교류처럼 되었다. 나는 그러므로 목회 상담 운동에 대한 어반 홈즈(Urban Holmes)의 논쟁적 주장 중 몇몇에 동의를 표한다. 이는 다음과 같다. (1) 인간 개인의 사회적 측면에 대한 인식이 부족하다. 일대일 상담 상황에 집중하기 때문에 예언자적인 민감성이 떨어지며, 한 사람에게 미치는 집단적 구조의 긍정적 효과를 충분히 이해하지 못한다. 이러한 사항들은 토마스 오든이 표현한 것처럼 C.P.E.가 "자유주의적 경건주의"(liberal pietism)의 최종적 형태로 기울어질 수 있게 한다. (2) 이는 암묵적으로 반지성적이다. 느낌과 감정에 방점을 찍기 때문이기도 하고, 이론적 구조에 대하여 무관심하기 때문이다. 인간의 마음 속 깊은 감정의 거대한 저장소를 복원하겠다는 생각은 쉬운 일이 아니다. (3) 이 운동의 정체성은 신학적 신념보다는 심리학적인 신념과 더 많이 연관되어 있다. (4) 목회의 다른 기본적인 과업들을 등한시 하면서, 목회 상담을 사역의 주된 기능으로 간주한다.[7]

나는 임상 목회 교육이 목회자가 되려는 사람들을 준비시키는 데 훌륭한 도움을 주어왔다고 믿는다. 내 자신이 임상 사역을 하지 않았다면, 내가 신학교 시절 받은 훈련은 불완전했을 것이다. C.P.E.는 교육적 도구로서는 부인할 수 없는 효력을 가졌다. 사실상 임상 목회 교육 운동이 가진 약점 중 많은 부분은 신학교의 교수진이 일이 많고 험한 임무를 수행해야 하는 신학생들의 교육을 C.P.E. 감독관들에게 위임해 버린 탓에 생겨났을지도 모른다. 하지만 우리는 목회자 준비 교육 과정에서 이런 방식의 접근법이 가지는 한계를 인정해야만 한다. 목회에 대한 C.P.E.식의 접근은 미국 개신교가 현재 갖고 있는 반지성적이고, 경험적이며, 실용적이고, 공리주의적이고, 개인주의적인 특징과 뗄 수 없는 관계가 있다. 이 운동은 수많은 신학생들과 사역 중인 목회자들의 흥미와 상상력을 사로잡는 데 성공했다. 이들은 최근 신학에서 벌어지는 논쟁들과 물결치는 목회에 대한 성의들에 실망을 금치 못하며 환멸을 느끼기도 하였다. 임상 목회 교육은 급속도의 개인적 성장을 위해서 개인의 경험과 기법(이는 개신교 복음주의적 생각에서는 늘 두드러져 온 두 가지 가치이다.)에 큰 가치를 부여하는 오늘날의 과잉 전문화된 기술 지배 경제체제에서 유용해 보이며, 현대 교회의 "교양 있는 냉소자들"에게 목회를 괜찮은 직업으로 인식시킨다.

나는 우리가 C.P.E.와 목회 상담 운동에 제기하는 비판은 우리 중 많은 이들이 기술적 전문성과 목회 상담가로서의 권위가 부족하다는 사실과 일부 연관되어 있음을 기꺼이 인정한다. 나는 또한 우리 목회자들 중 많은 이들은 C.P.E.와 목회 상담의 규율들이 우리가 담당하는 목회적인 역할과 목회 전반에 대해 가져온 변화를 억누르고 부인하고자, 언제든지 가능한 합리화의 태도를 취하려 한다는 것도 확실히 안다. 심지어 용기를 가지고 말하건대, 그보다 더 많은 목회자와 신학생들은 예전을 행할 때보다는 상담 업무를 수행할 때 더 흥미를 느낀다고 할 수조차 있다.

다음 장들에서 나는 심리학적 관점들이 우리가 목회를 수행할 때, 특별히 예배를 통한 목회를 할 때에 우리의 시야를 넓히는 데 어떠한 중요한 역할을 하는지를 밝히고자 한다. 모든 목회 돌봄 사역을 목회 상담으로 축소시키려는 목회 돌봄의 경향을 비판하면서, 나는 모든 사역을 예전으로 축소시키는 내 자신의 동일한 우를 드러내는지도 모르겠다. 독자들도 유의하시라. 그러나 C.P.E.가 가진 한계와 목회 돌봄과의 관련성에 대한 내 지적은 목회 상담과 목회 돌봄의 영역들로부터 점점 더 크게 들려오는 주장을 통해서도 확인된다.

1. 목회 돌봄의 맥락에서의 예배 공동체

매닝거 재단(Menninger Foundation)의 폴 프루이저(Paul Pruyser)는 『진단자로서의 목회자』(The Minister as Diagnostician)에서 의미 있는 질문을 던진 바 있다. "왜, 어떤 사람은, 정신 건강 서비스 및 언제든 예약 가능한 정신과 전문의와 전문 상담가들이 판을 치는 이 시대에, 상담과 안내를 위하여 기독교의 목회자를 찾는 것인가?"[8] 물론 이런 문제에 대하여 전업의, 전문적인 세속 상담가는 다양한 격무에 시달리는 교구의 목회자보다 좀 더 많은 훈련을 받았고 경험도 많다. 심지어 목회자가 상담 분야에 집중해 왔다 해도 전문가보다는 덜 훈련되어 있다. 그러면 왜, 자원 가용성이 이렇게 높은데도 불구하고, 그들은 어려움을 겪을 때면 여전히 목회자를 찾는 것인가? 이는 다소 간단한, 동시에 내가 더 많은 목회자들이 오늘날 자문해야만 한다고 생각하는 질문이다.

프루이저는 이러한 결론으로 향한다. "문제를 잔뜩 가진 상태로 목회자에게 도움을 구하는 사람들은, 자기들 자신을 신학적 관점에서 보고자 하는 열망에 의해 도움을 구하는 것이라는 심오한 이유에서 그렇게 하는 것이다."[9] 그들은 의식적으로, 또는 무의식적으로 하나의 관점에서 자신들을 바라보며, 하나의 상황에서 자신들의 문제를 해결하고, 세속 치료사나 상담가가 줄 수 없는 한 공동체, 즉 안수 받은 대행자가 있는 신앙의 공동체라는 틀에서 자신들의 필요를 이해하고자 한다는 것이 프루이저의 주장이다.

이런 생각은 내게 다소 소박하고 단순하게 느껴졌다. 나는 누군가가 목회자를 찾는 많은 다른 이유들을 생각해 낼 수 있다. 상담과 안내를 위해 목회자를 찾는 사람들은 인정받는 권위자, 도덕의 수호자로부터의 승인을 바라는 욕망이 있는 것이다. 또한 무료 상담에 대한 필요 때문일 수도 있고, 그 밖에 다른 이유들이 있을 수도 있다. 그러나 심지어 이런 가능성을 열어두더라도, 프루이저는 목회자가 그들 자신과 본인들의 위치가 빚어내는 특수한 맥락을 조금 더 진지하게 받아들이기를 촉구하고 있기에 정말로 정확한 지적을 해낸 것이다.

프루이저는 목회자들이 스스로 지니고 있는 이미지를 반드시 극복해야 한다고 주장한다. 이는 준심리치료사(Parapsycologist)로서, 또는 세속적 치료가 모두 끝난 후 마지막 위안처로서, 때로는 정신 건강 전문가들을 소개하는 에이전트로서의 이미지들이다. 하지만 이러한 주장이 심리학적, 정신치료적 자원들이 목회 돌봄의 실행에서 목회적으로, 신학적으로 적절하다는 사실을 부인하는 것은 아니다. 다음 두 장에서는 심리학적이고 정신치료적인 통찰력을, 좀 더 경쟁력 있는 목회 돌봄과 예전 리더십을 발전시키고자 하는 차원에서 더 무겁게 다룰 것이다. 이는 간단히 말해 목회자들로 하여금 그들이 사람들을 도울 수 있음에 심리치료, 통속 심리학, 프로세스 관리(process management) 등의 자원에만 의존하려는 잘못된 접근에서 간과해 왔던 하나님이 주시고 공동체가 부여한 (성경, 예전, 기도, 신학, 공동체와 같은) 자원들이 있음을 깨닫게 하기 위함이다.

목회 사역의 외부 관찰자인 나는 많은 목회자가 그들의 전문 분야인 유산이자 전통적인 교회의 자원들을 무시하고 간과하는 경향을 보며 충격을 받았다. 축도와 같은 예전 행위는 종종 어설프게 집전된다. 목회 상담에서 주창하는 이른바 정확한 심리학적 기술이 지나치게 요구되는 바람에 '50분의 목회 시간' 동안에 기도, 성경연구, 신앙 재교육, 축복, 예언적 대면 등을 위한 자리를 마련하긴 매우 어

렵다.[10]

이러한 분위기에서 교구 심방은 사생활 간섭으로 보이지 않으려고 목적 없는 잡담이 끌고 간다. 목회자들은 도움 요청에만 응하고, 성도들의 문제에 접근할 때 판단하거나 설교하는 것으로 보이지 않으려 신경 쓴다. 대신 그들이 안전하게 사용하는 것은 심리학적인 기술이다. 이는 본래 따뜻하고 조심스럽게 대하도록 고안된 기술이지만, 초연함과 비인격성을 수반하기 십상이다. 프루이저는 우리가 영적인 필수 자원에 대해서는 한 마디도 하지 못하면서 심리학적으로 정당화되는 자원만 허투루 사용하는 것이 아니냐고 묻는다. 누군가가 암묵적인, 또는 직접적인 신학적 궁금증을 가지고 목회자를 찾아왔는데,

> 담임 목회자가 그의 문제를 재빨리 심리학적인, 사회학적인 단어로 치환하면서 신학적 답변을 주는 데 실패할 때, 더 나아가 내담자가 스스로 더 나은 신학적 질문을 떠올리기 위하여 배울 수 있는 신앙 재교육의 기회를 포기할 때 얼마나 실망스러운가?[11]

최근 어떤 정신과 의사가 나에게 목회자들에 대한 불만을 토로했다. 수많은 감정적인 문제에 종교적 차원이 있음에도 불구하고, 목회자들은 정신병리적 분류와 언어를 통해서만 말한다는 사실이다. 심지어 이러한 용어들은 낡고 비판받는 경우가 많다고 한다. 그러므로 목회자들은 심리학적으로 분석 가능한 고통의 이면에 있는 신앙 문제에 대해 듣는 데 실패한다는 것이다.

돈 브라우닝은 프루이저가 현대 목회 돌봄의 현장에서 목회적 자원들을 외면하는 현실에 개탄하는 데 동의를 표한다. 『목회 돌봄에 대한 윤리적 맥락』(The Moral Context of Pastoral Care)에서, 브라우닝은 목회자들이 로저리안 신화(Rogerian myth: 현대 미국의 대표적 심리학자인 칼 로저스의 인간 중심적 비지시적 상담에 대한 추종 현상을 의미한다.-역주), 즉 기저에 깔린 철학과 도덕적인 목회 돌봄의 맥락들을 고려하지 않은 채 비지시적인 상담 기술을 통한 일방적 수용, 용서, 자유를 강조한다. 칼 로저스의 내담자 중심 상담 치료(client centered therapy)는 1950-60년대에 많은 목회자들에게 채택되었는데, 이는 특정한 하나의 신학 사조에 전념하는 것으로 보이지 않고 목회적 정체성을 갖고 싶어 하는 많은 목회자들의 욕구를 충족시켰다. 이 방법을 택하면 노련한 청취 기술 뒤에 숨어 도덕적 판단과 "하나님에 대한 이야기"(God talk)를 회피할 수 있었다. 브라우닝은 힐트너, 윌리엄스, 오든과 더불어 자신의 초기 연구는 내담자 중심 상담 이론처럼 어느 한 방향으로 편중되는 우를 범하지 않았다고 생각했다. 브라우닝은 주로 우리의 목회 돌봄에서 윤리적 상황과 도덕적 함의를 새롭게 강조하는 데 관심을 기울이긴 했지만, 더욱 일반적인 측면에서 그는 목회 돌봄의 광범위한 도덕적-신학적-공동체적 측면들을 부인하게 되면 사람들의 문제에 담긴 중대한 차원과 그 문제들을 해결할 수 있는 근본적 자원을 간과함으로써 목회 돌봄을 모호하고 명료하지 않은 전제와 혼란스러운 정체성이라는 바다에 표류하게 만들 뿐이라고 주장했다.

브라우닝은 성도들이 스스로를 기독교적 신앙 공동체라는 맥락과 도덕적 탐구의 매락 안에 지리 집은 존재로 확신하기만 한다면, 교회에서는 모든 종류의 목회적 상담이 이루어질 수 있다고 보았다. 그 예시로는 집단 상담, 일대일 상담, 심리치료를 위해 정기적으로 모이는 대면 집단(encounter groups) 등이 있다.

목회자는 병든 사람과 죽음을 맞이하는 사람을 상담해 주어야 할 확실한 의무가 있다. 그러나 그는 우선 질병과 죽음의 종교 문화적 관점을 지닌 공동체를 창조해 내는 것을 도와야 한다. 물론 목회자는 결혼 문제, 성적인 문제, 이혼 문제를 가진 사람들을 상담해 주어야 한다. 그러나 그 전에 그는 사람들 사이에서 결혼의 규범적 의미, 성, 그리고 심지어는 이혼에 대해서도 전향적인 시각이 형성되도록 도와야 한다. 오늘날 목회 상담이 어려운 이유는 상담을 위한 환경을 조성하는 의미의 구조를 개발하는 더욱 치열한 과정보다는 상담의 기법들에 대부분의 토론이 할애되기 때문이다.[12]

브라우닝의 "도덕적 담화 공동체"라는 교회에 대한 정의-제임스 구스다프슨(James Gustafson)의 정의로부터 빌려온-는 그 강조점이 다소 제한적이고 합리주의적으로 보이긴 하지만, 또한 브라우닝의 책이 이 목회 돌봄을 전공하는 이들에게서 지금도 읽히고 있다는 점을 고려할 때, 상담자와 내담자 간의 일대일 관계를 강조하던 초기의 로저리안 이론에서 공동체의 필연성과 공동체가 지니는 풍부한 의미에 대한 심오한 각성으로 이동했음을 볼 수 있다. 이는 간헐적으로 이루어지는 치료를 위한 대화들에서 때로는 치료적 공동체 역할도 수반하는 신앙 공동체와의 지속적인 관계로의 이동이다. 또한 가치중립적이며 내담자 중심의 상담 기법이라는 신화에서 그 어떠한 상당 기법들이라 할지라도 저변에는 이념과 윤리적 입장을 갖고 있음을 인식하는 방향으로 이동한 것이다. 이러한 이동이 일어난다면, 그때 우리는 어려운 질문을 던질 수 있다. 우리가 하는 목회 돌봄 배후의 이념(신학)은 과연 기독교적인가? 이 질문은 우리가 오래 전에 물었어야 했다.

주지하는 바와 같이, 세상과 교회는 분명 변했다. 예전학자들은 인간의 향상을 돕는 안일한 기독교적 규칙에 도전장을 던진 세속주의의 침투에 별로 괘념할 필요가 없었던 과거 찬란했던 예전의 시대(이전에는 중세였고 지금은 니케아 공의회 이전)를 염원하는 치명적 우를 범했다. 천 년 전에는 축사(exorcism)에 치료적 가치가 부여되었음을 부인할 수 없지만, 오늘날에는 의심스러운 목회 사역이 되었다. 목회에 대한 오래된 귀납적 접근 방식은 약점과 남용의 위험이 있다. 즉 문제들을 제대로 대면하지 않고 훈계조 설교만 퍼붓는다든지, 경청하지 못하거나, 또는 심각한 형태의 정서적 질환에 담긴 복잡한 성격을 진지하게 다루지 못하는 것이다. 게다가 로저스 심리학으로 인해 지난 수십 년 동안 목회자들은 자신들이 상담가로서 부적합하다고 고통스러운 인식을 해야 했다.

그러나 몇몇 목회 상담사가 선보이는 의학적 모델은 오래된 귀납적 목회 돌봄의 단점들을 고스란히 지녔다. 즉 장기적이고 지속가능한 돌봄, 예방적 돌봄을 등한시하는 것이다. 이는 건강과 적응에 대해서 다소 국한된 정의를 지니고 있으며, 인간을 돌봄 받아야 할 존재로 대하기보다는 다뤄야 할 물건이나 신속히 대응해야 할 고객으로 취급하며 너무 자주 전문성을 과시하는 방식이다.[13] 우리는 목회 돌봄의 분야를 연구하는 저술가들이 최근에 심리학적, 심리치료적 모델의 한계점을 지적해 온 것에 경의를 표한다. 일찍이 말한 바와 같이, 이러한 모델들은 인간 문제의 지적, 도덕적, 영적인 요소들을 충분히 인식하지 않고, 한 개인의 건강한 삶에서 감정의 역할을 지나치게 강조하였다. 심리치료는 과학적(그리고 존경받는) 영역이 되려는 간절한 열망 속에서 오히려 독단적 분파주의로 흐르며 반대학파들 간에 양극화가 이루어지고 자기들 방식의 환원주의적 결론을 넘어서는 그 어떠한 접근도 받아들이길 거부하며 섣불리 사람들과 그들의 행동을 낙인찍고 분류함으로써 가장 비과학적으로 치닫는 경향을 보이고 있다. 심리치료의 개인주의적 성향은 사회적 상황의 긍정적인 요소들과 부정적인 요소들을 포괄적으로 다룰 수 없게 한다. 나는 정신건강 전문가들이 기독교 목회자들의 자유로움을 부러워하는 것에 놀랐다. 목회자들은 위기에 처한 사람과의 만남을 주도할 수 있고, 정서적 곤란을 겪는 문제에 개입하며, 50분 동안 진행되는 상담보다 더 넓은 경험적 맥락 안에서 사람들과 함께 있고 관찰할 수 있다.[14]

목회자들은 사람들의 필요를 돌보는 데서 문제를 겪게 된다. 우리는 나중에 이 문제들을 소상히 다룰 것이다. 그러나 세속적 치료자들의 문제점과 목회자들의 문제점을 혼동하지는 않도록 하자. 물론 헌신된 그리스도인인 많은 의사, 심리치료사, 상담사들이 있지만, 그들은 안수 받은 사역자가 아니다. 이는 기독교 사역이 세상으로 확장되었다는 점에서 교회가 경축해야 할 일이다. 그러나 안수 받은 목회적 치유자는 특정한 기능과 특정한 자격 요건을 갖추며, 특정한 책임을 지닌다. 그것은 자신에게 위임된 기독교 공동체를 돌보며 덕을 세워나가는 것이다(1장을 참조하라). 이는 목회자로 하여금 질문들을 던지는 것을 중요하게 만든다. 그 질문들은 공동체로서의 기능을 함께하고자 공동체에 의해서 별도로 구분되지 않는 동료 그리스도인들에게는 별로 중요한 관심사가 아닐 수도 있다. 목회자들은 자신들의 목회적이고 사제적인 정체성을 억누르려 하기보다, 그러한 정체성을 창의적으로 활용하는 것이 중요하다.

심지어 명백히 도움이 되는 상담이라 할지라도, 모든 상담을 목회 상담이라 칭하진 않는다. 왜냐하면 목회 돌봄의 맥락에서만 목회 상담은 이루어지기 때문이다. 목회 상담은 일대일 상담이나 집단 상담 같은 방법을 포함하여 훨씬 더 포괄적이다. 역사적으로 영혼의 치유(cura animarum)는 회중과 개인들을 교화하고 세우려는(이는 바울의 사상을 반영한다.) 목적의 다면적 목회 사역들이 한데 어우러졌다. 돈 브라우닝이 이와 같은 목회 돌봄의 맥락이 매우 중요함을 상기시켜 준다.

> 교회가 행하는 돌봄은 이를 탐구하고 예배하는 교회의 맥락에서 구상하지 않는 한 정당화시킬 수 있는 방법이 없다. 오늘날 목회 돌봄이라 불리는 영역이 모호하게 여겨지는 근본적인 원인은 그 자체를 이러한 맥락으로부터 무관하거나 근본적으로 영향을 받지 않는 실천으로 간주하는 경향 때문이다. "목회 상담"이라는 이름으로 실행되는 많은 사역들이 특별히 그렇다.[15]

맥락을 벗어난 목회 돌봄의 시도가 지니는 뿌리 없는 모호성은 두 가지 요인으로부터 기인한다고 브라우닝은 생각한다. (1) 지역 교회 또는 더 큰 교단이나 교회들의 연합과 거의 무관하게 특별한 목회 상담 센터들이 늘어나기 때문이다. (2) 교회의 목회 돌봄을 위한 자원으로서 세속적 심리치료를 풍성히 그러나 무비판적으로 의존하기 때문이다.

나도 동의한다. 그러나 브라우닝이 "목회 돌봄의 도덕적 맥락"(moral context of pastoral care)에만 집중한 반면에, 나는 목회 돌봄의 예전적 맥락이라는 더 큰 맥락의 측면을 강조하고자 한다. 내 논지는 단순하기에 여기에 진술하고자 한다. 비록 최근에 소홀히 여겨졌다 하더라도, 예배는 목회 돌봄의 주된 측면이다. 예배는 소위 사제적 행위라 불리는 목회적 차원들에 대한 더 나은 인식을 통해서 풍성해질 수 있다. 목회 돌봄이 공동체적 맥락을 종종 간과하면, 예전학(Liturgical Studies)은 거룩한 예배에서의 목회적이며 인간적인 차원을 잊어버리고 역사적, 문헌적 부수자료나, 고 문체, 성직주의로 가득 차 버렸다. 이제 목회 돌봄은 소위 목회적 기능의 사제적 차원에 더욱 관심을 기울인다면 더 풍성해질 수 있을 것이다.

이쯤에서 경고음이 한번 필요하다. 내가 지난 장에서 다뤘던 것처럼, 우리 예배의 가장 최우선인 목적은 하나님께 응답하는 것이다. 가장 기본적인 의미에서, 예배에는 하나님을 만나고 하나님께서 만나주시는 와중에 일어나는 기쁨으로 가득한, 감동의 자기 비움 외의 다른 기능은 없다. 무언가를 가르치고, 조작하고, 고의로 흥분을 불러일으키기 위해 예배를 이용하려는 시도들은 예배를 심각하게 왜곡할 수 있다. 앞에서 언급한 것처럼, 특히 개신교 계열의 교회들에서 드리는 주일 오전 예배의 대부분은 순전히 인간적 기획으로 평준화되고 있다. 여기서 하나님이 아닌 인간이 우리 예전의 주된 초점의 대상이 되었다. 사회적 행동이나 애통하는 자들의 위로, 또는 더 넓은 신앙을 위한 지식 교육 등이 모두 가치 있는 목표라 해서 예배가 이러한 목표를 성취하기 위한 기술로만 비춰진다면, 예배는 사용되면서 그렇게 오용되고 있는 것이다. 하나님은 우리 자신의 목적을 위해서 이용되는 분이 아니다. 그 목적이 선하다고 할지라도 말이다. 이 장에서의 내 논지는 우리가 예배를 새로운 목회 돌봄의 도구로 사용해야 한다는 것이 아니다. 다만 예배 그 자체와 회중의 거룩한 예배 경험이 비록 부차적이긴 하지만 이미 목회 돌봄으로 기능하고 있다는 것이다. 예배 중에 우리가 하나님과 만나고, 하나님께서 우리를 만나 주시면서 발생하는 목회 돌봄이란 우리가 너무 자주 간과해 온 중대한 부산물이다.[16]

신약성경에서, "예배"(worship)란 그리스도인의 전 실존을 서술하는 포괄적 범주이다. 예전(liturgy)은 문자 그대로 "사람의 일"을 의미한다. 그 일이 성전 안에서 일어나든지, 밖에서 일어나든지 상관없다. 지금 우리는 일(work)과 예배(worship)를 지나칠 정도로 깔끔하게 구분해 버렸다. 마찬가지로, 목회자들이 만일 자신들에게 주어진 사명을 감당하고 있다면 사제로서의 일과 목회자로서의 일이 명백하게 구분될 수도 없고, 구분되어서도 안 된다는 것을 몸소 느낄 것이다. 목회자가 병원 침상 옆이나 주방 식탁에 둘러앉아 교구 성도들의 신앙 상담을 해줄 때도, 그는 세례나 성찬에서, 또는 설교나 혼인예배 인도 때 하는 일을 하고 있을 뿐이다. 목회자는 예전을 통해서 하나님의 백성들로 하여금 하나님을 만나고, 하나님이 그들을 만나주시도록 인도하는 것이다. 목회자가 성찬식의 떡을 떼거나 손을 들어 축도를 하고, 또는 기도를 인도할 때, 목회자는 자신이 상담이나 다른 목회 돌봄에서 하는 일, 즉 치유, 양육, 안내, 회해 등의 일을 하고 있을 뿐이다.

2. 사제 혹은 목회자: 목회적 사건

먼저, 간단한 성경공부를 시작하자. 종교개혁자들과 반동 종교개혁(counter-Reformation)자들의 논쟁을 통해서, 사제(priest)라는 용어는 교회 질서의 권위주의적 관점, 정교한 예전(elaborate liturgy), 성례의 실재론(sacramental realism)을 의미하였다. 목회자라는 용어는 개혁적 열정, 확고한 윤리적 강조, "양떼"를 위한 섬세한 안내와 돌봄을 내포하였다. 하지만 정직하게 말해서 이처럼 후대에 통합되고 잘 정의된 사역적 직무들은 그 어느 것도 신약성경에 나타나지 않는다. 성직자답고 사제적인 사역과 교훈을 주고, 양육하며, 안내하는 목회적 사역은 결코 대립되거나 구별되지 않는다. '목회자'(즉 양치기)는 신약에 단 한 번 등장한다(엡 4:11을 참조하라). 동사인 '목양하다'(돌보다; to tend)는 좀 더 자주 등장한다(예를 들어, 벧전 5:2을 보라). 또한 신약성경에는 "사제의 기능을 하다"는 의미의 동사가 한 번 나올 뿐(롬 15:16), 신약성경 전체에서 기독교 성직자에 직접 적용될 만한 '사제'라는 단어는 찾을 수 없다. 특별히 목회 서신들에는 다양한 교회 직분들이 존재한다. 교회의 직분자인 장로들과 집사들, 그리고 감독들은 성직자다운 사제적 역할들을 수행했다(약 5:14-16; 딤전 4:14; 계 4:4).

신약성경에서 장로들은 교회에서 주로 다스리는 직무를, 집사들은 예배를 도우며 사회복지적인 일을 수행했다. 그리고 감독들은 예배를 주관하며 특정한 목회적 역할들을 주재했다(초기 기독교 문헌들에서 '목회자'는 주로 감독을 지칭했다). 이 초기 시대에는 다양한 직무들이 대체로 위임되었던 것으로 보인다. 그러나 후대에 성립된 성직이라는 지위들 간의 명확한 구분을 지으려는 시도나, 후대에 성립된 사제직과 목회직, 그리고 신약성경의 안수 받은 사역자 간의 정치적이며, 신학적이고, 또한 기능적인 관계를 밝히려는 노력은 실패할 수밖에 없다. 그처럼 선명한 그림이 나오지 않을 뿐더러, 정의할 만한 구분도 명확치 않다. 소위 사제적 행동들과 목회적 행동들은 일반적으로 안수 받은 사역의 상호 연관된 측면으로 간주되었던 것 같다.[17] 아마도 다음 사례에서 시사하는 바가 있을 것이다.

배경 나는 신학생이지만, 목회자로서 조지아 주에 있는 작은 시골교회를 섬긴다. 내가 주의 성찬을 거행한 첫 일요일이었다. 나는 평소처럼 성찬식을 진행했다. 하지만 내가 성찬으로의 초대를 했을 때, 단지 회중에서 한두 명이 앞으로 나아왔다. 나머지는 모두 자리에 앉아 있었다. 성찬이 끝나고, 몇몇 사람들만이 교회 안에서 서로에게 문안하였다. 나는 어째서 이렇게 적은 사람들만이 성찬식에 참여했는지 궁금해 견딜 수가 없었다. 그래서 남은 사람들에게 물었다. "왜 이렇게 적은 사람들만이 성찬식에 참여했나요? 제가 뭘 잘못했습니까?"

사건 "제 생각엔 오늘 참여하지 않은 사람들은 스스로 성찬에 참여할 만한 상태가 아니라 생각한 것 같아요." 한 평신도는 대답했다.

나는 그에게 더 말해 달라고 부탁했다. 그는 고린도전서 11장 29절을 인용했다. 주의 성찬에 참여하는 적절치 못한 태도에 대한 것이었다. 목회자로서 보기에 이는 성경을 잘못 읽은 끔찍한 사례이며 매우 충격이었다. 나는 그들이 이전의 목회자들로부터 그렇게 배웠음을 알았다. 그들은 자신들이 감히 가치 없는 생각이나 나쁜 행동을 간직한 채 성찬 테이블에 접근하는 것을 "그들 스스로의 벌을 먹거나 마시는 것"으로 알고 있었다(킹 제임스 성경의 이 구절 번역을 차용하면 그렇다). 나는 성도들이 가난한 시골 사람들로서 궁핍하게 생활하며 일에 지쳐 녹초가 되었고 사회의 모든 제도에서 소외된 것을 알게 되었다. 그들은 교회로부터도 소외된 것이다. 교회는 그들에게 "지옥불" 설교를 들려주었고, 비난의 장광설을 늘어놓았다. 매우 상징적이고 예전적 순서에서 그들은 스스로 배제하고 자기 비하와 무가치하다는 느낌을 지속적으로 드러내고 있던 것이다.

나는 교회 안에 남아 있는 성도들에게 "잠시 우리 함께 앉아 성경을 펴서 고린도전서 11장 29절을 볼까요?"라고 제안했다. 즉시 그들 모두는 성경을 폈고, 우리는 성경공부 시간을 가졌다. 나는 그들에게 바울이 고린도교회의 성찬에는 "부도덕"과 "술취함"의 문제가 있었다고 말한 부분에 집중할 것을 요청하였다. 바울은 명백하게 좀 더 심각하고 어려운 상황을 다루고 있었다. 성찬이 이기적인 방탕함에 이용되도록 변질된 상황이었다. 나는 이것이 우리 교회의 상황과 같은지 물었다. 돌아오는 대답은 "아뇨, 전혀 그렇지 않네요."였다.

"우리가 성찬에서 스스로를 무가치하다고 여겨야 한다는 것이 주안점일까요?" 나는 계속해서 질문했다. "우리는 예배 시작 때에 죄의 고백을 합니다. 우리 모두가 하나님 앞에서는 작은 존재라는 사실을 인정하지요. 그러면 제가 계속해서 반복하는 초대의 말은 무엇일까요?"

한 여성이 기억을 되살려 그 반복된 말을 했다. "당신은 지은 죄들을 진심으로 회개해야 합니다—"

"네! 성경에서 예수님은 죄인들과 함께 먹고 마시지 않았습니까? 그는 죄인들을 초대하지 않았나요? 아마도 주님의 식탁에서 함께 먹기 위해서 요구되는 조건은 단지 당신이 배고프다는 사실과 당신이 배고프다는 것을 안다는 사실, 그리고 당신은 여기서 허기를 채울 수 있다고 믿는다는 사실이면 됩니다."라고 나는 말했다.

그 다음에 우리는 겸손에 관해서, 거짓된 겸손과 자신들이 주의 성찬에 참여하기에는 완전히 무가치하다고 하면서, 성찬에 나아오는 저 모든 위선자들과는 다르다며 자부심을 갖는 자들로부터 느껴지는 미묘한 교만에 대해서 얘기했다. 우리는 위선에도 많은 유형이 있음을 논했다.

우리가 다음 성찬을 할 때에, 나는 누가복음 5장 29-39절 말씀을 가지고 설교했다. 이것은 예수님께서 세리 레위의 집에서 식사하신 내용이다. 설교는 "왜 당신같이 선한 메시아가 우리와 같은 사람들과 먹고 마셨을까?"라는 제목이었다. 나는 또한 성찬으로의 초대라는 단어를 예시적으로 잘 설명하였고, 이러한 행위의 은혜에 초점을 맞추어 설명했다. 이 날은 거의 모든 회중이 앞으로 나와 성찬에 참여했다.

의견 내가 이 상황을 제대로 다루었는지에 대한 평가는 독자들의 몫으로 남기겠다. 이보다 더 효과적이고 깊이 있게, 그리고 그만한 개념적 이해를 수반하지 않고도, 상황을 통제할 다른 방법이 있었을지 모르겠다.

하지만 지금의 시점에서 나는 이러한 질문을 던지기 원한다: 이런 상황을 마주했을 때, 나는 사제로서 기능한 것일까, 아니면 목회자로서 기능한 것일까? 내 행동의 어떤 부분이 목회자적이었고, 어떤 부분은 사제적이었을까? 사제인가, 목사인가, 아니면 둘 다인가?

3장

여기에서 어떤 일이 발생하고 있는가?

WORSHIP AS PASTORAL CARE

3장
여기에서 어떤 일이 발생하고 있는가?

1746년에 매사추세츠 노스햄프턴에서 대각성 운동이 일어났다. 이 지역에서 목회하던 조나단 에드워즈(Jonathan Edwards)는 이 시기에 자신이 담당한 교구 성도들에게 일어난 일을 가리켜 "놀라운 회심"이라 칭했다. 하지만 많은 청교도 목회자들은 무의미한 '열광주의'(enthusiasm)로 무시하거나 반대할 것을 요구했다. 반대로 에드워즈는 종교적 열정을 칭송하며 이 운동을 "하나님의 섭리에 속한 놀라운 인도하심"이라 변호했다. 그러나 에드워즈는 분별없이 이 운동을 인정하지 않았다. 그는 목회자면서 신학자이기에 대각성 운동에서 지나친 무절제와 무질서들이 발생한다는 걸 알았다. 그리고 그의 교구는 부흥의 진위여부를 놓고 갈라졌으며 성찬에 참여할 수 있는 자격에 대해서 격하게 다퉜다. 이러한 상황에서 에드워즈는 다가올 두 세기 동안 미국의 신학에 막대한 영향을 끼칠 『신앙 감정론』(*A Treatise Concerning Religious Affections*)을 집필했으며, 이는 그의 저서들 중 단연 으뜸이라 할 수 있다.[1] 이 책은 당시 초미의 관심사였던 '무엇이 진정한 종교인가?'에 대하여 신학적으로 답을 주고자 했다. 그리고 목회와 관련해서 참된 경건과 온전하게 헌신된 마음을 나타내는 표지를 12가지로 기술했다. 더욱이 그의 책은 종교의 경험을 옹호했으나 거만하고 교만한 "열광"을 질책한다. 『신앙감정론』은 진정 종교적 열망과 행동들에 철저히 근거한 근대 시대의 변호서로서 목회신학의 고전이 되었다. 또한 이 책은 목회자가 성도들에게 신앙의 분별과 지침을 주는 노력의 일환을 보여준다.

어느 날, 나는 신학생들이 임상 목회 교육(C.P.E.) 훈련 중에 배웠던 용어를 가지고 말장난치는 걸 엿들었다. 물론 "당신이 진짜로 말하고자 하는 바는 뭐죠?" 혹은 "당신의 행동에 숨겨진 진짜 동기는 뭐죠?"와 같은 표현들은 분명 임상 훈련 감독들이 있는 앞에서 시간을 보냈던 이들에게 큰 웃음거리가 될 것이다. 하지만 내가 강조하려는 것은 이처럼 상투적이고 전문용어로 가득한 가상분석 게임(game of pseudoanalysis)으로 임상 목회 교육을 묘사하려는 바가 아니다. 목회심리학자와 상담가들은 우리의 표면적 행동과 우리 자신에 대한 거짓된 인식 배후나 내부, 혹은 저변에 놓인 진짜 동기, 감정, 태도, 그리고 신념을 분별하는 데 많은 관심을 갖는다. 그러한 분별은 분석자가 타인의 삶을 분석하면서 자기 자신의 관심사만 보려고 하거나, 아니면 자신의 신념적 가치나 제한된 인식으로 자신이 본 것을 가림으로 오용될 수도 있다. 내 자신의 심리학은 내 자신을 방어하기 위해서라면 심리학을 비롯한 모든 도구나 방법, 관점들을 활용하도록 시킨다! 그러나 대부분의 목회심리학자들이 권장하는 분별, 분석, 자기인식, 진단 등의 심리학적 도구들은 목회자에게도 반드시 필요한 것들이다. 이러한 심리학적 도구들은 성경에서 "영을 분별하라"고 했던 바울의 권면과 같은 사상에도 근거한다. 또한 이러한 도구들은 성도들에게 "자기 자신을 알 수 있도록" 도와준다. 그들의 필요, 아픔, 오해 등을 이해하려는 노력, 그리고 그들의 삶의 무게를 떠안는 목회자의 돌봄은 역사적으로 조나단 에드워즈와 같은 목회자들의 오랜 목회 역사와 연관되어 있다. 미숙한 정신과 의사처럼 보일까 두려워 숙련된 진단과 분석의 책무를 회피하는 것은 책임 있는 목회자가 되기를 회피하는 것이다. 목회자가 목회 기술과 자원들을 최대한 활용하여 자신이 섬기는 교구 성도들을 진단하고 인도하며, 분별할 때, 그는 무책임하고 미숙한 정신과 의사와는 다르다. 그들은 성숙하고, 응답적이며, 책임 있는 목회자인 것이다. 심리학적이며, 심리치료적인 기술과 관점은 목회자가 이러한 분야들을 교회라고 불리는 믿고, 실천하고, 예배하는 공동체의 맥락 안에서 견고히 근거해서 활용할 때, 목회자에게 매우 소중한 도구가 될 수 있다. 바로 교회로부터 사람들을 진단하는 목회자의 신뢰와 책임이 부여되기 때문이다.

프로이트 이후로 인간 행동에 관한 모든 연구를 담고 있는 기본적 격언은 시워드 힐트너의 표현을 빌리면 "모든 행동은 의미를 담고 있다."는 것이었다.[2] 이러한 심리학적 관찰 그 자체는 인간의 삶은 본질적으로 질서정연하며 의미심장하다는 믿음을 수용하고 있다. 이는 또한 삶에서 경험적으로 증명된 사실이기도 하다. 모든 행동은 겉으로 보기에는 매우 기이하고 변덕스레 보일지라도 나름 의미를 담고 있다. 목회자로 살다보면, 이와 같은 격언이 뇌리에 박힐 때가 꼭 있다! 그러나 목회자인 우리도 자신의 이해할 수 없는 행동과 성도들의 터무니없는 행동을 바라보면서 당황하거나 혼란스러워할 때가 많지 않은가! 그러므로 심리학은 목회자들에게 "영들을 분별하라"고 촉구하면서 목회 돌봄에 가장 중요한 공헌을 한다.

심리학은 인간의 행동을 흔히 도덕적이며 판단적으로 취급하려는 성적 주의적 성향에서 벗어나 서술적이고 기능적으로 접근할 것을 촉구한다. 정신 치료의 목적은 각각의 경험이 지닌 의미를 이해하는 것이며, 그 경험을 왜곡시켜 이미 정해진 의미에 갖다 붙이는 것이 아니라는 칼 로저스의 주장은 목회자들에게 매우 중요하다.[3] 다시 말해, 우리는 종교-윤리적 용어 (religioethical terms)로 행동의 적절성을 성급히 판단하기에 앞서, 주어진 행동이 개인과 집단에 어떤 역할을 하며, 어떤 영향을 미치는지를 제대로 살펴봐야 한다. 우리는 겉으로 드러난 행동을 그 자체로 받아들여서는 안 된다. 겉으로 드러난 행동에는 의미들과 무의식적 의미들이 겹겹이 쌓여 있기에, 상당한 수준의 분석적 정교함을 통해 접근해야 한다.

나는 신학생 시절에 교회에서 설교한 후, 정말 속상한 일을 경험했다. 내 자신은 온화한 설교라 생각했으나, 한 남자 성도가 내 설교를 듣고 비난했다. 그는 나에게 설교 내용이 "위협적"이고 "급진적"일 뿐 아니라, 내 설교가 "교회를 망치고 있다."고 말했다. 그는 한참 동안 나에게 큰소리로 비난했다. 그리고 그의 비난이 끝난 후, 나는 설교의 어느 부분이 그 사람을 거슬리게 했는지 물었다. 그러자 그는 내 설교(내가 의도한 설교의 의미)와는 무관한 두세 가지의 문제들을 지적했다. 설교의 소통에 실패했다는 점과 내 의도대로 이 남자 성도와의 관계가 원활하지 못했던 점이 나를 혼란스럽게 했고, 나에게 상처로 남았다. 그리고 나는 온 힘을 다해 그에게 설교의 요지를 분명히 전달하려 하였으나, 결국 헛된 노력에 불과했다. 그는 화를 내며 떠나버렸다. 이 남자 성도의 불합리한 감정 폭발로 인하여, 나는 그에 대한 혼란스러움, 실망감, 그리고 분노만 남게 되었다. 시간이 흐른 후, 교구의 한 성도가 나에게 소란을 피웠던 남자 성도에 대하여 말해 줬다. 그 성도에게는 나와 비슷한 또래의 아들이 있었는데, 그 아들은 동부의 명문 로스쿨을 나왔고 그의 삶에 있어 꿈과 희망이었다. 그러나 그 아들이 훗날 극좌 단체에 빠져 불법 활동을 저질러 몇 번이나 체포되었다는 것이다. 그리고 이 성도는 "아마도 목사님께서 그의 아들과 비슷하기에, 자기 아들이 자신에게 얼마나 깊은 상처를 줬는지 기억이 되살아났나 봐요"라고 추측했다. 그 후, 나는 아들 때문에 상처받은 남자 성도에 대하여 그 어떤 소식도 듣지 못했다. 어쩌면 내가 일부러 이 남자 성도의 소식을 듣는 것을 거부했는지 모르겠다. 그러나 내 설교에 보인 이 남자 성도의 반응은 설교자인 내가 누구이며, 내가 한 설교의 내용보다 더욱 깊은 뿌리와 복잡한 원인들을 갖고 있을 가능성이 농후함을 깨달았다. 이러한 깨달음은 나로 하여금 그 사람이 적대자가 아니라, 그도 나와 마찬가지로 복잡한 심리적 스트레스에 얽매인 존재로 대할 수 있게 해주었다. 이런 경우, 심리학의 도구들은 목회자인 우리에게 주어진 상황을 뛰어넘어 올바른 의미와 견해를 제공할 수 있다. 목회자로서 우리가 심리학의 도구를 활용하여 분별과 진단의 재능을 발휘할 수 없다면 주어진 상황에서 그 어떤 의미도 발견할 수 없게 된다.

불행히도, 예배라는 사건에 대한 심리학적 숙고는 턱없이 부족했다. 하지만 나는 예배가 목회자에게 "영을 분별"할 수 있는 기회를 주며 "여기에서 무슨 일이 일어나고 있는가?"라는 항구적 질문에 대한 답을 제공하리라고 믿는다. 미국에서는 약 7,500만 명의 그리스도인들이 매주일마다 예배를 드린다. 그리고 대부분의 교회들에서 그 주일예배 모임은 목회자들에게 교회의 그 어떤 다른 활동보다 더 오랜 시간 동안 더 많은 교인들을 보고 그들과 함께하며, 교인들이 목회자들을 볼 수 있는 기회를 제공한다. 예배를 드리는 동안에 교인들은 아마도 교회의 그 어떤 다른 활동에서보다 더 복잡하고, 직설적이며, 의미심장한 방식으로 행동하고, 생각하고, 말하며, 노래도 부르고, 응답도 하며 느끼기도 할 것이다. 대부분의 교인들은 예배의 자리에서 서로 주고받으며 다른 이들과 함께하고, 또는 믿음과 대면하거나 믿음을 외면하고, 하나님과 함께하기도 하고 하나님을 피하기도 하면서 자발적으로 참석한다. 그러나 목회자는 교인들의 요청에 응하고자 (비록 그들이 요구하든, 아니면 거부하든 간에 관계없이) 그들의 사제가 되어 예배 중에서 그들을 인도하는 기능을 하게 된다.

에모리 대학의 교수인 존 카(John Carr)는 나에게 자신이 담당했던 교구에서 매주일 이른 아침에 성찬식을 거행했다고 말했다. 대부분의 교인들은 주일 11시에 예배에 참석하기 때문에 이른 아침에 성찬식을 거행할 경우에 참석자들은 불규칙할 수밖에 없었다. 그러나 이른 아침의 성찬예배는 교인들이 그들의 개인적인 필요를 나누는 자리를 제공하면서 시작했다. 처음으로 그 이른 아침 예배에 참석하는 개인이나 부부, 혹은 가족들을 볼 때마다, 그는 그들이 지금 특별한 도움을 원하고 있고, 위기를 겪고 있다는 것을 목회적 감수성을 통해 확인할 수 있었다고 한다. 그래서 그는 예배 후에 성도들과 충분히 대화할 수 있는 시간이 필요함을 깨닫고 만일 그들이 원한다면 목회자와 만날 수 있음을 알려줬다. 시간이 지나면서, 이 예배는 교인들이 목회자에게 자신의 필요를 알려주는 기회가 되었으며(자신들이 그러한 신호를 보낸다는 것을 의식하든, 의식하지 못하든 간에), 교인들은 목회 돌봄을 요청한다는 것을 공예배를 통해서 드러내었다.

우리는 일대일 돌봄 관계를 선호한다. 그리고 일대일 돌봄 관계는 나름대로 목회 돌봄의 영역에서 일익을 담당하고 있다. 그러나 카렌 호니(Karen Horney)와 해리 스택 설리반(Harry Stack Sullivan)과 같은 사회심리학자들의 주장들로부터 1960년대의 극적인 사회적 사건들에 이르는 최근 몇 년간, 우리가 안고 있는 가장 큰 문제는 집단의 문제(group problems), 즉 바울이 의미한 "몸"의 문제인 사회적, 정치적, 그리고 공동체적 문제라는 사실을 고통스럽게 인식했다. 목회자의 방에서 50분간 일대일로 이뤄지는 목회 상담은 내담자의 사생활을 지켜주는 데 매우 안전하지만, 지나치게 제한적이며 개인에게만 초점이 맞춰져 있다. 나는 예배에는 더 많은 모험이 따른다고 믿는다. 이는 신앙과 전통, 그리고 그 신앙과 전통에 의해서 살아가며, 또한 그에 의해서 판단받는 공동체의 맥락 내에서 우리 자신을 바라보게 하는 모험이다. 예배는 우리 자신을 초월하며, 우리를 거부하는 동시에 우리를 사로잡기도 하는 신비(루돌프 오토와 모세 등이 발견했던)에 직면하게 하며, 인생의 한계와 인생에 대한 궁극적인 질문들을 마주하는 모험을 수반한다. 모든 행동에 의미가 있다면 분명히 거룩하신 분 앞에서 우리의 행동은 기독교 목회자인 우리에게 궁극적이고 특별한 의미를 지녀야 한다. 목회자는 하나님의 백성을 위한 사제이면서, 동시에 목회자이기 때문이다.

1. 예배를 위한 동기

만일 예전이 문자적 의미대로 "사람들의 일"(work of the people)이라면, 그리고 예전이 하나님과 함께, 그리고 하나님 앞에서 행하는 우리의 일이라면, 심리학자들은 "과연 예배에서 하는 일 배후의 동기들은 무엇인가?"라는 질문을 던질 것이다. 폴 프루이저(Paul Pruyser)는 『종교의 역동적 심리학』(Dynamic Psychology of Religion)이라는 책에서[4] 예배에서 진행되는 일들에 동기를 부여하는 네 가지 이유를 열거한다. 첫째, 우리는 하나님께서 거대한 규모로 행하신 일을 제의의 양식에 따라 작은 규모로 모방(imitate)하기 위해 예배한다. 바울은 세례 후, 세례자가 물에서 일어나는 것을 예수께서 무덤에서 부활하신 사건을 상징적으로 반복하는 것이라 말했다. 우리는 성 목요일(Maundy Thursday)에서부터 성 금요일의 십자가(the cross on Good Friday)와 예수께서 다시 사신 부활절에 이르는 주간의 다양한 사건들을 통과한다. 매번 드리는 성찬은 예수와의 식사교제를 생생하게 기억하고 재현한다. 중세 수도사들은 이때 양초들을 켜놓고, 다음날 아침에 해가 뜨는 줄도 모르고 밤새 기도했다. 초대 기독교 교부들은 성찬식의 빵을 "영혼을 위한 약"(medicine for the soul)이라 부르며, 성찬식으로부터 특별한 치유와 양식이 공급된다고 주장했다. 또한 사제들은 기름을 바르며 질병이 고쳐지기를 기도했다.

예배의 모방적이고 신비적인(magical) 측면은 고도의 정밀함(precision)과 강제성(compulsion)이 예전 안에 존재하고 있음을 가리킨다. 예전 행위들은 신중하게 공들여서, 그리고 엄격하게 규정된 방법으로 언제나 정확하게 시행된다. 사람들은 자세히 기록된 예전 지시문(rubrics)에서 한 부분이라도 이탈되면 예전의 신통력이 사라진다고 생각했다. 엉성한 예배 행위나 비정통적 형식의 예배(정통이란 문자적인 의미로 올바른 경배임을 기억하라), 그리고 하나님의 말씀에 대한 자의적 해석은 신의 분노를 산다고 생각했다. 즉 예전은 하나님께서 친히 제정하신 것이라고 생각했다. 개신교도들은 성례를 규례(ordinances)라 부르길 선호하지만, 성경신학자들은 이를 불편하게 받아들인다. 하지만 예전의 관점에서는 타당성이 있다. 대부분의 기독교 교파(Christian group)는 예수님이 행하셨던 방식 또는 초대교회의 예배 방식에 의거하여 예배를 드린다고 말할 것이다. 성경 본문, 예배 스타일, 예전 지시문, 의복, 행위들, 그리고 음악 등은 하나님께서 사람들과 만나주시는 특별한 조건들로 간주된다. 그런데 소위 예전적 교회이든, 비예전적 자유교회이든 간에 모든 예배에는 예전적 정교함과 의무사항이 분명히 존재한다. 퀘이커 교도의 집회, 오순절파의 집회, 그리고 빌리 그레이엄의 전도집회 등 모든 예배에는 엄격한 양식과 잘 정립된 (비록 일반적으로 문서화되거나 구술화되진 않았지만) 예배순서가 명백하게 존재한다. "성령의 인도"에 자발적으로 반응하는 것 외에는 예배 형식이 없다고 주장하는 그룹도 있다. 그러나 그러한 예배에 참석해 보면 바르게 예배하지 않는 경우가 무엇이며, 순서에 맞지 않게 말하는 경우는 무엇이며, 잘못된 것을 말하는 경우는 무엇인지가 분명하게 드러난다. 궁극적으로, 완전한 즉흥적 예배나 무형식의 예배는 없다. 진정한 즉흥성과 무형식성은 지속적으로 예배를 추구하는 공동체에서는 사실상 불가능하다. 예배가 즉흥성과 무형식성을 취하면 공동체는 파편처럼 흩어지거나 파괴될 것이며, 공동체와 공동체를 세우는 예배의 기능도 파괴될 것이다.

프루이저는 예전 행위의 본질을 결정하는 요인을 하나님의 화를 달래는 화해(placation), 또는 회복(restitution)으로 보았다. 이는 예배의 또 다른 동기라 할 수 있다. 우리는 하나님의 율법을 제대로 지키지 못했을 때, 죄 고백을 하거나 제단에서 무릎을 꿇거나 엎드리고, 헌금을 바치거나, 죄로부터의 회복을 위하여 비천하거나 힘겨운 과제를 수행하는 등의 몇 가지 행동을 취한다. 대부분의 개신교도들과 많은 가톨릭교도들이 초기의 속죄 방법들인 사순절 기간의 자기 부인, 개인적 고백, 공동 고백과 치리 등을 외면했을 때에도, 흥미롭게도 많은 정신과 의사와 심리학자들은 죄를 고백하는 의식의 회복과 체계적 속죄 행위들은 심리치료에 도움을 준다고 옹호했다.[5] 죄를 고백하는 의식이나 체계적인 속죄 행위들이 존재하지 않는 교회 공동체에서 얼마나 많은 사람들이 무의식적으로 이런 의식과 속죄 행위들을 하나님의 화를 달래는 예배라고 생각할지 궁금하다. 왜냐하면 성도들은 "주일예배는 재미없지만, 그래도 갔다 오니 기분이 좋네. 예배가 도움이 된 것 같아." 또는 "나는 하나님께 이 병만 고쳐주시면 매주일 교회에 갈 것이라고 기도했어."라며 무의식적으로 말하기 때문이다.

또한 예배는 "기념"(commemoration)과 연관되어 있다. 교회력(liturgical year)에 따른 축제들과 절기들은 신앙의 놀라운 사건들을 기념하며 동시대의 사건으로 재현한다. 미사가 희생 제의처럼 되어 그리스도의 십자가에서 죽으심이 미사에서 재현되는 것에 강력하게 반대했던 개신교 전통이 주의 만찬에 대해서 식탁의 교제를 통해 그리스도의 임재를 기억하고 재창조한다는 기념으로서의 동일한 관점을 견지하고 있다. 프루이저는 기념적인 측면이 강조될 때마다, "예전적인 창작 행위에 대한 저항이 일어난다. 기념하는 행위는 경축해야 할 고유한 역사적 상황을 회복하려는 순수한 시도이기 때문"[6]이라고 주장한다.

마지막으로 가장 중요한 예전 행위는 찬미(tribute)와 관련되어 있는데, 이는 하나님께 마땅한 경배를 드리며 우리 구원의 반석이신 그분을 높이는 열정적인 찬송을 부르는 것이다. "새 노래로 주를 찬양하라!"라는 말은 찬양의 본질을 표현한 것으로 예배에서 행동의 즉흥성과 형식의 자유로움을 강화시키는 경향이 있다. 아주 숨 막힐 듯이 규정화된 형식을 지닌 예배에서도, 황홀한 순간과 계획되지 않은 일들이 일어난다. 이는 강제성(compulsiveness) 대신에 충동성(impulsivity)이, 단정함(decorum) 대신에 따뜻함과 열정이, 억제(inhibition) 대신에 신체적이고 정신적인 에너지의 방출이 일어날 때이다. 사실 가장 질서정연하며 구조화된 예배 형태에서도 때로 정반대로 예배자들이 자유롭고 제어되지 않는 경배와 찬양을 위하여 자신의 사고와 에너지를 쏟아내는 순간이 있다. 이는 구조의 예측성과 예전적 동일함이 예배자로 하여금 그러한 형식에 관해 생각할 필요 없이, 또한 다음에 무슨 일어날지를 걱정하지 않고 참여할 수 있게 해주기 때문이다. 따라서 예배자는 밟아본 적이 없는 찬양과 기도의 길을 자유롭게 휘젓고 다녀도 된다. 한 영성 운동가가 표현한 것처럼 "때로 나는 그저 외치고 찬양할 뿐이다." 찬미는 경계를 허물고, 자신을 잊도록 고양시키는 방식이다. 즉 "경이와 사랑, 그리고 경배" 가운데 빠지게 만드는 것이다.

비록 예배의 다양한 의미와 역할에 천착하진 않았지만, 예배의 기능적이고 현상학적인 측면을 관찰하면 우리는 인간의 요구와 동기가 복잡하게 얽힌 인간 행위가 바로 예배임을 충분히 상기할 수 있다. 우리가 예배 가운데 관찰할 수 있는 여러 행위들은 모든 사회와 문화에서도 볼 수 있는 기본적이고 자연스러운 인간 행위들이다. 인류학자들은 종교 의식이나 종교의 가치를 기리는 정형화된 사적인 혹은 공적인 방법이 부재한 채 모방, 화해, 기념, 그리고 찬양만을 갖고 종교의 규범을 전수하며 정체성을 창출한 문명을 찾지 못했다. 심지어 구소련과 같이 종교와 상관없는 세속 문명에서도 마찬가지 현상이 나타났다. 예배에서 인간의 기본적이고 근본적인 욕구들이 채워진다. 너무도 많은 목회자들이 이러저러한 여러 신학적 관념에 사로잡혀 성도들의 요구를 제멋대로 다루다가 결국 성도들의 적개심과 저항에 부딪치게 된다. 성도들의 적개심과 저항은 목회자가 그들의 필요를 채워주지 않거나 그들에게 의미 있는 행동을 목회자들이 사려 없이 무시할 때 나타난다. 우리의 예배 "혁신"조차 이러한 동기와 필요를 채우는 데 실패할 때, 성도들이 부정적 반응을 보이는 마땅하고, 근본적이며, 심리학적으로 설명 가능한 이유들이 등장한다. 많은 경우에 우리의 추상적인 관념들이 우리의 목양을 방해하는 것이다.

물론 예배에서 일어난 모든 일들이 반드시 우리의 심리에 긍정적인 영향만을 주는 것은 아니다. 예배는 건강하고 성숙한, 그리고 책임감 있고 신실한 인격을 형성하려는 성도에게 방해가 될 수도 있다. 주일 아침 예배는 회중들에게 권위주의적이고 율법적인 분위기를 만들거나 심화할 수 있다. 왜냐하면 목회자들 자신이 교인들로 하여금 책임 있고 성숙한 기독교적인 삶을 살 수 있도록 해방시키려는 노력에도 불구하고, 목회자의 이미지를 교회에 상주하는 선동자, 모두를 위한 아버지, 또는 어머니상, 혹은 하나님께서 임명하신 재판장으로 조장하는 상황에 끌려갈 수 있기 때문이다. 선한 의도의 예배라 할지라도, 성도의 삶을 해롭게 하는 과정으로 작동할 수도 있다. 예들 들면, 죄를 고백하는 기도는 사람들로 하여금 새로운 행동을 위해 사람을 치료하여 자유롭게 하기보다는 수동적인 자기 정당화 속에서 무력감에 빠지게 하는 수동적 행위가 될 수 있기 때문이다.

적어도 구약 예언자들의 시대로부터 예배는 현실 도피적 성향을 조장한다는 혐의를 받아왔다. 하나님은 예언자들에게 "번제보다 사랑과 용서의 행동"을 더 원하신다고 말씀하셨다. 예배의 열광적인 차원은 구체적인 시간과 장소에서 마주하는 삶의 요구와 딜레마들로부터 우리 자신을 차단시키는 기제로 사용될 수 있다. "기도하는 가장 귀한 시간"(sweet hour of prayer)은 우리의 방어 기제와 거부감을 더 강화시키고, 우리 자신과 다른 이들에 대한 신념, 또는 때로 재고되어야 할 신념들로 우리를 가두는 시간으로 사용될 수도 있다. 프로이트는 우리가 위협적이며 불편한 관계들을 회피하는 데 도움을 주는 복잡한 의례들을 규명한 바 있다. 따라서 주일예배와 의식의 명문화된 목표가 성찬을 위한 집회(*synaxis*) 또는 "모임"이라 할지라도, 주일예배는 하나님과 우리 자신, 그리고 타인과 만나기를 회피하는 용도의 잘 정립된 일련의 행위들로 사용하는 자신과 타인, 그리고 하나님을 외면하기 위한 명백한 일련의 행위들로 이뤄진 시간이 될 수 있다. 칼 바르트는 "그리스도인들은 하나님에 맞서는 최후의 보루를 지키고자 교회에 간다."며 예배의 모호한 성격을 상기시킨 바 있다.

이런 것들은 원래 예배에 내재된 문제가 아니다. 심리적 요인들은 이와 같은 예배의 오용에 책임이 있다. 심리학자들이 주장하는 바에 따르면 심리적 요인들은 모든 인격적 자원들을 오용할 소지가 있기 때문이다. 해답은 그러한 자원을 폐기하는 것이 아니라, 그러한 자원을 훼방하거나 가로막으며 왜곡하거나 굴절시키는 요인들을 분별해서 다루고 이해하는 것이다.[7] 이는 이 장의 마지막 사안으로 이어진다. 그것은 바로 예배 중에 작동할 심리적, 영적, 문화적 비중에 대한 목회적 진단이다.

2. 예배에서의 진단

사람의 모든 행위에 의미가 있는 것처럼, 예배에도 의미가 담겨 있다. 예배를 향한 사람의 선별적 관심은 그 사람이 생각하는 예배의 의미가 무엇인지, 그 사람의 정서 생활에서 가장 중요한 것들은 무엇인지, 그 사람의 마음에 있는 근심의 원인들은 무엇이며 어떻게 다룰 것인지에 관한 실마리들을 알게 한다. 그리고 예배는 통찰력들과 새로운 사실을 제공하는 풍부한 공급원이 될 것이다. 목회 돌봄은 성도의 당면 문제들을 주의 깊게 진단하지 않고 그들을 인도, 양육, 치유, 그리고 화해시키려는 목회자의 극적인 시도들을 지나치게 드러낸다. 우리가 목회적 진단을 할 경우에, 우리의 목회적 진단은 대체로 직관적이며 상황적 특성에 근거하는 것이 일반적이다. 폴 프루이저는 목회 돌봄에 필요한 특별한 자원 및 필요들과 관계된 일련의 진단 지침을 목회자들에게 제공하고자 "도대체 왜?"(what's going on here?)라는 질문에 대답하는 데 참조할 일곱 가지의 변수들을 고안했다. 이러한 변수들은 프루이저가 명명한 대로 목회 상담 과정을 여는 "진단 면담"(diagnostic interview)에서 사용하기 위한 것이지만, 나는 이 방법론이 한 회중 내에서 예배가 개인들에게 주는 의미와 기능뿐 아니라 회중의 예배 자체에 대한 목회적 진단에도 적용되지 못할 이유가 없다고 본다. 병든 회중은 개인에게서 나타나는 같은 질병이 집단의 형태로 드러난 것이다. 진단된 질병에 대한 치료나 처방의 질문들은 잠시 뒤로하고, 여기서 우리가 가져야 할 주된 관심은 목회자가 예배 중에 발생할지 모르는 역동성에 민감하게 반응하며, 예배에 대하여 목회적 평가를 하도록 도움을 주는 몇 가지 기술들을 제시하는 것이다. 나는 프루이저가 고안한 일곱 개의 변수들을 제시할 것이며, 이 변수들은 예배라는 사건(worship event)을 명료하게 분별하는 데 도움을 주리라 본다. 제안된 변수들은 엄밀히 말해서 의학적이거나 정신의학적, 혹은 심리치료적이지 않다. 프루이저는 신학자들이 쉽게 이해하고, 경험적 검증(empirical verification)이 가능하고, 종교적 문제들을 규정하는 데 있어서 풍성하고 다양하게 살필 수 있도록 의도적으로 시도했을 뿐이다. 그리고 프루이저는 아래의 이유로 인하여 정통적인 심리학의 표현들과 전문용어를 사용하는 것을 꺼려한다.

나는 심리학과 정신의학에 만연한 진단 관행들을(diagnostic practices) 나쁘게 보지 않지만, 목회자가 진단 관행을 모방할 필요는 없다고 생각한다. 너무 자주 진단은 마치 문제를 이해한 척하거나 파악한 척하기 위하여 단순한 이름을 붙인다. 혹은 진단은 각 개체들의 분류들을 포함하고 있다고 주장하는 어떤 목록에서 한 단어나 구를 고르는 것을 의미한다. 이 각각의 분류들은 분명한 경계선이 존재하며 각자 완전한 조각으로 표시되어 있으며 모든 분류는 각 개체들이 주어진 전문 분야를 위하여 학문의 세상을 구성하고 있음을 암시한다. 나는 복잡하고 유동적이며 결말이 열려 있는 인간의 상태를 한 마디로, 그것도 한 단어의 명사로 요약하는 전문가들의 습관에 신물이 났다. 심지어 유사 그리스어나 유사 라틴어를 장식용으로 사용해서 권위를 보이려는 인위적인 명사 따위들을 보면 더욱 그렇다.[8]

프루이저가 말하는 우리가 살펴봐야 할 첫 번째 경험의 차원은 한 사람이 갖는 **거룩함에 대한 인식**(awareness of the holy)이다. 그에게 어떤 것이 신성할까? 그는 어떤 것을 경배할까? 감히 손댈 수 없다거나 헤아리기 어려운 존재가 그에게 있는가? 그 존재 앞에 서면 경외심이나 경배심이 느껴지는가? 이러한 질문들을 한 마디로 말하면 "그가 어떤 것을 예배하는가?"라 할 수 있다. 루터는 하나님은 우리가 그분을 위해 딸이라도 희생시켜야 할 분이라고 말했다. 틸리히(Tillich)는 "신"(god)은 우리에게 가장 큰 관심을 갖는 존재인 동시에 우리의 궁극적 충성을 받으시는 존재라고 말했다. 주일 아침에 모였을 때, 우리는 때때로 하나님을 예배한다고 생각하지만, 실상 우리는 그 시간에 물질적인 성공을 기념하거나, 우리의 음악적이며 예술적인 소양을 자축하고, 도덕적으로 옳은 사람이라 스스로 여기기도 하며, 목회적 허세에 빠지기도 한다! 그러나 목회자들은 자신의 성도들이 섬기는 신들이 누구인지 최선을 다해 알고 싶어 하며, 성도들이 하나님에 관하여 말하는 것을 액면 그대로 이해하지 말고 그들의 생각과 행동 속에 비쳐진 그들의 진짜 신이 누구인지 찾아야 한다.

    프루이저가 가리키는 두 번째 진단 변수는 **섭리**(providence)이다. 당신을 향한 하나님의 목적과 계획에 관한 당신의 생각은 평소 예배 생활에서 어떻게 비쳐지는가? 나는 "주님, 왜 저입니까?" "제가 뭘 했다고 이러시는 겁니까?"와 같은 질문들을 자주 들었다. 이 질문들은 섭리에 대한 질문이라 할 수 있다. 어떤 사람이 신비스러운 하나님의 임재를 대면했을 경우, 과연 그는 이사야가 성전 앞에서 "아, 슬프도다."라고 말한 것처럼 반응할 것인가? 아니면 베드로가 변화산에서 반응한 것처럼 "주여, 여기가 좋사오니 이곳에 머물러야 하지 않겠습니까?"라고 반응할 것인가? 우리의 기도가 하나님을 향한 신뢰감과 크신 하나님을 향한 굳건한 믿음, 그리고 도움의 근원이신 자비의 하나님을 드러내는가? 아니면 우리의 기도는 포악하고 변덕스러운 하나님과 흥정하고, 달래고, 회유하여 우리에게 유익한 행동을 하시도록 유도하는 것인가? 기도의 내용에 담긴 우리의 청원이 하나님께서 우리에게 빚을 지셔서 특별한 도움을 주시거나, 해결책을 즉시 내놓으시나, 기적을 베풀어야 하는 것으로 느껴지는가? 그렇지 않다면 우리의 청원이 세상을 주관하시는 선한 목적, 즉 그 당시는 도무지 이해할 수 없으나 불가해한 목적을 수반한 초월적인 능력이 우리를 인도할 것임을 나타내고, 거기에 경의를 표하고 있는가? 아니면 어떤 사람은 인생 가운데 신뢰를 촉진시킬 만한 기회를 얻지 못했기에 하나님이나 타인에게 신뢰를 보여주지 못하는가? 예배가 시작된 이후 슬며시 들어와서는, 예배 순서에 제대로 참여하지 않으면서, 예배가 끝날 때쯤에는 서둘러 빠져 나가는 그와 같은 소심하고 가련할 정도로 소극적이며 조심스러운 영혼은 아마도 과거에 세상을 무섭고 믿을 수 없는 곳으로 경험하여 거절의 두려움 때문에 참여하고 함께할 엄두조차 내지 못하는 사람일 수도 있다. 아무튼 "당신을 향한 하나님의 의도"는 무엇인가?"라는 질문은 섭리에 관한 것이다.

세 번째 변수는 **믿음**이다. 사람이 예배에 참석하거나 교회 공동체에 등록한 것으로 반드시 그 마음속에 믿음이 있다는 걸 의미하지는 않는다. 프루이저는 믿음을 가리켜 "삶에서 확언하거나 부인하는 태도"라 말했다. "사람들은 어디에 헌신하는가?" "미온적인가 아니면 열정적인가?" "그는 자신의 삶과 삶의 경험들을 수용하는가, 아니면 회피하는가?" 주일예배의 성격을 묘사하기 위하여 흔히 사용되는 "주유소"라는 표현은 예배에 참석한 많은 사람들이 전적으로 지닌 수용적이며 수동적인 태도를 가리킨다. 많은 사람들은 보고, 듣고, 무언가를 받기 위해서 예배에 참석하는 것이지, 예배에서 주고 행동하며 말하려고 참석하지 않는다. 우리의 예전 전통 중 하나인 "결단의 시간"(altar calls)은 전통적으로 예배 중에 성도가 응답하고 헌신을 표명하며 참여하게하기 위한 대중적인 순서였다. 성찬, 세례, 신앙고백, 그리고 봉헌도 우리의 믿음을 확언하는 시간이다. 믿음은 한 사람이 자신을 억제하거나 개방하는 경험일 수 있다. "자신의 신념을 고수하라"라는 말은 믿음이 결여된 사람에게는 두렵게 느껴지는 반응일 수도 있다. 예배의 갱신이 줄 수 있는 긍정적인 목회 효과는 회중 안에서 열린 자세를 창출하고 더 고양할 수 있다는 점이다. 성도들은 믿음을 경험하고 표현할 수 있는 새롭고 유익한 방법들을 발견할 수 있다. 예전의 혁신에 대한 반응을 보면 분별력 있는 목회자는 성도들의 믿음에 대한 특정한 입장을 이해할 실마리를 얻게 된다. 다음 장에서 보겠지만, 교인들의 입장에서 분노를 표현하는 것은 신앙의 헌신을 보여주는 중요한 지표임이 분명하다. 그 믿음이 기독교 신앙의 객관적이고 역사적 교의들에 대한 믿음인지는 목회적으로 더욱더 검증되어야 할 사안이다.

은혜는 네 번째 변수다. 은혜란 말은 선물, 관용, 주고받기와 관계되어 있다. 또한 은혜는 흔히 신학적 개념인 용납과 용서와도 관련되었다. 어떤 사람은 자신이 용서받을 수 없는 존재이기에 하나님의 선물인 용서를 받을 수 없다고 판단하거나, 용서받는 것을 꺼릴지 모른다. 나 자신이 형편없다는 억눌림 뒤에는 그들의 상황을 판단하는 최종 결정자가 자신이기 때문에, 하나님의 심판과 용서는 소용없다는 신념이 자리 잡고 있을 수 있다. 그러나 그들의 비참함과 자기혐오란 표면 뒤에 거대한 자만심이 숨겨져 있을지 모른다. 나는 많은 예배 예식들이 참회와 겸손에 치중하면서, 은혜와 확신은 경시하는 모습을 발견했다. "우리는 당신의 식탁에서 떨어지는 부스러기를 주워 먹을 자격도 없습니다."라는 말은 성찬식에서 흔히 사용된다. 때로 사람들이 은혜를 받기 위해 개방성과 의존성을 요구하는 것은 자기중심적인 죄의 깊은 절망에서 계속 뒹구는 것보다 더 어려울 수 있다. 많은 사람들은 주일 아침에 "나는 교회에 다닐 만큼 착하지 않아."라고 말하며 교회를 멀리한다. 동시에 그들은 "그래도 나는 주일 아침에 교회에서 신실한 척 기도하는 위선자들보다는 나아."라고 말한다. "교회가 친근하지" 않아서 교회에 오지 않는 사람과 예배가 너무 "차갑다"며 예배를 회피하는 사람은 아마도 호의와 따스함을 제공받기에는 스스로 자격이나 능력이 없다고 느끼기 때문일지도 모른다. 공동 예배와 같은 공동의 행동에 참여할 수 있으려면 은혜가 필요하다.

또한 은혜는 우리로 하여금 하나님을 솔직하게 대할 수 있게 하고, 하나님은 우리를 위하시는(*pro nobis*) 하나님이시며 우리의 회의와 두려움, 의심들 때문에 우리를 파멸시키지 않으신다는 내적인 확신과 함께하는 자유를 선사한다. "나에게 있는 문제들로 인해 참으로 감사하다."라고 말하는 여성은 진정으로 감사의 반응을 한 것보다는 단지 두려움 속에서 위축되어서 그렇게 반응하는 것일 수 있다. 하나님의 섭리 과정에서 발생하는 우리의 아픔, 좌절, 분노에 대하여 신실하신 하나님께 충분히 아뢸 때에 은혜가 임한다. 그럼에도 우리는 분노와 같은 이해할 만한 인간의 감정이 우리의 예배에 개입되지 못하게 하려고 한다. 시편 기자들과 고대의 성인들은 그렇게 생각하지 않았다. "주여, 왜 나를 버리셨나이까?"와 같은 고통에 찬 신실한 울부짖음은 우리의 고통이 하나님을 협박하는 것이 아니라, 하나님께서 우리의 울부짖음을 자비와 온유 가운데 들으신다는 은혜로운 신뢰를 근거로 한다. 그와 같은 감정을 예배에서 표현하지 못하며, 하나님과 공동체의 예배로부터 임하는 용납과 용서를 받아들이지 못한다는 것은 인간의 삶에서 은혜가 얼마나 필요함을 여실히 드러낸다.

다섯 번째 변수는 **회개**이다. 회개한다는 것은 변화하는 것, 자신의 문제에서 자신을 적극적인 주체자로 보는 것, 또는 삶의 방향을 수정하여 다른 길로 걷기 시작하는 것이란 의미를 갖는다. 심리치료 문헌에서는 회개를 "훈습"(薰習 working through: 후속 행동에 대한 새로운 통찰력을 통합하고 책정하는 것)이라 묘사했는데, 이 훈습은 예배에서 일어나는 고백, 용서, 헌신의 행위에서 발견될 수 있다. 목회자는 자신의 문제에 어떠한 책임도 없다고 생각하는 사람들, 또는 자신의 통제 범위를 벗어난 상황에 의한 애꿎은 희생자일 뿐이라고 주장하는 사람들을 만난다. 대부분의 예배에서 진행되는 순서들과 훈습은 목회자가 마주할 수 있는 이러한 사람들의 수동적 태도에 도전을 준다. 한편으로 목회자는 자신의 문제에 지나치게 책임을 지려 하거나, 죄에 지나치게 양심적 과민반응을 하는 바람에 은혜를 가리는 사람들을 만날 때도 있다.

물론 그와 같은 결벽주의(overscrupulousness)에는 미묘하리만큼 교만한 점잖음이 자리하고 있다. 앞서 언급한 것처럼 "죄인 중의 괴수"라는 식의 교만이다. 빌 무엘(Bill Muehl) 박사가 "세리의 종교"(The Cult of the Publican)라는 제목으로 설교한 적이 있다. 무엘 박사는 설교를 통해서 유명한 바리새인과 세리의 이야기를 깊이 있게 분석했다.[9] 무엘 박사는 처음 이 바리새인과 세리 이야기를 접했을 때에 세리의 겸허(humility)와 자신을 무가치한 존재로 인정하는 모습(하나님, 이 죄인에게 자비를 베풀어 주십시오)이 굉장히 매력적이었다고 말했다. 특히 바리새인의 잘난 체하는 자기 의(하나님, 감사합니다. 나는 남의 것을 빼앗는 자나, 불의한 자나, 간음하는 자와 같은 다른 사람들과 같지 않으며, 더구나 이 세리와는 같지 않습니다)와 분명하게 대조되면서 세리의 모습이 더욱 부각되었다. 그러나 이 이야기를 50회 이상 읽거나, 세리의 겸손한 비탄을 반복해서 들은 후에, 또는 세리가 성전 문 앞에서 수천 번이나 멈춰 서서 자신의 죄로 인해 들어서지 못하는 모습을 본 다음에, 당신은 아마도 스스로 이렇게 물을 것이다. "왜 세리는 계속 성전 앞에서 멈춘 거지? 왜 자신의 죄를 인정하고 성전으로 들어가지 않았을까?" 무엘 박사는 세리의 겸손에는 분명히 배울 점이 있다고 언급한다. 즉 겸손은 변해야 함, 결심해야 함, 받아야 함, 혹은 행동해야 함이라는 요구들로부터 그를 자유롭게 한다! 회개란 인식으로부터 행동을 유발시키는 역동적 과정이다.

프루이저의 목록에서 여섯 번째 변수는 **교통**(communion)이다. 교통은 예배의 핵심과 같다. 교통이란 연락을 취하는 것, 상호 간의 접촉, 그리고 그리스도인으로서 "두세 사람이 함께 모인다."는 공동체 의식과 유대감을 포함한다. 교통의 가장 기본적인 측면은 인간이 자기 자신을 인류와 자연의 일부로 간주한다는 것이다. 인간은 근본적으로 연결되어 있는가, 아니면 분리되어 있는가? 세상을 향해 열려 있는가, 아니면 고립되어 있는가? 교제하고 있는가, 아니면 홀로 있는가? 연합되어 있는가, 아니면 단절되어 있는가? 예배에서, 어떤 사람은 그 어떤 곳에서보다 소외감과 분리감을 아주 고통스럽고 선명하게 느낄 수 있다. 많은 사람들이 느끼는 예배에서의 소외감은 그들만의 착각이 아니다. 소외감은 "우리"와 "그들"을 나누는 용납할 만한 것과 용납하지 못할 것을 세밀하게 구분하는 회중 안의 의식적이면서도 무의식적인 시도의 결과다. 왜냐하면 예배는 교회 공동체의 정체성을 공유하고 정의하며, 기념하는 장소이기에, 교회 공동체의 구성원들은 개성이 강한 사람들이나 말썽을 부리는 사람들을 기피 대상(*persona non grata*)으로 간주하기 때문이다. 이처럼 분열되고 소외된 상황이 발생할 경우에 목회자의 대응이 가장 중요하다. 목회자는 소외의 과정에서 나타나는 다양한 역학들을 (*various dynamics*) 밝히되, 방어적인 논쟁의 덫은 피하고 집단이나 개인에게 소외시키지 말고 교통하라고 강요하려는 시도는 자제해야 한다. 어떤 경우에는 공감이 필요할 수 있고, 어떤 상황에서는 날카로운 대면이 필요할 수 있다. 이는 전적으로 소외의 주된 원인과 그러한 상황에서도 교통의 잠재성을 진단할 수 있는 역량에 달려 있다.

목회 진단에서 일곱 번째 주제는 **소명** 의식이다. 개인 또는 공동체의 목적 의식은 무엇인가? 그들의 행동은 어떤 의미를 담고 있는가? 당신은 무슨 까닭으로 여기에 왔는가? 이러한 질문들은 주일 아침마다 회중들에게 제기되어야 한다. 일과 예배, 어제와 오늘, 그리고 지루하고 평범한 일상과 예전

속의 세계(the world within liturgy) 사이를 가르는 경계선은 얇은 점선이어야 한다. 한 사람의 행동에는 어떤 의미가 숨겨져 있을까? 이 사람은 사명감을 갖고 적극적으로 헌신할까? 사무실 혹은 교회에서 그의 행동은 목적을 갖고 있는가? 아니면 그의 행동은 무기력하고 종잡을 수 없는가? 주일예배의 헌금은 성도들의 소명 의식을 관찰하고 진작시킬 수 있는 기회였지만, 자주 간과되어 왔다. 아우구스티누스(Augustine)는 자신의 성도들에게 "제단 위에 드려진 당신의 헌금과 함께 드려진 것이 바로 당신이다."라고 말했다. 예배의 헌금 순서는 우리의 일과 일로부터 얻은 수익이 신성한 목적의 일부임을 고백하는 시간이다. 또한 하나님께서 세상 가운데 역사하시는 거룩한 드라마의 진행에 우리를 중요한 역할로 동참시키심을 보게 하는 시간이다. 우리는 자신을 피조 세계가 계속해서 형성되고 사랑을 받는 과정에서 참여자로 볼 것인가, 아니면 수동적인 방관자로 볼 것인가? 하나님께서 오늘 당신에게 무엇을 하라고, 어떻게 존재하라고 부르시는가? 이는 목회자에게 귀중한 통찰을 제공하는 유효한 질문이다.

3. 목회 보고

상황 젊은 성도인 제인은 최근에 이혼했다. 그녀는 찬양대를 그만 둔 것 외에는 이혼 후에도 여전히 교회 생활을 활발히 했다. 어느 날 오후에 제인은 내 사무실에 들렀고 다음과 같이 대화가 시작되었다.

제인: 요즘 어떻게 지내는지를 말씀드리려고 잠깐 들렀어요.

목회자: 무슨 일 있으세요?

제인: 저는 잘 지내고 있습니다. 요즘 상황이 전체적으로 예상보다 그리 나쁘지는 않네요. 전 지금 직장을 알아보고 있고, 새 직장을 구하기 위한 정보들도 얻었습니다. 아이들도 잘 크고 있고요. 다 잘 될 것이라고 생각해요.

목회자: 잘됐네요. 저는 매주일 교회에서 성도님을 뵐 수 있어 기쁩니다. 게다가 좋은 직장을 구할 수 있을 것 같아 기쁘네요. 그런데 한 가지 궁금한 게 있어요. 왜 요즘에는 교회 찬양대에 안 나오시는지요?

제인: 뭐, 특별한 이유는 없습니다. 단지 요즘 들어 제가 사람들 앞에 서서 찬양하는 것이 편치 않아서요. 지난번에 찬양대 가운을 입고 앞에서 찬양하려고 했는데요, 긴장되고 초조해져서 찬양대에 설 수가 없었어요. 찬양대에 서려고 몇 주 동안 망설이다가 결심도 했지만 긴장되고 초조해져서 도저히 견딜 수가 없었습니다.

목회자: 그렇군요. 왜 찬양대에 서면 긴장하고 초조해질까요?

제인: 사람들 앞에만 서면 그렇게 됩니다.

목회자: 하지만 저는 이번 주에 당신이 최근 여성 친교모임에서 노래했다는 기사를 신문에서 읽었습니다.

제인: 글쎄요. 찬양대에서 찬양하는 것과 여성 친교모임에서 노래하는 것은 다릅니다. 아니, 그냥 한번 해본 소립니다.

목회자: 당신이 왜 찬양대에서 찬양을 하면 긴장하고 여성 친교모임에서는 괜찮은지 그 이유가 참 궁금하네요.

제인: 글쎄요. 아무튼 둘은 다릅니다. 많은 교인들이 저와 같은 사람이 찬양대에 서는 걸 원치 않을 것 같아요.

목회자: 많은 교인들이 그리 생각한다는 인상을 누가 줬나요?

제인: 아니요. 하지만 목사님도 사람들이 그렇게 생각한다는 건 아시잖아요.

목회자: 저는 성도님이 스스로를 어떻게 생각하시는지 궁금합니다. 좀 전에 말씀하신 것처럼 정말로 잘 지내시는지 궁금하다고요.

제인: 글쎄요, 큰 문제는 없어요. 곧 찬양대에 다시 설 테니까요. 제 결혼생활로 인한 죄책감 때문은 전혀 아니에요.

목회자: 방금 '이혼'이라 말하지 않고, '죄책감'이란 단어를 사용했네요. 성도님은 "죄책감을 느끼면 안 되지만, 죄책감을 느낀다."라고 생각하시는 건가요?

제인: 잘 모르겠어요. 분명한 건 이런 미묘한 감정들이 이혼으로부터 비롯되었다는 겁니다. 때때로 감정들은 이상한 모습으로 나타납니다.

목회자: 찬양대에서 당신이 긴장하는 것 같은 감정을 말하는 건가요?

제인: 예, 긴장감이 계속 나에게 뭔가 말하는 것 같아요.

목회자: 아마 그럴 겁니다. 성도님은 자신에게 미묘한 감정들이 일어나는 이유가 무엇인지 찾아 보셨나요? 제가 보기에 지금 자신의 모습을 그대로 받아들이기보다는 이혼이라는 과정을 여전히 지나고 계신 것 같습니다.

제인: 글쎄요. 아무튼 저는 곧 찬양대에 다시 설 겁니다.

목회자: 저도 성도님이 찬양대에 서는 걸 보고 싶습니다. 하지만 찬양대에 서는 것보다 더 중요한 것이 있습니다. 성도님의 이 모든 상황을 한 조각으로 맞추면 좋겠습니다! 성도님 자신과 우리가 계속해서 교감을 나눈다면 능히 해낼 수 있으리라 믿습니다.

의견 제인은 비록 자신의 이혼에 대한 감정이 무엇인지를 인지하지는 못했지만 상당한 양가감정을 지고 힘겨워했다. 목회자로서 나는 제인과 대화하는 데 유리한 조건이었다. 왜냐하면 그녀의 이혼 과정을 알고 있었고 단순 분석가로서는 알 수 없는 여러 세세한 상황들을 알고 있었기 때문이다. (예를 들어, 나는 그녀가 여성 친교모임에서 노래를 불렀다는 것도 알았다.) 그녀가 갖는 불안감은 예배 중에 가장 심하게 드러났으며 내게는 중대한 요인으로 보였다. 그녀와 대화한 내용을 살펴보면, 나는 대체로 대화를 주도하면서도 제인이 무시하거나 회피하려는 주제들을 상기시켰다. 때로 나는 내 대화 인도법이 그녀 스스로 자신을 드러내는 데 방해가 될 수 있다고 생각했다. 그녀가 죄책감이란 단어를 사용하면서도 이혼이란 말을 회피한 사실을 내가 환기시킨 것은 그 말들이 제인 자신의 말이기 때문에 적절했던 것으로 보인다. 그럼에도 불구하고 죄책감이라는 단어의 사용이 이혼이라는 단어의 회피라는 사실은 제인에게 내가 그녀의 목회자로서 그녀와 나누어야 할 대화가 있음을 인식시켜 주었을 것이다. 즉 그것은 그녀의 이혼과 거기에 수반되는 도덕적, 심리적 함의였는데, 이는 우리의 대화가 내가 (프루이저를 인용하여) 말한 "은혜"라는 진단 변수를 고려하는 데 이를 수 있게 한 것이다. 흥미로운 점은 내가 이혼이라는 단어를 사용한 다음에 제인도 그 단어를 사용했다는 것이다. 이는 그 단어에 대해서 말하자는 나의 초대에 그녀가 긍정적으로 응답한 것이다. 나는 제인에게 결여되었던 은혜와 용서가 임할 수 있으리라는 믿음을 갖고 있다. 하지만 나는 먼저 그녀가 은혜를 받기 위해서는 자기 자신에 대해서 정직해야 한다고 생각한다. 나는 그러한 은혜가 목회자와 회중의 지원과 격려를 통해서 임할 수 있다고 믿는다.

나는 이 목회 보고를 심리적 감수성(psychological sensitivity)을 통한 관찰로서 어떻게 예배가 목회의 위대한 역할, 즉 "도대체 왜?"라는 질문에 선명하고도 신속하게 대답하는 방법이 될 수 있는지를 보여주는 경험적 사례로 선택하였다.

4장

예배 : 가깝고도 먼 예배

WORSHIP AS PASTORAL CARE

4장
예배: 가깝고도 먼 예배

나는 예배를 혁신하고 새로운 시도를 할 방법을 원하는 목회자들로부터 자주 질문을 받는다. 그럴 경우 나는 보통 매주일마다 교회에서 어떤 일이 일어나는지 목회자들에게 되묻는다. 그러면 돌아오는 전형적인 답변들은 다음과 같다.

우리 교회 예배에서 무슨 일이 일어나는가? 거의 아무런 일도 발생하지 않는다. 다만 나는 생기 없고, 냉담하며, 지루해서 무관심한 태도로 예배에 참석한 사람들을 본다. 그들은 정말이지 예의를 갖추고 내 설교에 귀를 기울인다. 그 다음에 그들은 교회 문 밖을 나가면서 내 설교가 어떻게 좋았는지 모호한 말로 내게 중얼거린다. 오르간 연주자는 "그 외의 모든 사람들과 지옥에 함께 가기 위하여 내가 원하는 대로, 내가 원하는 방식으로 연주할 것이다."라며 고집스러운 태도를 보인다. 찬양대는 상한 감정들을 갖고 티격태격 계속 싸우는 전투 지역이기에 흡사 제단 협회(Altar Guild)의 전투와 같다. 교회 뒤쪽에 모일 때를 제외하고는 사람들은 거의 대화하지 않는다. 젊은 사람들은 지겨워 죽을 것 같은 표정을 짓는다. 아이들은 꼼지락거리며 낄낄대고 웃는다. 어른들은 사람들이 반복적으로 하품하는 것에도 불만을 표현한다. 예배의 중요성을 더욱 부가시킬 수 있는 어떤 방안이 필요하다.

나는 예배가 더욱 의미 있어야 한다는 점에 동의한다. 그러나 이 장에서 나는 예배에서 더 많은 의미를 발견해야 할 첫 번째 인물은 바로 목회자라는 사실을 주장하고자 한다. 사람들의 예배 중 행동들은 모든 유형의 의식적, 혹은 무의식적 의미로 채워져 있다. 하지만 이러한 예배의 의미는 목회자에게 종종 숨겨진다. 나는 앞서 3장을 통해 예배에서 발생한 여러 심리적, 종교적인 동기 부여의 요인들을 살피는 데 사용되는 진단과 분별의 몇 가지 변수들을 제시했다. 이번 장에서는 접근/회피(approach/avoidance)와 저항이라는 상호 연관된 심리학적 과정을 소개하고, 이러한 과정들을 통해서 심리학적 관찰이 어떻게 목회적 차원에서 예배에 적용될 수 있는지를 보여주고자 한다. 때로 목회자들인 우리는 전혀 다른 의미를 찾거나 잘못된 분별의 방법을 적용하는 바람에 주어진 인간 현상에서 의미를 발견하지 못한다.

프로이트는 『환상의 미래』(*The Future of an Illusion*)라는 책에서 종교가 때로 인간에게 성인이 되어 인생에서 겪는 두려움과 좌절로부터 어린 시절의 보호받던 환상 같은 상태로 피할 수 있는 도피 장치(escape mechanism)로서 어떻게 기능하는지에 주목했다.[1] 따라서 종교는 현실을 회피하기 위한 한 가지 방법이었다. 프로이트는 강박적인 행동 유형들(obsessional behavior patterns)과 종교 의식들(religious rituals) 사이의 유사성을 발견했다. 예전(liturgy)은 언제나 과도하게 의례화되며, 엄격하게 규칙화되고, 지나치게 형식화될 위험을 수반한다. 예전학은 적합하고 "바른 방식으로 해야 함"을 과도하게 요구하며 주어진 형태로부터의 일탈을 막으려는 프로이트가 말한 강박적-강압적 유형을 따라가는 경향이 있다. 사랑과 두려움, 끌림과 위축의 반복, 복잡하면서도 강압적인 의례화와 같은 것들은 고통 받는 인간이 공포로부터 자신을 보호하려 할 때 발생하는 모순된 감정들이다. 이는 모두 종교 생활과 관련되어 동반되는 행동과 감정들이다. 이는 특별히 의례 및 예배와 관련해서 프로이트가 제공한 유익한 통찰이다. 하지만 이렇게 말하는 것으로 충분할까?

융(Jung)의 생각은 달랐다. 프로이트의 문하생들 가운데 융은 종교에 대해서 아마도 가장 깊고 일관된 관심을 표명했다.[2] 융은 모든 종교가 인간 본성의 갈등과 열망에 관한 실마리를 제공할 어떤 핵심적인 요소들을 가지고 있는 것으로 이해했다. 융은 종교가 이중적인 기능을 수행하는 것에 주목했다. 첫째, 종교는 사람들이 자신의 삶 "깊은 곳"까지 접촉할 수 있도록 문화와 적절히 어우러진 수단들을 제공한다. 이는 프로이트가 인정하지 않았던 종교의 역할이었다. 둘째, 종교는 규정화된 접근 방식과 문화적 한계로 인한 편견들을 통해 그러한 깊이에 압도당하지 않도록 사람들을 보호한다. 프로이트는 사람들이 현실을 회피하고자 종교를 불건전하고 기만적으로 종교를 이용하는 것에 몰두한 나머지, 현실을 다루는 유력한 수단인 종교의 건강하고, 창의적이며, 탄력적인 기능을 간과했다.

융은 서구 문화는 점차적으로 심원한 신비(mysterium tremendum)를 깊게 생각하지 않거나 재미없게 여기며, 자신들과 단절되었다고 생각하거나 혹은 두려워한다고 생각했다. 왜냐하면 서구는 근본적으로 원시적 신비들(primordial mysteries)과 전형적 상징들(archetypal symbols)을 다루거나 접근하는 데 도움을 줄 수 있는 중요하고 오래된 상징들과 의식들을 잃어버렸기 때문이다. 서구는 현실에 접근할 수 있는 종교적 수단들을 잃어버렸다. 융은 종교적 안전 정치와 종교적 가면이 없이 경솔하게 인간의 절망을 다룬다면, 나치즘과 같은 집단적이며 정신적인 무질서가 발생할 것이라 경고했다. 한때 독일의 교회가 과거와 같은 강력한 상징들과 잘 정립된 의식들을 잃어버렸을 때, 교회는 사람들로 하여금 인생의 깊이와 모호함, 그리고 신비를 다룰 수 있도록 돕는 수단까지 잃어버렸다. 히틀러(Hitler)는 사람들에게 인간의 절망과 인생의 깊은 곳까지 접촉할 수 있도록 여러 상징들과 의식들, 그리고 체험들을 제공했다. 그러나 이 사람들이 제공받은 상징들과 의식들, 그리고 체험들은 나치의 인종우월주의인 격세유전(atavism)과 폭력성이 빚어낸 악마적 결과들이었다. 융은 사람들에게 자신의 손상 없이 삶의 깊은 곳을 다루는 방법들, 인생의 깊은 곳과 절망을 다룰 경우 왜곡시키거나 잘못 인도하여 폭력이 일어나지 않는 피상적인 초월의 방법들이 필요하다고 주장한다. 융에게 영향을 받은 한 사람을 간략히 언급한다면, 창의적인 종교 역사가인 미르치아 엘리아데(Mircea Eliade)를 들 수 있다. 그는 종교의 역할이란 모든 문화와 전통을 초월한 금욕적이며 진지한 대처(coping)와 적응(adaptation)이라고 결론 내린다.[3] 엘리아데는 다양한 문화적 관점들로부터 종교는 현실에서 벗어나려는 심리적, 망상적인 비행이 아니라, 현실을 다루는 정직한 시도라 주장한다.

이러한 논의가 시사하는 바는 예배에서 우리는 신적인 존재로부터 보호받을 뿐 아니라 신적인 존재와의 관계에 들어서는 이중적인 과정에 참여한다는 것이다. 프로이트를 추종하는 어윈 림스텔 굿이너프(E. R. Goodenough)는 다음과 같이 말한다. "인간은 자신과 심원함 사이에 커튼을 친다. 그리고 그 커튼 위에 인간은 어떻게 세상이 존재하게 되었는지를 투사하고, 우주와 우리를 통제하는 신적이거나 초인간적인 힘과 존재들을 묘사한다. … 이 모든 것에서 인간은 종교에 의해 보호받은 자신을 그린다." 융이나 다른 이들과 더불어 폴 프루이저는 그림이 더욱 복잡하다고 주장한다. 종교라는 "커튼"은 두 가지 목적을 위해서 존재하는데, 그것은 보호막(protective blanket)이자 투사막(projection screen)이다. 신적인 신비를 보호하기 위하여 장막을 친 신전과 마찬가지로, 종교라는 커튼은 인간이 자기 보호를 위해 만든 도구로서 장막 뒤의 실체를 나타내는 기호를 그리는 배경이 된다.[4] 우리가 행하는 예전은 감추면서도 드러내고, 보호하면서도 투사한다.

우리가 신성한 것과 접촉을 하게 될 때는 그 신비로움을 마주하고 싶은 감정과 그로부터 벗어나고 싶은 모호한 양가감정을 경험하게 된다. 우리의 예배 관습들에서 접근/회피 성향은 잘 나타나기 마련이다. 세례 의식은 신약에서 죽음, 출산, 중생(거듭남), 물에 잠김(drowning), 십자가의 죽음, 그리고 정결 등을 의미한다. 그러므로 세례는 모호하고 신비한 삶과 죽음을 중시하며, 사람들이 이해할 수 있도록 표현한 강력한 상징이다. 그러나 누군가 대다수의 교회에서 거행되는 세례 의식을 지켜봤다면, 세례 의식에서 물이 지닌 풍성하고 강력한 상징적 의미들은 거의 부재한 채 귀엽고 흐뭇한 작은 의식으로 축소되어서, 죄와 중생, 죽음, 그리고 부활에 관한 예전의 의미보다는 아기의 귀여운 모습에 초점이 맞춰져 있음을 인정할 것이다. 그러므로 세례 의식은 원래의 의미가 교묘하게 사라진, 이제는 길들여지고 익숙하며 상징적으로는 공허한 시간이 되어버렸다. 심지어 예배 시간에 쉬지 않고 들리는 헛기침 소리, 속삭임, 기침 소리, 껌 종이 벗기는 소리나 주일예배에 참석한 교인들의 무성의한 움직임은 비록 무의식적일지라도 신비함에 가까이 다가가기를 회피하려는 직접적인 시도일 것이다. 개신교 성직자들은 다소 점잖지 못한 표현이긴 하지만 "수다병"(diarrhea of the mouth)에 걸린 자들이라고 비난받는다. 왜냐하면 그들은 주일예배를 주관하면서 온갖 잡담과 감흥 없는 성경해석을 늘어놓기 때문이다. 아마도 그들의 잡담 같은 설교는 예배 중에 고요한 시간이나 계획에 없던 안식이 들어서는 것을 불안해하기 때문일지도 모른다. 이때가 바로 "신성함"이 스며들어올 수 있는 시간인데도 말이다.

성찬 주일에 교회 출석률이 감소하는 건, 사람들이 성찬에서 의미와 삶의 연관성을 찾지 못하기 때문이 아닐까? 이는 많은 목회자들이 이 문제에 관해서 내리는 결론이며, 일반적인 결론이다. 그러나 여기서 접근/회피 증후군이 작동하고 있을 수 있다. 어쩌면 사람들이 성찬식에 참여하지 않고 집에 있는 이유는 그들이 성찬의 의미를 알기 때문일 수도 있다. 그러나 그 의미는 불편하고 위협적이다. 주일예배 시간에 조용히 좌석에 앉아 설교를 듣는 데 익숙해진 교인들은 이제 주의 만찬이 거행되면 그들을 불편한 상황으로 이끄는 순서에 따라 행동하고, 움직이고, 무릎 꿇고, 먹고, 응답해야 한다. 그러므로 목회자는 면밀한 탐구심과 앞 장에서 알려준 몇 가지 진단 도구들을 활용하여 이 문제를 철저히 살펴야 한다. 그러나 접근/회피 현상에 따르면 사람들이 움직이기를 노골적으로 싫어하는 것은 덤덤한 무관심 때문이라기보다는 적극적인 사양이자 의미 있는 반응일 수 있다. 틸리히(Tillich)가 말했던 것처럼 우리는 위협적이거나 무서운 것, 즉 우리를 "존재의 근원"(ground of our being)에 이르게 하는 것을 회피하려할 뿐이다.

1. 예배에서의 저항

접근/회피 형태와 관련된 것은 저항이라는 심리적 현상이다. 저항은 심리치료의 과정 중에서 가장 먼저 주목된다. 어떤 사람이 자신의 문제에 도움이 필요하다고 말하며 심리치료사를 찾아왔고 심리치료사가 그 문제와 문제의 근원을 정밀하게 파악을 하려는데, 의뢰인이 가능한 한 모든 수단을 동원하여 문제를 직면하고 다루기를 회피하고자 한다면 치료자는 어떻게 대처해야 할 것인가? 의뢰인은 적대적일 수 있다. 또한 의뢰인은 심리치료사가 한참 잘못 짚거나 아무것도 아닌 걸 문제시한다고 비난할 수 있다. 의뢰인은 심리치료사에게 거짓말을 하고 회피하거나, 대화의 주제를 돌리거나 말을 차단하기도 하며, 도움을 주려는 심리치료사의 시도에 가능한 모든 방법을 동원하여 저항하려 한다. 심리치료를 받는 신경증 환자는 모순 덩어리라서 어떤 목표에 이르려다가 물러서고, 행동을 원하지만 행동하지 못하며, 협력하면서도 또한 저항한다. 따라서 심리치료에서의 저항이란 연출된(acted-out) 합리화, 즉 회복을 원하는 환자의 간절함과 최적의 치료 환경에도 불구하고 심리치료 과정을 방해하고 지체시키는 행동 양식이라 할 수 있다. 사실 모든 심리치료의 근본적인 목적 가운데 하나는 저항을 마주하고 관찰해서 가능한 최대로 극복하는 것이다.

저항에 대한 심리치료적 대응은 목회자들에게도 관심 사안이다. 저항은 항상 성가시거나 무의미한 장애물 그 이상이기 때문이다. 저항이 있다는 것은 의뢰인이 감당할 수 없는 것, 즉 내면적 갈등의 결과로서 불안을 유발시킴으로 왜곡이나 은폐 없이 논의의 장에 진입할 수 없던 사안에 대해 치료가 진행 중이거나 혹은 거의 파악단계에 들어섰음을 의미한다. 다른 말로

해서, 저항의 존재는 치료사에게는 대화가 잠재적으로 생산성 있는 단계, 즉 개인의 모순적 삶이 근본으로부터 드러나는 영역에 이르렀음을 시사한다. "아니 땐 굴뚝에 연기가 나랴."는 속담이 있듯이, 저항이 존재하는 곳에 내적인 갈등으로 인해 불거지는 갈등이 존재한다. 이는 목회자가 관심을 가져야 할 사안이다. 왜냐하면 우리 목회자들 대부분은 적대감, 분노, 이탈, 회피, 부인, 방해 등과 같은 저항의 다양한 표현들을 목회적 실패, 또는 억압되거나 극복되어야 할 성가신 사항으로 여기기 때문이다. 심리치료는 우리에게 저항과 같은 갈등의 발생은 한 사람의 삶에서 중대하고 고질적인 문제들과 밀접한 관련이 있다는 것을 알려준다.

그렇다면 심리치료사가 상담하는 동안 저항에 부딪쳤을 때는 어떻게 해야 할까? 마치 저항 자체가 환자의 생애에서 중요한 문제인 것처럼, 심리치료사의 지시에 따른 모든 기술들은 저항의 문제에 초점을 맞춘다. 비슷하게, 환자에게도 그의 관심과 자원을 저항의 문제를 다루는 데 사용하도록 요구하기도 한다. 진정한 문제로 의심해야 할 것은 무시하고 대신에 저항이라는 문제에만 집중함으로써, 치료사는 환자로 하여금 스스로 그 문제를 다룰 수 있고 논할 수 있다고 믿도록 간접적 암시를 주는 것이다. 이는 극복할 수 없거나 환자 자신의 자원으로 대처하기에 벅찬 것이 아니라는 식으로 말이다. 처음에는 비현실적 두려움이라 할 수 있는 분노, 방해, 두려움, 적대감, 비난과 같은 저항의 문제에 초점을 맞춤으로써, 이러한 것들이 인간의 삶에 파괴적인 영향력을 준다는 사실이 드러나면 환자는 이에 대한 통찰들을 문제의 원인에 관한 향후 연구(future work)로 활용할 수 있다. 저항을 간과하거나 혹은 제쳐 버리고, 또는 극복할 만한 사소한 장애물 정도로 여기거나 저항에 정면으로 공박하려는 시도는 환자의 편에서 저항이 더욱 강력해지고 복잡해지는 고집스러운 행동을 불러일으키게 한다.

저항은 환자의 마음 깊숙한 곳에 가장 안전하게 숨겨진 감정들을 유지하는 것인데, 환자의 인생 중 정말 무서움을 느끼거나, 견딜 수 없다고 느끼거나, 힘들다고 느끼는 실상들과 상황들로부터 환자가 자신을 능동적이고도 창조적으로 단순하게 보호하는 모습이다. 물론 보호는 좋은 것이다. 그리고 우리 자신이 보호할 필요가 있는 실상들과 상황들도 있다. 그러나 우리의 정신적 보호 장치들이 우리가 사는 세상과 자신들을 인식하는 능력을 왜곡시키며 우리의 삶을 충만하게 채워주는 정당한 몫을 빼앗고, 우리더러 견고한 두려움과 근심의 벽 뒤로 물러나라고 재촉할 때, 그 보호 장치는 우리에게 친구가 아닌 적이 된다. "진리를 알지니 진리가 너희를 자유케 하리라."는 말씀은 영원토록 유효한 선언이다. 그러나 언제나 우리는 진리가 때로 우리에게 상처를 줄 수 있음을 명심해야 한다. 저항은 우리가 상처를 줄 수 있는 진리로부터 우리 자신을 보호하고자 할 때 찾는 심리적 과정이다.

제임스 디테스(James E. Dittes)는 그의 영향력 있는 책인 『방해가 되는 교회』(The Church in the Way)에서 목회자들이 매일 매일 목회 돌봄을 제공할 때 반복적으로 접하게 되는 저항 현상과 관련해서 심리치료적 통찰력을 활용할 수 있는 여러 방법들을 제안했다. 디테스의 책 제목 자체가 그가 말하고자 하는 논지를 요약한다. 너무나도 자주 우리 목회자들은 교인들에게 전염되는 위축, 적대감, 무관심을 목회 과제에 무의미한 장애물로 여긴다. 다른 말로 해서, 교회는 종종 사사로운 인간적인 일들에 몰두하다가 거룩한 교회가 되려는 선한 의도의 노력을 차단하거나 방해하고 있다. 하지만 이처럼 명백한 장애물들이 저항이라는 현상과 유사한 것일까? 만일 그렇다면 목회자들은 저항을 보통 무시하거나 억누르는 대신에 다른 대안을 고려해 볼 수 있다. 그 대안이란 목회자들이 멈춰 서서, 저항이 매우 중요한 그 무엇인가를 보여주는 가치 있는 것으로 보며 교인들로 하여금 그 저항에 대한 관점을 갖고 (심리치료적 용어를 빌리자면) 통과해 낼 수 있도록 도와줄 수 있는 기회로 삼는 것이다. 디테스는 만일 교회가 저항을 이런 방법으로 다룰 수 있다면, 목회 사역에서 걸림돌을 겪던 교회에서 목회 사역으로 나아가는 교회가 될 것이라고 말한다.

디테스의 논지는 매우 흥미롭다. 나는 목회자가 목회 현장에서 저항 이상으로 마주해야 할 행동 유형은 거의 없으리라 생각한다. 그래서 나는 디테스의 말이 상당한 일리가 있다고 본다. 교회 성도들이 빈번히 방해하고, 곡해하고, 움츠리고, 싸우고, 속인다고 해서 반드시 그들을 가련한 죄인들의 무리라고 할 수는 없다. (물론 그들은 참담한 죄인이라는 의미에서, 혹은 교회론의 각론에 근거하지 않더라도 적어도 교회의 전통적인 신학 개념에서 죄인들의 무리다.) 오히려 이는 교회가 교인들로 하여금 사람들에게서 다양한 저항 활동을 불러일으키는 잠재적으로 고통스럽고, 위협적이며, 불안스러운 모든 진실과 경험들을 접할 수 있도록 해주는 놀라운 길을 갖고 있음을 보여준다. 저항은 반드시 교회가 실패한다는 신호라 할 수 없다. 오히려 저항은 교회가 교회의 사역을 감당하기 위한 더욱 은혜로운 암시 같은 것이다(비록 거룩한 은혜의 다른 작용들과 마찬가지로 처음으로 저항과 대면한 목회자들에게는 그렇게 보이지 않을지라도). 저항은 적극적이며 활발한 반응이다. 저항은 목회 사역의 실패나 장애를 나타내는 것이 아니라, 사역을 위한 기회가 된다. 저항이 존재한다는 건, 한 개인이 목사의 어떤 행동에 동화되지 않았을 뿐 아니라, 지독한 무관심에도 위축되지 않았음을 보여준다.

교회가 예배 업무(business of worship)를 시작할 때, 저항은 틀림없이 불쑥 나타난다. 실제로 디테스는 특별히 예배에서의 저항에 초점을 맞춰 『방해하는 교회』(The Church in the Way)에서 그 모습을 간략히 정리했다.[5] 만일 목사가 예배에 문제가 있다고 생각한다면, 디테스는 그 예배가 일반적으로 둘 중 한 가지로 분석될 수 있다고 말한다.

(1) 예배 형식은 성도들의 요구에 더 알맞게 어울리도록 변화되어야 한다.
(2) 성도들은 예배의 올바른 목적과 전통, 그리고 의미가 맞게 변화되고 교육받아야 한다.

대부분의 예전 개혁과 예전 교육은 이 두 가지 가정들(assumption) 가운데 하나로부터 시작한다. 첫 번째 가정으로부터 시작한다면, 목회자가 종종 저항 단계에서 굴복하여 예배 인도를 멈추거나, 예배의 새로운 조정자가 되어 예배를 기획하면서 어설프게 예전을 사용하거나 뭔가 새로운 실험을 해 보고 불안한 마음으로 사람들이 이전의 예배보다 이런저런 예배 스타일들을 더 좋아하는지 확인하려 하는 경우다. 만일 목회자가 두 번째 가정을 따른다면, 목회자는 예배 인도자에서 예배 교육자로 바뀐다. 목회자는 지속적으로 예배와 관련해서 성도들을 설득하고, 초청하며, 가르치고, 예배에 대해서 말하면서, 자신의 역할은 성도들을 준비시켜 그들로 하여금 최종적으로 예배에 임할 준비를 시키는 것이라고 가정한다. 두 개의 가정 중 하나는 적절할 수도 있다. 그러나 디테스는 목회자들이 "객관적 상황"(예전)이나 성도들의 습관, 이해, 그리고 태도 등에 문제가 있다고 단정지음으로써, 이러한 가정들이 예배 인도라는 목회자의 실질적인 책임을 회피하게 한다는 점을 지적한다. 예배란 단순히 하나님께 적극적으로 다가가는 것이 아닐까? 아마도 심리치료의 관점에서 본다면, 성도들은 목회자가 의미 없는 방향으로 인도하는 예배에 참여하는 것보다, 오히려 자신들이 스스로 예배의 목적과 방향을 갖고 참석할 때 의미 있는 반응을 보인다. 우리가 예배에서 성도의 반응을 섣불리 무시할 경우, 이러한 상황에서 의미가 일어날 가능성뿐 아니라 성도들 자신을 배제하게 된다. 그러므로 "대안은 저항 안에서, 혹은 저항에 의해서 표현된 진정한 감정이 자신만의 방식으로 하나님 앞에서 자신을 보여주는 성도들의 중요한 일부로서 예배 중에 포착되어 제시되는 것이다."[6] 다시 말해서, 목회자는 사제의 역할을 버리고 경영인이나 교육자가 되는 것이 아니라, 저항을 예배의 일부로 여기는 사제로서 봉사하는 것이다.

듀크 대학에서 설교학을 가르친 존 버그랜드(John Bergland)는, 신학교에서 예배는 사람들이 조용하고 겸손하게 고개를 숙이고 "합당한" 경외의 예를 갖춘 상태에서 기도함으로 시작되어야 한다고 배운 농촌의 한 젊은 목회자에 관한 이야기를 들려준다. 이 목사는 자신의 작은 교회 교인들이 침묵 중에 예배로 모이지 못하는 모습을 보고 당혹스러웠다. 목사가 암시를 주고 온유하게 제안을 해도, 교인들은 주일날 아침에 교회에서 웃고 떠들고, 이리저리 움직이며 악수한다. 어느 주일날 예배가 시작되기 전, 마침내 목회자는 예배드리러 온 이들에게 자신은 좀 더 경건하고 조용한 자세를 요구한다고 단호하게 말하기로 다짐했다. 그 목사는 성도들을 질책했고 그들도 깨달은 것 같았다. 그런데 예배가 끝나고 성도들이 줄을 지어 교회 밖으로 나가는 중에, 한 나이 많은 농부가 목사에게 다가와 말했다. "드릴 말씀이 있습니다. 목사님 설교를 잘 들었어요. 그런데 지난밤에 누군가 저를 찾아와 조(Joe)가 가장 아끼던 젖소가 울타리를 뛰어넘다가 젖통을 다쳤다고 하네요. 조와 그의 가족에게 이 젖소는 귀중한 존재입니다. 왜냐하면 이 젖소가 대부분의 우유를 생산하거든요. 그래서 오늘 아침에 저는 조와 그의 가족들이 교회에 오는 모습을 보고 바로 일어나 그들이 앉은 곳으로 가서 저녁에 내가 키우는 젖소 중 한 마리를 조가 사용할 수 있도록 데려 가겠다고 말했습니다. 그때 톰이 우리의 대화를 듣고, 월요일에 조가 젖소를 데리고 동물병원에 가는 걸 도와주겠다고 말했습니다. 그렇게 제가 돌봐야 할 일이 정리가 되어야 저는 예배드릴 준비가 된 것입니다." 그 젊은 목사는 교인들의 예배 준비를 돕기 위한 선의의 노력(well-intentioned efforts)에도 불구하고, 교인들 자신의 예배 준비를 파악하지 못한 것이다! 겉으로 보기엔 예배에 저항하는 무의미해 보이는 행동이 때로는 의미심장한 예배의 행위일 수 있다.

이 젊은 목회자에게는 다행스럽게 상황에 대해서 충실히 말해 줄 수 있고, 상황을 진단할 수 있도록 도와준 성도가 있었다. 그러나 그런 경우는 흔치 않다. 일반적으로 목사는 "저항 자체가 예배일 수 있다."(resistance itself may be worship)라는 목회적 이해를 갖고 예배에 대한 성도들의 반응을 주도적으로 파악해야 한다. 저항으로 인하여 부적절한 예배가 될 수 있다. 저항은 비전통적인 방법으로 표현될 수 있다. 성도들이 저항에 단단히 빠져 있기에, 저항을 완전히 알지 못할 수도 있다. 그러나 저항은 언제나 하나님을 향한 의미 있는 반응이다. 그리고 저항의 의미는 중요하다. 모세의 광야 도피, 니느웨를 향한 사명으로부터 벗어나려 했던 요나의 필사적인 노력, 바울의 극단적 종교 광신주의 등과 같은 저항의 형태가 항상 하나님께 적절하거나 좋은 결과의 반응은 아닐지라도 이 모두는 의미 있는 사건으로 볼 수 있다.

예배당의 뒷자리로 가는 습관은 무릎을 꿇는 행위만큼이나 예배가 진행되는 상황에 대한 습관적이면서 표현적이고 의미 있는 반응일 수 있다. 이는 예배를 시작하는 그들만의 의식화된 방법(ritualized way)이다. 만일 성도가 뒷좌석에 앉는 습관이 갖는 의미와 성도가 무릎을 꿇는 의미가 전혀 다르다면, 목회자에게는 이것을 이해하기 위해 노력해야 할 만한 이유가 있다. 실제로 디테스는 항상 교회 뒷좌석에 앉는 사람은 떠들면서 빨리 걸어와 앞자리에 앉는 사람보다 예배에서 무슨 일이 일어나는지를 더 잘 알고 느끼는 것일 수 있다고 주장한다. 뒷좌석에 앉은 사람은 자신이 거룩하신 분 앞에 나아가고 있음을 알고, 바로 그 이유로 인해 가장 멀리 떨어진 자리를 택한 것임을 보여주는 것일 수 있다. 특히 목회자가 특별히 엄숙한 예배를 준비할 경우에는 더더욱 뒷자리를 확고하게 고집할 수 있다. 이런 모습이 목회자에게는 모순적이고 성가시게 보일 수 있다. 그러나 목회자가 이를 점증하는 예배의 자극에 대한 점증하는 저항으로 해석한다면 그렇게만 보이지는 않을 것이다. 예배 전 잡담, 예배 중 농담하고 장난치는 것, 성가대원들의 악보 넘기는 소리, 강단 미화부원들의 과도한 꽃 장식 등은 하나님의 임재로 나아오는 데 따른 숙연한 감정으로부터 우리를 분산시키는 무의식적인 수단이 될 수 있다. 분산은 우리가 이러한 상황에서 스스로 어떠한 느낌을 갖는지의 표현일 수 있다.

물론 일부 경외감이나 죄책감은 예배에 대한 저항과 관련될 수도 있고, 전혀 관련이 없을 수도 있다. 디테스의 주장처럼 그러한 감정들은 목회자들에게 지속적이고 고집스러운 저항의 배후에 의미가 놓여 있음을 알려주는 신호일 수 있다. 목회자들이 단지 개인적으로 저항의 가시적인 신호를 인식하고 그러한 의미를 사람들이 스스로 표현하기를 희망하는 것으로는 충분치 않다. 목회자는 응답하고 인도해야 한다. 목회자는 예배 중에 성도들의 저항이 감지될 때 언어를 통한 반사(verbal reflection)와 행동적 반사

(behavioral reflection)라는 두 가지의 대표적인 수단을 사용할 수 있다.[7] 먼저 언어를 통한 반사는 개인, 소그룹, 혹은 전체 회중과의 대화에서 일어나는데, 비록 그들의 행동이 부적절할지라도 목회자는 언어적 반사를 통하여 그들의 예배 경험에 대한 의미 있는 반응들을 표현한 방식들임을 알아차릴 수 있다. 과연 뒷좌석을 고집하는 이유가 고립감, 배타성, 혹은 함께 모인 이들에 대한 거부감 때문일까? 아무튼 그러한 행위에 대해서 목회자가 보여주기 원하는 태도를 전달하려면 돌봄이 필요하다. 목회자는 성도의 행동을 주목하며 단순하게 말할 수 있다. "저는 왜 늘 그렇게 하시는지 궁금합니다. 여러분 중에서 왜 뒷좌석을 선호하는지 말씀해 주실 분 있나요?" 또는 목회자가 뒷좌석을 고집하는 성도들의 행동에 대한 자신의 추측을 함께 나눌 수도 있다. 그러한 추측은 목회적 강요(pastoral coercion)의 온화한 편법일 수도 있지만, 만일 목회자가 원해서 하는 것이라면 적절할 수 있다. 그러나 그와 같은 언어적 반사는 진정한 관용의 모습이자 열린 관계로의 초대가 될 수 있으며, 이를 목회자가 원해서 하는 것이라면 적절할 수 있다.

예를 들어, 내가 처음 섬긴 교회의 행정위원회 모임(the administrative board meeting)에서는 아래와 같은 대화가 진행되었다.

목사: 제가 인쇄한 주보들을 왜 성도님들이 이용하지 않는지 이해할 수 없습니다. 매주일 예배 후, 주보들을 보면 예배당 바닥과 뒷좌석에서 흩어져 있습니다. 성도들이 예배드리는 동안에 주보들을 사용하지 않기로 결심한 것 같습니다. 그리고 제가 여전히 모든 찬송가를 알려주고 모든 교회 소식을 읽어주기를 원하는 것 같습니다. 무엇이 문제인지 궁금하군요.

교인 1: 교인들은 주보의 필요성에 대하여 모를 수 있습니다. 목사님께서 이곳에

부임하기 까지, 우리에게는 주보가 없었습니다. 그리고 우리는 주보가 없어도 불편하지 않았습니다.

교인 2: 목사님은 사람들이 어떤지 아시잖아요. 사람들은 익숙한 방법을 좋아합니다.

목사: 하지만 저는 주보 표지에 교회의 사진이 인쇄되어 있으면 교회를 자랑스러워할 것이라 생각했습니다. 그리고 우리가 주보를 따라 예배를 드리면 중단됨이 없이 순서에 따라 순조롭게 진행될 겁니다.

교인 3: 그건 사람들에게 너무 형식적입니다. 일부 교인들은 목사님이 여기 오시기 전에 예배를 계획하는 것보다는 오히려 예배 가운데 성령께서 목사님을 인도하셔야 한다고 생각합니다.

목사: 성도님도 그렇게 생각하시나요?

교인 3: 글쎄요, 저도 그래요. 때로 누군가 특별한 찬송을 요구할 수도 있고, 혹은 간증이나 무언가를 원할 수 있습니다. 계획된 것만 한다면, 그럴 때 어떻게 하시겠습니까?

목사: 알겠습니다.

교인 1: 그녀가 말하는 것은 주보가 약간 '도회지 풍'이라 사람들에게 차갑게 느껴진다는 것 같습니다. 우리는 시골 사람들이라, 시골풍의 예배를 좋아합니다.

목사: '우리가 누구인가'와 '우리 교회는 어떠한지'에 따라 주보가 필요 없을 수도 있다는 건가요?

교인 1: 맞습니다. 이곳에는 글을 잘 못 읽는 사람들도 있습니다. 교회에 들어오자마자 우리가 그들에게 주보부터 주면 그들이 어떻게 느낄지 생각조차 하고 싶지 않습니다.

목사: 여러분 모두는 주보가 예배에 도움을 주기보다 방해가 된다고 말하는 것 같네요 이게 제가 원하는 바는 아닙니다. 지금부터 주보에 대한 것은 잊어버립시다. 짐! "시골사람들"을 위해 "시골풍의 예배"가 필요하다는 당신의 말이 참 흥미롭습니다. 우리가 드리는 예배에서 뭔가 특별한지 좀 더 이야기 나눌 수 있을까요?

저항에 대한 두 번째 접근은 앞에서 언급한 언어적 반사가 아닌, 행동적 반사다. 행동적 반사는 목회자가 성도들 사이에서 그들의 행동을 관찰한 후, 성도들의 행동을 복제하는 형태를 취하는 것이다. 또한 성도들은 자신들의 행동을 복제한 목회자의 모습을 보면서, 목회자와 자유롭게 자신들의 행동을 성찰한다. 예들 들어, 목회자는 예배가 정각에 시작하는 것을 힘들어하는 성도의 특정한 행동을 복제해서 보여줄 수 있다. 목회자는 몇 주에 걸쳐 예배를 늦게 시작 한 후, 이렇게 말할 것이다. "저는 제가 얼마나 자주 주일예배를 늦게 준비하는지 알 수 있었습니다. 저는 제 사무실에 있는 예복과 찬송가를 잘 찾지 못하는 것 같습니다. 그리고 저는 여러분이 교회에 도착한 후에 여러분을 맞이하면서 교회 현관에서 서성거렸습니다. 제가 왜 이럴까요? 궁금합니다. 저는 우리들 중에 정시에 예배가 시작하는 데 불편한 마음을 갖고 계신 분들이 계심을 압니다. 왜 정시에 예배가 시작되는 걸 불편해하는 걸까요? 궁금합니다." 비록 목회자 편에서의 은밀한 공세적 행동이 교인들 편에서 방어적 행동 외의 다른 반응을 끌어낼 수 있을지 의문은 들지만, 목회자가 교인들의 행동을 돌아보게 할 수 있는 설교나 대화의 출발이 될 수 있다.

목회자는 때로 자신의 간단한 행동을 통하여 교인들에게 예배에 대한 자신들의 반응을 세심하게 살펴보도록 도울 수 있다. 주일에 담임 목사는 성찬식을 인도하고 있었고 학생들을 섬기는 교육 전도사(student pastor)는 담임 목사의 성찬식을 돕고 있었다. 성찬식이 거행되는 중에 젊은 성도 한 명이 기절했는데, 쓰러지면서 예배당 바닥에 머리를 강하게 부딪쳤다. 당황한 담임 목사는 "성찬식은 계속 거행합니다. 안내 담당자들께서는 빨리 기절한 청년을 데리고 나가세요. 아무 일도 없었던 것처럼 행동하세요."라고 지시했다. 그러나 이 교육 전도사는 본능적으로 성찬 쟁반을 내려놓은 후, 안내 담당자들을 도와 기절한 사람을 예배당 밖으로 데리고 나갔다. 그리고 그는 다시 돌아와서 담임 목사를 도와 성찬식을 거행했다. 담임 목사의 행동은 성도들에게 예배에 관하여 무엇이라 말하고 있는가? 내가 보기에, 담임 목사의 행동은 예배란 인간의 필요에 의해 중단될 수 없는 너무 격식에 치우쳐 비인간적이며 냉담하고 초연한 행동이라는 인상을 준다. 반면 보조 목회자의 대응은 우리에게 그 반대를 말하고 있다. 아마도 교회 공동체에 속한 많은 이들은 이날 아침 두 목회자의 각기 다른 반응을 숙고하면서, 예배에 대한 자신들의 반응을 점검할 수 있는 기회를 얻었을 것이다.[8]

예배는 예배 그 자체 안에서 행동이 드러나고, 관찰되며, 성찰이 일어나고, 반응이 나오는 공동체의 상황을 제공한다. 어떤 목회자는 인쇄된 공동 고백 기도서(prayer of corporate confession)를 사용하려 하자 회중의 저항에 직면했던 경험을 들려줬다. 대부분의 교인들은 공동 기도보다는 개인적이며 조용하고 인격적인 고백의 시간을 더 선호하는 것 같았다. 이 목회자는 공동 고백의 공기도로 예배를 시작하는 신학적이고 역사적인 이유를 충분히 알고 있었다. 하지만 자신도 교인들과 같은 감정을 느끼고 있음을 알았다. 그래서 그는 공동 기도가 끝난 후, 침묵 기도를 위한 시간을 추가했다.

하지만 더욱 중요한 순간은 그가 "나의 죄 점검표"(My Checklist of Sins)란 제목으로 설교를 했을 때였다. 그는 설교에서 어떤 참회 기도의 유형이 적합한지에 대한 논쟁을 언급했다. 그런 다음에 그는 회중 앞에서, 자신은 개인적 죄들을 점검할 때 항상 나쁜 습관이나 개인적 문제들 같은 인격적이며 개인적인 죄들을 다루면서 자신이 참여했던 더욱 집단적이고 공동체적인 죄들을 회피해 왔다고 고백했다. 인종차별, 과소비, 성차별, 민족주의와 같은 공적인 죄들은 우리가 저지르는 가장 심각한 죄들이며 우리의 개인적 경건생활에서 늘 회피하는 문제이기도 하다. 이 목사는 자신의 설교를 이렇게 마무리했다. "용서해 주십시오. 나의 죄 점검표는 항상 교묘하게 내가 가담한 집단적 죄를 피해갔습니다. 나로 하여금 작은 개인적 습관에만 집중하게 했습니다. 그러한 죄들은 제가 통제할 수 있기 때문입니다. 그런 죄들은 제 자신 말고는 다른 이들에게 해를 입히지 않습니다. 그것들은 저로 하여금 여러분과 함께하여 여러분의 죄가 나의 죄이며 이것은 우리의 일반적인 인간 조건이라는 사실을 받아들여 우리에게 총체적인 하나님의 용서가 필요하다는 점을 보지 못하게 합니다. 이는 나의 죄 점검표를 내가 다룰 수 있는 것에만 국한시킵니다. 그러면 저는 하나님께 도와달라고 간구할 필요도 없게 됩니다!" 이 설교가 끝난 뒤에 공동 참회 기도의 시간이 주어졌는데 목회자와 성도들은 그와 같은 집단의 죄를 고백할 수 있는 기회를 갖게 되었다. 이것이 바로 목회자가 자신과 함께 공동의 저항감을 반추하도록 회중을 초대하는 "고백적" 설교라 할 수 있다. 목회자의 진정성 있는 관심은 교인들로 하여금 자신들의 행동을 성찰하도록 격려하는 길이 될 수 있다.

예전의 혁신(liturgical innovation)은 자주 저항의 원천이 되기도 한다. 우리는 앞서 예전을 혁신하려는 목회자 자신의 동기에 물음을 던져봐야 한다고 주장했다. 혹시 우리의 동기는 목회자로서 사람들의 예배에 관한 불만이 어디에서 비롯되었는지를 묻는 어려운 질문들을 회피하기 위한 시도는 아닌가? 우리는 앞서 예전의 혁신에는 분명한 정당성이 있다고 주장했다. 혁신 그 자체는 하나님 앞에서 자신을 표현하고 하나님과 다른 이들을 경험하는 새로운 방식의 실험으로 회중을 초대하는 것이다. 많은 예전 순서에서 사람들이 서로 인사하고 접촉하며 화답하는 시간으로 복원되고 있는 "평화의 나눔"(passing of the peace)은 여러 교회들로부터 엇갈린 평가를 받고 있다. 신체적 접촉을 하지 않더라도, 예배 도중에 서로 인사를 나눈다는 발상은 종종 상당한 저항과 부딪힌다. 그러나 이 평화의 나눔은 아마도 사람들이 자유롭게 하기를 은밀히 원했던 그 무엇을 하도록 사람들을 초대하는 시도일 수 있다. 목회자가 시간을 두고 목회적 지침을 제공할 때, 평화의 나눔은 많은 교회들의 예배에서 하이라이트가 되기도 했다. 반면, 평화의 나눔과 같은 혁신적이고 부담스럽게 느껴지기에 충분한 행동들을 목회자가 시도할 때는 회중을 목회자 자신이 미리 설계한 형태의 "공동체" 속으로 통제하고 강요하려는 목회자의 어설픈 의도가 동기부여가 되기도 한다. 우리는 회중의 동기부여를 진단하면서, 우리 자신의 행동이 어디로부터 비롯되었는지도 진단하는 더욱 어려운 과제도 수행해야 한다.

그처럼 선한 의도의 예배 혁신이라도 저항이 발생하면, 그것은 목회자에게 육체의 가시가 될 수 있다. 하지만 이 장에서 제안한 것처럼, 저항에는 긍정적인 면도 분명히 있다. 혁신에 대한 저항은 사람들의 예배에서 매우 중요한 것이 무엇인지를 목회자에게 상기시켜 준다. 예배에 불안감과 긴장감이 빈번하게 일어난다는 관찰보다 교회 생활에서 예배의 중심성을 드러내는 더 좋은 논증이 뭐가 있겠는가? 만일 사람들이 예배의 변화에 맹렬하게 저항한다면, 목회자는 그들에게 과거의 예배 형식이 그들에게 어떤 의미를 주었는지 면밀히 숙고하는 것이 좋다. 이러한 저항은 목회자로 하여금 예전이란 사람들이 하는 일(the work of the people)임을 상기시켜 준다. 목회자가 아닌 사람들이 그 일을 "소유"(own)한다. 새로운 예전의 중추적 원리는 예배가 사람들에게 돌아가야 한다는 점이다. 비록 사람들의 예배 참여와 예배의 소유 의식이 더욱 만족스러운 표현을 통해서 형성되긴 하지만, 저항은 아마도 예배가 진정으로 사람들의 것임을 보여주는 것이리라. 예배에서의 효과적인 저항을 지속시키는 데 필요한 심리적 기술들은 엄밀히 말해서 예배 중의 거룩한 만남을 더욱 심화시켜 주는 바로 그 기술들이기도 하다. 거룩하신 분께서는 비록 목회자가 사람들의 거룩한 만남에 대한 반응이 다른 방식으로 표현되기를 소원할지라도 이미 강력한 방식으로 사람들과 만나고 계신다. 무엇보다도, 저항을 장애물이 아닌 목회 돌봄을 위한 기회로 여긴다면, 예전의 혁신은 다양한 목회적 실천들을 위한 시간이 될 수 있다.

설교를 끝마치고 난 뒤, 교인들이 다소 심각하게 대화를 나누거나, "좋은 설교였어요. 목사님!"이라고 공허한 칭찬이라도 하는 걸 보면, 종종 목회자들이 짐작하는 것처럼 설교의 요지가 전달되지 못한 것은 아닌 듯하다. 이러한 심각한 반응들은 사람들이 설교의 핵심을 잘 이해했지만 설교를 들으면서 불편했다는 것을 방증하는지도 모른다. 때로 가장 효과적인 설교는 모든 참석자들이 교회의 현관으로 나가면서 "목사님 설교의 포인트가 세 가지군요. 하나는 좋은데, 다른 두 가지는 동의가 안 됩니다."라고 말하게 만드는 것이 아니다. 이러한 반응은 설교를 들었다기보다는 설교를 회피하고자 하는 일종의 자기 합리화라 할 수 있다. 가장 효과적인 설교란 성도들이 매우 감동을 받거나 가슴 깊은 곳까지 아프게 하여(혹은 화가 나서), 목회자에게 어떤 말을 하고 싶게 만드는 설교가 아니라, 오히려 집으로 서둘러 돌아가게 하는 설교일 수 있다. 표면적인 반응의 부족은 실제로는 깊은 내적 반응일 수 있다. 키에르케고르(Kierkegaard)가 말한 것처럼, 좋은 설교의 기준은 당신이 설교를 듣고 즐거워하여, 저녁식사를 위해 집으로 돌아가게 하는 것이 아니다. 좋은 설교의 기준은 아마도 당신이 설교를 들은 후에 마음에 병이 들어서 결국에는 식음을 전폐하게 만드는 것이다! 그와 같은 가능성을 인식하고 접근/회피와 저항의 심리적이며 영적인 역동성을 성찰할 만큼 충분히 담대하고 충분히 사려 깊은 목회자라면 목회 돌봄을 위한 풍성한 장을 여는 것이다.

이 지점에서 반론이 제기될 수 있다. 우리는 사람들로 하여금 하품만 일으키게 하는 빈약한 설교와 대조되는 회피와 저항을 일으키는 참으로 효과적인 설교를 어떻게 구분할 수 있을까? 나는 단지 설교자들에게 나쁜 설교를 합리화시키는 다른 방법들을 제공한 것인가?

반대의 상황도 고려해야 한다. 실제로 목회자가 자신의 빈약한 설교 때문에 응당 받아야 할 다양한 종류의 부정적 반응을 얻고 있음에도 이를 하나님께 대한, 혹은 좋은 설교에 대한 회중의 저항이라고 여기는 것도 전적으로 가능하다. 그러면 우리는 어떻게 이를 구분할 수 있는가? 쉬운 답은 없다. 목회자의 지속적인 자기 성찰, 확고한 탐구, 높은 수준의 정직성이 도움을 줄 것이다. 상황에 부적절해 보이는 분노나 고집스러운 편견 같은 강렬한 감정과 특정한 사실에 직면했을 때 이를 억압하는 모습이 고통스러운 진실에 대한 회중의 저항을 가리키듯, 목회자 자신의 계속되는 자기 합리화와 강렬한 감정, 그리고 고집스러운 자기 정당화 역시 자기 자신에 대한 고통스러운 진실을 저항하는 목회자의 모습을 보여주는 사례일 수 있다.

또 다른 중요한 질문이 있다. 성도들의 저항 행동이 다른 것들에 대한 저항이 아니라, 거룩하신 분께 대한 저항일 경우 목회자들은 이를 어떻게 알 수 있을까? 모든 저항이 종교적인 의미를 내포하진 않는다. 껌 포장지를 벗기는 소리가 하나님과 관련된 것인지, 아니면 다른 것들과 관련이 있는지 어떻게 알겠는가? 지난 장에서 제안한 것처럼, 만일 우리가 성령을 경외, 경배, 전적인 충성, 깊은 두려움, 그리고 높은 열망을 불러일으키시는 분으로 정의한다면, 어떤 의미에서 접근이나 회피와 같은 사람들의 강렬한 행동을 평가함으로 거룩하신 분께 대한 사람들의 경험을 설명할 수 있을 것이다. 놀랄 만큼 격한 분노, 두려움, 참여 혹은 이탈(engagement or disengagement), 환희(bliss)나 황홀함은, 특히 그와 같은 행동과 감정이 그 행동을 보여주는 목회자와 사람들 모두를 넘어서는 방향을 지닐 때, 특히 그 행동이 평소와 달리 강렬해 보일 경우라면, 전적인 타자(the Wholly Other)의 임재 앞에 서 있음을 가리킬 수 있다. 물론 오순절의 강렬하고 황홀한 예배 체험의 경우(행 2장)처럼, 이런 행동은 성령의 부어주심보다 아무 의미 없는 술 취함으로 진단될 수도 있다. 때로 목회자들은 오순절에 일어난 행동을 보며 "이 어찌 된 일이냐?"(행 2:12)라고 당황해서 묻던 회중과 함께 서 있던 베드로와 같은 입장일 수 있다. 그날에 베드로는 회중으로 하여금 자신들이 경험한 특이한 행동을 거룩하신 분과의 만남으로 볼 수 있도록 인정하고 도와주었다. 베드로는 자신의 "진단"을 그러한 만남에 대한 공동체의 전통적인 기대 및 신념과 연결시켰으며(행 2:17-21을 보라), 그 상황에 대한 자신의 목회적 직관과 그러한 행동의 결과에 대한 자신의 평가를 제시하였다(행 2:43-47을 보라). 이와 같이 다소 일반적인 지침들 외에 목회자가 "영분별"할 수 있는 또 다른 확실한 방법이 있는지 모르겠다.

끝으로, 우리는 목회자가 교회에서 발생하는 많은(아마도 대부분의 경우) 저항 행동을 관리하거나 해결할 수 없음을 인정해야만 한다.⁹ 저항은 개인적이고 집단적인 표현 양상에서는 끈질기고 필연적이며 막을 수 없이 강력해지는 성향이 있다. 만일 목회자들이 저항을 성도를 더 낮게 변화시키고자 실제 목회 업무에서 자신이 관리 감당할 수 있는 어떤 것으로 간주한다면 그들은 계속해서 좌절감을 느끼거나 자기 능력에 대한 심각한 과대망상에 사로잡힐 것이다. 심리적, 사회적, 그리고 신학적으로 많은 반대 증거들이 있음에도 불구하고 "설교가 사람을 변화시킨다. 적어도 좋은 설교는 사람을 변화시킨다."는 많은 설교자의 공통된 신념은 여전히 유효하다. 설교(또는 그 문제에 관한 목회 상담 기술들, 적절한 행정, 좋은 가르침, 혹은 탁월한 예전 리더십 전문적인 지도력)가 극적이고 본질적인 방법으로 사람들을 변화시킨다는 믿음은 사람들을 변화시키는 목회 활동들이 경험적으로 입증된 효율성 때문이 아니라 복음에 대한 사람들의 저항으로 인해 목회자들이 겪는 좌절감에서 연유한 바가 더 크다. 우리는 다른 사람들을 조정하고 그들의 삶을 지배하길 원한다. 그리고 설교가 사람을 변화시킨다는 환상은 우리의 잘못된 욕구들을 채워준다. 심지어 우리가 경건하게 설교로 인한 효과를 성령의 역사로 돌리는 순간조차도, 우리의 능력으로 사람들이 마치 마술 효과처럼 극적으로 변화되리라는 욕망이 드러난다. 또는 설교는 우리가 자신의 목적을 달성하기 위하여 하나님의 능력을 마술적으로 사용하고 있는 것을 상징할지도 모른다. 그리고 목회신학에 관한 글을 쓰는 나와 같은 사람들은 목회자들에게 만일 우리가 필요한 능력(magic)을 발휘할 수 있거나, 더욱 성경적인 설교를 전하고, 더욱 아름다운 예전을 인도하며, 또는 더욱 능숙하게 상담을 할 수 있다면, 교인들은 변화될 것이며, 우리의 목회는 "효과적이게" 될 것이고,

저항과 악과 죄는 극복될 것이라는 영구적인 환상을 더욱 심어주고 있다. 그러나 궁극적으로 그와 같은 환상에 근거한 목회 사역은 좌절과 마주할 것이다.

저항에 대한 심리치료적 원리는 우리의 불완전한 신학적 인류학에서 우리가 무엇을 잊고 있었는지를 상기시켜 준다. 즉 사람들은 단순한 "사실"에 굴복하지 않는다. 또한 우리 자신과 우리의 조건에 대한 진실에 저항하는 태도는 우리의 생각보다 더 끈질기며 극복하기 힘든 수준이다. 따라서 "우리가 하려는 선을 하지 못하는 것"이다. 이러한 인간 조건의 사실적 인식은 우리로 하여금 우리가 여기서 다루는 문제가 일상적인 차원을 넘어서며, 실용성과 합리성 그리고 도덕성도 넘어서는 것들로서 인간의 조건 안에 그와 같이 내포되어 있음을 깨닫게 해준다. 단지 우리는 우리의 능력, 기술, 의지와 이해를 뛰어넘는 궁극적 성격의 실체들(realities of an ultimate nature), 다시 말해서 "통치자들과 권세들을" 상대로 대항할 뿐이다. 로드니 헌터(Rodney Hunter)는 이렇게 설명한다.

> 그러므로 매순간마다 우리의 목회 사역에 도전하고, 해를 가하며, 좌절시키는 크고 작은 무수한 저항은 목회 사역이 초점을 맞추어야 할 인간의 중심적 딜레마를 표현하는 것이지 목회가 나아가야 할 길을 방해하는 장애물이 아니다. 따라서 진정한 신학적 이해와 신학적으로 고찰된 사역이 결핍된다면 그 어떤 적절한 대응도 일어날 수 없다.[10]

그렇다면 어떤 종류의 대응이 필요한가? 우리가 역경에 절망하거나 마술과 환상에 의존하는 것은 우리의 저항을 너무 중대하게 본 나머지, 우리의 저항이 지니는 힘을 하나님의 선하신 목적보다 더욱 강력한 것으로 숭배하는 행위다. 더 나은 길은 목회자가 저항을 우리의 상호적 곤궁이자, 우리가 그로 인해 갈등하며 때로는 초월하고자 하는(그러나 완전히 극복하지는 못하는) 인간 조건의 일부이자 하나님과 하나님의 자비를 계속적으로 갈구하는 우리의 필요를 보여주는 예로 받아들이는 것이다. 너무도 많은 목회 돌봄의 신학들이 신학이라기보다는 인류학에 가깝다. 그것도 별로 도움이 안 되는 인류학이다. 그래서 우리는 자기 성취(self-fulfillment), 자조(self help), 자력 구원(autosalvation)의 망상 아래 고통 받는 인간에게 가까이 다가가기 위해서 목회를 반드시 십자가나 빈 무덤을 필요로 하지 않는 기술이나 전문성, 혹은 방법론으로 전락시키기도 한다. 새로운 현실주의(new realism), 즉 하나님의 은혜에 대한 단순한 확신과 짝을 이루는 인간의 보편적 비참함에 대한 새로운 정직성은 사람들을 더 낫게 변화시키겠다는 우리의 노력보다 더욱더 기독교 사역의 진수에 가깝다.

계속해서 순전하게 하나님을 찬양하고 그의 은혜를 구하는 것보다 저항의 "문제"에 대한 더 나은 대답이나 해결책은 없다. 말하자면 예배를 드리는 것보다 더 많이 할 수 있는 것도, 더 적게 할 수 있는 것도 없다.

나는 성경이 살아 계신 하나님과 대면하는 경험은 즐거운 경험이 될 수도, 혹은 불편한 경험이 될 수도 있음을 가르친다고 믿는다. 하나님과 대면하는 경험은 사랑, 또는 두려움을 불러일으킨다. 누구든지 하나님께 가까이 가거나, 아니면 하나님으로부터 도망가거나 한다. 이 모든 반응들은 하나님과 만나며 그분에 의해서 만나게 된 경험을 이룬다. 그러므로 이 모든 반응들이 바로 예배의 일부가 된다.

2. 목회 에피소드

상황 한 목사가 회중석에 앉은 여러 사람들에게 예배 중에 정해진 시간이 되면 짧은 기도를 드릴 수 있도록 준비하라고 부탁했다. 한 사람씩 돌아가면서, 모든 사람이 자기가 앉아 있던 회중석에서 일어나 기도를 드렸다. 그리고 기도하는 사람들은 모든 연령과 각 계층을 대표했다. 그들의 기도는 간결했고, 진지했으며, 감동적이었다. 그리고 그들의 기도로 인하여 전체 회중이 정말로 은혜를 받았다. 이들의 기도는 그 회중의 평소 형식적이고, 억제되었으며, 비인격적인 예배 분위기로부터의 반가운 변화로 보였다.

그들의 기도가 끝난 후, 몇 분 동안 어색한 침묵이 흘렀다. 목회자는 그들의 심오한 기도에 마음이 놓였고, 교인 중의 여느 사람처럼 깊은 감동을 받았다. 목회자는 빠르고, 간결하며, 크고 단호한 소리로 이렇게 말했다. "그래요. 우리를 대신해서 기도해 주셔서 감사합니다. 자 이제부터 주보의 안내순서에 따라 예배를 계속 드리겠습니다. 먼저 오늘 예배에 처음 오신 분이 계신가요? 처음 오신 분 없으시다고요? 예, 알겠습니다. 예, 그러면 모두들 주보를 펴서서 이번 주에 교회에서 열리는 중요한 행사들을 봐주시기 바랍니다."

의견 기도가 끝난 뒤, 어색한 침묵이 흘렀던 성스러운 순간에 목회자가 예배에 처음 온 사람이 있는지를 확인하고, 교회소식을 공지하는 것은 부적절해 보인다. 왜 이 목사는 교인들을 예배로(into worship) 인도하지 않고, 예배로부터(away from worship) 멀어지게 했는가? 왜 이 목사는 하나님과 인간이 대면하는 순간을 직접 가로막고 예배를 시민 동호회 모임(civic club meeting)마냥 바꿔 버린 걸까?

이러한 행동은 접근/회피 현상으로 보기 전까지 의미를 찾기 힘들 것이다. 목사는 우리를 성령 앞으로 인도하는 사제이다. 그러나 목사는 거룩한 순간이 생성될 때 으레 불편해하는 사람들 중의 한 사람이기도 하다. 목사는 여기서 우리의 구원자와 같은 기능을 한다. 이는 우리가 너무 통제를 잃지 않고, 너무 감정에 치우치지 않으며, 너무 휩쓸리지 않도록 우리를 구원하는 기능을 한다. 목회자는 자기 자신을 이러한 위험에서 구원했는가? 물론 목회자의 행동은 백인 중간 계층 사회의 문화적 기준뿐 아니라 개인적인 두려움과 필요를 감안할 때 이해된다. 만일 그가 그러한 행동에만 집중한다면 그게 도움이 되겠는가? "왜 내가 예배 중에 그렇게 반응했을까?"라고 물으며 자신의 행동에 초점을 맞춰 묻는다면 도움이 될까? 만일 그러한 질문이 제기되고, 목회자의 저항에 집중할 수 있다면, 그는 신성한 임재 안에서 자신의 두려움과 통제권을 잃을 것에 대한 두려움, 그리고 회중의 중심적 관심이 되지 못한다는 두려움과 조우하고 있는 것이다. 그 어떤 두려움이 그의 불안하고 맥락 없는 대화 배후에 있는 것일까? 만일 그러한 두려움과 마주할 수 있다면, 그 목회자는 다음번에는 두려움을 직면할 수 있고, 두려움이 발생했을 때 그것을 알아차리고, 새로운 유형의 반응들을 실험하고자 할 것이다. "예배 중에 내가 왜 이렇게 반응했을까?"라고 질문을 던지면서 예배 중에 보인 자신의 저항에 초점을 맞춘다면, 그는 하나님의 임재로 인한 두려움, 평정심을 잃으면서 찾아온 두려움, 교회 안에서의 자신의 존재감 상실, 당황하여 횡설수설한 자신의 모습 뒤에 있는 두려움을 발견할 것이다. 그리고 그가 이와 같은 두려움들을 재차 직면할 경우에 그는 자신의 내면에 다시 두려움이 발생했음을 깨닫고 두려움으로부터 자유로워질 수 있는 방법을 찾을 것이다. 계속해서 그는 "저는 각 성도들의 기도에 아멘으로 화답하고 싶네요! 우리 계속해서 함께 찬양합시다."와 같은 어떤 새로운 형태의 반응을 시도할 것이다. 또는 그는 예배 중에 자신과 교인들이 느꼈던 감정들을 요약하여 즉흥 기도(spontaneous prayer)로 마무리할 수도 있다. 우리 자신에 관한 진리를 알고, 그 진리를 대면하며, 그 진리를 받아들이면 우리는 자유의 길을 얻게 된다. 하나님과 서로를 향해 자유롭게 반응함으로 우리는 목회자로서 우리 자신과 우리의 사람들을 위해 간구할 수 있게 된다.

5장

예배와 삶의 위기 : 장례예식

WORSHIP AS PASTORAL CARE

5장
예배와 삶의 위기: 장례예식

예전은 우리 삶에서 가장 어려운 상황들을 견디게 하는 기능을 한다. 즉 예전은 우리가 버티고 서 있을 수 있도록 도와준다. "의례는 파괴적이고, 이해할 수 없으며, 부도덕한 힘들에 대항하여 자신을 보호하는 복합적 행위의 한부분이다."[1] 종교의례(religious ritual)는 우리의 궁극적 관심사들에 대한 규범과 신념, 그리고 감수성에 상징적으로 집중하게 하여, 위기 상황 가운데 정형화되고, 목적성이 있고, 예측 가능한 행동 방법을 제시함으로, 우리를 압도할 수 있는 위기를 통과할 수 있는 길을 알려준다. 출생, 혼인, 소명 의식, 죽음과 같은 인생의 위기들은 항상 일련의 복잡한 의례와 예전 행위들을 수반한다. 일반적으로 말하면, 더 위협적이며 큰 혼란을 일으키는 위기일수록 그에 상응하는 의례도 더 세부적이고 신중하게 정형화되어 있다.

역사적으로 목회 돌봄은 영혼의 치유에 관한 두 가지 측면을 보여준다: (1) 일상적인 안내와 양육적 돌봄뿐만 아니라, 예방적이고 보호적인 돌봄을 통한 영적 건강을 보존하고, (2) 치유나 치료적 돌봄 중에 역기능 현상이 일어날 경우 영적이고 정서적 건강의 회복을 제공한다. 앞서 제안한 것처럼,

교회의 예전은 이 두 가지 차원에 입각하여 기능할 수 있다. 이번 장에서 우리는 인생에서 가장 어려운 위기 가운데 하나인 사랑하는 사람의 죽음과 그에 따른 예전적 대응인 기독교 장례절차에 초점을 맞춤으로, 예전과 삶의 위기 사이의 관계에서 치료적 기능과 목회적 중요성을 숙고할 것이다.

얼마 전 제시카 미트포드(Jessica Mitford)가 『미국인들이 죽는 방식』(*American Way of Death*)이라는 책으로 충격을 주었다. 그녀는 이 책에서 다소 단순한 논조로 미국의 장례식 산업을 비판하며, 미국의 목회자들도 이미 알고 있는 일련의 사실들을 열거하였다. 이 일련의 사실들이란 많은 장례식들이 종종 죽음을 직면하도록 돕는 절차가 아니라, 죽음을 회피하게 하는 값비싼 시도이며, 기독교적이라기보다는 이교적인 방식에 가깝고, 조잡하고 깊이 없는 감정소모와 심리적으로 위험한 착각, 그리고 금전 낭비와 착취라는 것 등이다. 미트포드가 쓴 책으로 인해서, 많은 사람들은 사적이며 간결한 장례식과 모든 의례와 전통 장례식의 거품을 뺀 추도식에 새로운 관심을 보이기 시작했다. 많은 목회자들조차 이런 사회적 흐름의 영향을 받아 장례식이 순기능보다 역기능이 오히려 더 많지 않은가를 고민하고 자신들이 집전하는 장례식의 일부 천박한 "이교적" 요소들로 인해 우려하면서, 장례식에 대한 강조가 약화되어 가는 현상을 반기기도 했다.

1. 통과의례로서의 장례예식

우리 목회자들이 스스로 장례예식은 한물간 예식이라고 치부하는 동안에, 사회과학자들은 장례식 그 자체에 대해서나 기독교적 장례예식 배후의 신앙 입장에 관한 헌신도 없는 상태에서 장례식의 치료적이고 기능적인 가치에 대한 확고한 신념을 개진하기 시작했다. 이는 목회자들로 하여금 장례식을 재평가하면서 "여기서 무슨 일이 일어났는가?"라는 질문을 던지게 하였다.

인류학과 비교종교학의 관점에서 의례의 이미지는 통과의례로 나타난다. 통과의례는 인생의 가장 어려운 경계를 가로지르는 의식화된 여정이라 할 수 있다. 통과의례는 개인의 역할이나 위치에서의 변화에 의미를 부여하고 변화의 위기가 지난 뒤 개인과 공동체가 평정을 회복하게 하며 미래의 세대에게는 공동체가 그러한 변화의 의미로 믿는 바를 전수해 주는 교육적 기능도 한다. 밴 헤네프(Van Gennep)는 죽음 등의 위기 상황과 관련된 의례를 연구하여, "통과의례"를 세 단계로 구분했는데, 즉 분리(separation), 전환(transition), 재편입(reincorporation)이다.[2]

만일 죽음과 관련된 공식적이고 비공식적인 의례들을 분석한다면, 우리는 통과의례를 세 단계의 기반으로 나눌 수 있다. 사랑하는 사람이 죽었을 때, 남은 사람들은 **분리**라는 감정을 경험한다. 죽은 자의 육신은 장례 준비를 위하여 영안실로 옮겨지고, 그는 생존했을 때처럼 저녁식사 시간에 매일 앉던 의자에 앉지 못한다. 그리고 남겨진 자들은 죽은 자와 자신들이 분리되는 고통스러운 과정을 겪는다. 어떤 심리치료자들은 중요한 행위인 분리의 절차는 비통해하는 사람들이 죽은 지가 관에 누워 있는 장면을 보는 순간부터 시작된다고 믿는데, 특히 죽은 사람이 가족과 친구들로부터 멀리 떨어져 죽음을 맞았을 때는 더욱 그렇게 느낀다. 장의사는 화장품을 사용하여 죽은 자가 생존했을 때를 재현하기 위해 터무니없이 긴 시간을 들이지만, 유족들의 입장에서 볼 때 관에 누워 있는 자는 그들이 알고 사랑했던 사람의 생존했던 모습이 아닌 것을 안다.

나는 한 과부를 기억하는데, 그녀는 남편의 장례예식 바로 직전에 남편의 몸을 한 번만 더 볼 수 있게 해달라고 간청하며 내가 함께해 주길 부탁했다. 관은 이미 닫힌 후였고, 나는 그녀에게 (그리고 나에게도) 혼란스러운 경험이 될 것 같기에 다시 관을 열기를 망설였다. 하지만 그녀는 관을 열어달라고 고집하였고, 결국 나는 동의했다. 관이 열리자 그녀는 남편의 몸을 보고 그의 볼을 어루만지면서 말했다. "남편이 차갑네요. 이제 관을 닫아주세요." 나는 그녀가 죽은 남편의 몸을 직접 보고 만진 육체적 경험을 통해 남편과 분리되는 절차를 밟았다는 걸 감지했다. 조금 전만 해도 그녀는 나에게 "남편이 죽었다는 것을 믿을 수가 없어요."라고 말했다. 그러나 이제 그녀는 남편이 죽었다는 것을 믿기 시작했고, 이는 죽음을 받아들이는 비통의 과정에서 고통스럽지만 반드시 거쳐야 하는 단계였다. 장례 전야에 모이고, 죽은 자를 입관하며, 관을 땅에 묻고, 묘지에서 예배드리는 등의 장례 의식은 죽음으로 인해 분리되는 경험을 인정하는 행위다. 죽음으로 인한 분리를 회피하는 것은 죽음을 받아들이는 절차의 첫 번째 단계를 미루는 것이므로 비통스러운 고통을 장기화하거나 비효율적으로 대처하는 위험을 유발시킬 수 있다.

죽음을 둘러싼 두 번째의 통과의례는 **전환** 단계다. 애도 중인 자들은 많은 경우에 천국과 지옥 사이의 시간(a time of limbo)을 경험하는데, 이는 살아 있는 것도 죽은 것도 아닌 어중간한 상태를 말한다. 세상이 멈춘 것 같다. 약속은 취소되고, 직장에서도 휴가를 내는 경우가 많으며, 일상적으로 하던 행동들도 멈춘다. 그런 상태의 사람은 인류학자 빅터 터너(Victor Turner)가 말한 경계성(limnality)을 경험하고 있는 것인데, 이는 인생의 한계를 넘어서며, 생애의 중대한 경계선을 가로지르는 호된 시련을 겪는 것이다. 하루는 기혼자였던 사람이 다음 날에는 과부가 되고, 부모가 있던 아이가 다음 날에 고아가 되기도 한다. 전환 단계에서는 신체적 움직임이 중요한 역할을 한다. 이는 장례식장에 가서 관을 선택하는 행위, 집을 떠나 교회로 가거나 장례를 치르기 위해 장례식장으로 가는 행위, 그리고 관을 묻기 위해 묘지로 향하는 행동 등을 말한다.

전환 행위를 수행하는 동안, 공동체에 속한 구성원들의 행동은 매우 중요하다. 교회 공동체는 망종의 시간에 유가족에게 힘이 되기 위해 모이는 경우가 많다. 식사도 챙겨주고, 장례 절차를 도와준다. 사별의 경험이 있는 사람들은 슬픔에 잠긴 유가족에게 조언하거나 공감적 지지(empathetic support)를 보낸다. 그리고 통과의례의 전환적 단계는 교육과 관계되어 있다. 죽음을 둘러싼 여러 가지 공식적, 비공식적 의례들을 통해 슬픔에 잠긴 유가족들은 새로운 삶의 형태를 준비한다. 다시 말해, 유가족들은 다양한 장례 의식의 교육적 기능들을 통해 새로운 삶의 모습을 준비한다. 나는 교회 공동체에서 누군가가 남편과 사별을 했을 때 공동체 내의 다른 과부들이 중요한 역할을 수행한다는 점에 주목했다. 사별을 경험했던 그녀들은 지금 사별한 과부에게 실질적인 조언을 해주고, 새로운 사회적 집단에 소속시켜 줌으로써 사별한 과부의 새로운 삶을 위한 교육을 담당한다. 나는 어떤 과부가 남편과 사별한 지 얼마 안 된 과부에게 이야기하는 것을 엿들었는데, 그녀는 "그렇게 나쁘지만은 않습니다."라고 말하면서, "남편과 사별한 과부들끼리 매년 봄과 가을에 같이 여행도 가고요, 매주 수요일에 모여 점심도 같이 먹어요."라며 계속해서 말했다. 그녀는 과부가 된 여성을 기혼자들의 집단에서 빠져나와 새로운 상태에 적응할 수 있도록 도움을 주고자 노력했다.

장례예배 자체에는 중요한 교육적 기능도 있다. 교회는 사실상 "죽음이 우리에게 닥쳤을 때, 우리는 이러한 것들을 믿습니다."라고 말하는 것이다. 장례예배에서의 성경 본문과 기도, 그리고 찬양 등은 모두 기독교 공동체가 죽음이라는 위기의 의미를 해석하기 위해서 활용하는 가치와 믿음에 초점을 맞춘다. 죽은 자의 지위(status)를 설명하고("주 안에서 죽는 자들은 복이 있도다"-계 14:13), 유가족들을 위로하며("너희는 마음에 근심도 말고 두려워하지도 말라"-요 14:27), 남아 있는 자들에게 죽음이 살아 있는 자들에게 어떤 의미를 담고 있는지 가르친다("우리에게 우리 날 계수함을 가르치사 지혜의 마음을 얻게 하소서"-시편 90:12). 종종 죽음이 발생했을 때 "무슨 말을 해야 할지 모르겠다."는 푸념이 들리는 것은 이해할 만하다. 죽음의 위기, 신비, 그리고 위협은 우리가 죽음에 직면하면 아무 말을 할 수 없도록 만들어 버린다. 그러므로 죽음이라는 현실을 피하기 위한 표현들이 사용되고(이를테면 "죽었다" 대신에 "돌아가셨다", "영면하셨다" 등의 완곡한 표현을 사용하는 등), 때로는 아무 말도 하지 않고 슬픔에 잠긴 유가족의 곁을 묵묵히 지키는 것도 위안이 될 수 있다. 그러나 누군가는 반드시 말을 해야 한다. 어느 때든, 일어난 모든 일들에 대하여 설명할 필요가 있다. 죽음은 의미 있고 궁극적인 상황 속에 놓여야 한다. 그러므로 장례예식은 이처럼 논의하기에 어려움에도 반드시 언급되어야 하는 사안들에 관해서 이야기 나눌 수 있는 중요한 시간이다.

마지막으로는 **재편입**의 과정이 있다. 슬퍼하는 가족들은 사랑하는 사람을 잃은 후, 교회 공동체로부터 특별한 관심을 받는 시간을 보낸다. 공동체 구성원들은 공식적이고, 비공식적인 방법들을 통해 이들의 고통스러운 전환 과정을 돕는 데 주력한다. 이러한 도움의 최종 목표는 슬퍼하는 가족들이 다시 인생의 본궤도로 재편입하여 살 수 있게 하는 것이다. 이는 애도의 과정에서 매우 결정적인 단계다. 유가족이 슬퍼하는 것이 과연 그들에게 생산적인 것일까, 아니면 파괴적일까? 유가족은 과연 새로운 미래에 적응하며 살 수 있을까? 아니면 패배감과 절망으로 퇴행할까?

 교회 공동체는 일반적으로 슬퍼하는 유가족을 다시 교회의 구성원으로 재편입시키기 위하여 여러 방법들을 동원한다. 친구들은 정신을 가다듬고 예전에 하던 일로 다시 돌아가라고 용기를 북돋아 준다. 어떤 교회들은 슬픔 회복 그룹(grief recovery group)을 형성하여 재편입을 지원하는 도움을 주기도 한다.³ 애도하는 이들을 위한 특별한 관심과 돌봄을 제공하고자 하는 경우도 있을 것이다. 예를 들어, 대부분의 회당(synagogues)에서는 안식일 예배 때와 첫째 기일에 유가족을 세워놓고 특별 기도를 해준다. 사랑하는 사람을 잃고 난 후, 많은 사람들이 당시에는 "더 이상 살 수 없다, 나는 살 이유가 없고, 내 세상은 멈췄다."고 말한다. 그러나 돌봄의 공동체는 "당신은 살아갈 수 있다, 아직 살아야 할 충분한 이유가 있다, 삶은 계속되고, 당신도 계속해서 살아가야 한다."며 섬세한 위로와 격려를 유가족에게 전달한다. 교회에서의 의례는 유가족들에게 일상적인 삶의 흐름을 유지하며 살 수 있도록 돕는다. 인생의 모든 위기들이 그런 것처럼, 일상의 의례들(daily rituals: 아침에 일어나서 용모를 단정하게 하고 출근하는 것) 등의 흐름이 깨지면 정서적 균열이 일어나서 위기에 생산적으로 대처하기가 힘겨워지거나 또는 실패할 수 있다.

 물론 분리, 전환, 그리고 재편입의 단계는 반드시 순서대로 일어나지 않는다. 또한 며칠 사이를 두고 일어나지도 않는다. 애도하는 사람들은 몇 달 동안 세 단계를 순서 없이 겪기도 하며, 하나의 의례적 행위(예늘 늘면 장례식)가 통과의례의 세 단계를 모두 포괄할 때도 있다. 그러나 이 세 단계는 모두 중요하며 그중 하나라도 제대로 수행하지 못한 경우, 다른 단계로 넘어가는 것은 불가능할 수도 있다.

장례예식을 통과의례로 생각하는 것은 의례와 예전이 삶의 위기 상황과 얼마나 밀접한 관계를 맺고 있는지를 알 수 있는 한 가지 가능한 방법에 불과하다. 그러나 모든 인생의 위기 상황들은 "불편함"(dis-ease)을 초래하고 개인의 세계를 붕괴시킬 수 있다는 사실을 상기시키는 데 도움을 준다. 삶의 균형을 회복하려면 반드시 일어나야 할 일들이 몇 가지 있다. 새로운 지식과 이해가 확보되어야 하고("하나님은 왜 나에게 이런 시련을 주셨을까?"), 새로운 지각과 인지("하나님이 나를 시험하시고 계시구나.")가 필요하며, 새로운 인생에 적응하기 위한 새로운 기술과 능력들("나 혼자 살아가려면 배워야 한다.")도 필요하다. 간단히 말해서, 여러 가지 사회화 유형들과 교육이 생겨야 한다. 예전은 이러한 교육 과정의 일부분이다.

2. 장례예식에 대한 심리학적 통찰

또 하나의 관점, 즉 심리학적인 관점에서 바라보면 죽음은 자아 정체성의 혼란을 불러일으킨다. 우리는 사랑하는 누군가가 죽었을 경우, 자기 삶의 일부가 함께 사라지는 경험을 한다. 슬픔은 이러한 정체성 혼란을 수반하는 정서적 반응의 복합체다. 죽음을 경험했을 때, 우리가 느끼는 슬픔은 분노와 관련되거나("그녀의 투병으로 내가 얼마나 고생했는데, 이제 나만 남겨두면 어떻게 해?"), 자기 연민("나는 이제 어떻게 해야 하지?"), 우리 자신의 죽음에 대한 공포, 또는 그 외의 무수한 감정들과 연관될 수 있다.[4] 명심해야 할 점은 슬픔이란 죽음에 대한 자연스러운 반응이고, 예전은 이런 슬픔을 해결하는 데 도움을 줄 수 있는 가치 있는 수단이라는 것이다.

심리학적 관점으로 설명하자면, 장례식과 장례식에 따른 의례는 유가족들에게 고통스럽지만, 심오하고 중요한 감정들을 통과하면서 새로운 정체성과 마주할 수 있는 기회를 제공한다. 그리고 심리학적 관점에서 바라본 장례식과 그에 따른 의례는 나에게 목회자들인 우리가 죽음의 위기를 다룰 수 있는 몇 가지 방법들과 그와 관련된 실천적 지식들을 제안한다.

먼저, 애도하는 사람이 죽음에 대하여 느낀 감정은 타당한 반응이라는 사실을 주장하고 확인하는 일이 필요하다. 슬픔은 감정의 불안이나 영적 연약함을 나타내는 신호가 아니다. 슬픔은 죽음으로 인한 사랑, 애착, 그리고 관계 단절의 증거일 뿐이다. 예수는 사랑하는 예루살렘의 멸망이 다가오자 애도했으며, 친구인 나사로가 죽자 슬픔에 눈물을 흘렸다. 그리고 예수가 나사로의 죽음을 애도하는 걸 본 행인들은 "보라, 그를 얼마나 사랑하셨는 가?" 하며 정확하게 예수의 마음을 읽었다. 많은 사람들이 죽음을 "자연스러운 것"이라 말하고, 슬픔의 표현을 억누르는 것이 "굳센 믿음"이라고 인지하며, 죽음에 대한 의례의 당위적인 모습은 "즐거운 장례"여야 한다고 말하는 시대에, 우리는 슬픔이 죽음의 고통에 대한 자연스러운, 기독교적 반응임을 기억해야 한다. 우리 그리스도인들은 "소망 없는 다른 이와 같이 슬퍼하지 않지만"(살전 4:13), 그럼에도 우리는 슬퍼한다.[5] 시인 에밀리 디킨슨(Emily Dikinson)은 "헤어짐은 우리가 천국에 대해 아는 전부이자, 지옥에 관해서 알아야 전부"(Parting is all we know of heaven and all we need to know of hell)라고 말했다.

디킨스의 이 말은 우리가 유가족을 대할 때 주지화(intellectualization)에 빠지지 않도록 조심해야 함을 의미한다. 슬픔은 감정적 위기다. 쉬운 대답과 진부한 경건용어들을 사용하면 중요한 감정을 억압할 수 있다("슬퍼할 필요 없습니다. 그는 이제 예수님 곁에 있으니까요."). 죽음의 현실을 부인하게 하거나 실제 감정을 억압하는 노력은 유가족에게 별 도움이 되지 않는다. 슬픔의 정서적 위기 자체는 신체적 증상들(식은 땀, 떨림, 질병)로 드러난다. 따라서 걷는 것과 일하는 것 같은 움직임, 그리고 장례의례의 행위들(장례 행렬을 따라 걷는 것, 관을 운반하는 데 돕는 것, 기도하기 위해 무릎을 꿇는 것, 찬양하기 위해 일어서는 것, 묘에 흙을 뿌리는 것), 이 모든 것들은 애도하는 사람들에게 자신의 감정으로 행동하고 표출하는 데 도움을 준다. 장례식에 관한 추상적인 개념의 말만 지나치게 많을 뿐, 죽음에 관한 상징, 행위, 그리고 움직임이 결핍된 우리의 예전적 반응은 반드시 변화를 필요로 한다.

장례식이 현실을 회피하고 감정을 억압할 수 있도록 조장할 경우, 장례식은 슬픔을 위로하기보다는 해를 끼친다. 사람이 부정적으로 느낀 감정을 포함한 모든 감정들이 초기에 표현되고 행동으로 나타난다면, 결국 긍정적인 회복의 과정에 편입될 수 있다. 고통이나 분노, 또는 두려움을 억누르면 이는 나중에 더 파괴적인 모습들(심리적 위축, 자살, 심신증)로 돌출될 수 있다.

상실의 고통에서 도망칠 방법은 없다. 약이나 술로 감추거나, 처음부터 존재하지 않는 것처럼 행동할 수도 있다. 그러나 우리는 언젠가 고통을 마주해야 하며, 스스로 혹독한 슬픔을 받아들여야 한다. 고통을 피하려는 것은 아픔을 미루고 연장시킬 뿐이며 해결되지 못한 슬픔은 매우 강력하고 파괴적인 힘만 갖게 된다.[6]

죽음의 위기는 반드시 극복되어야 한다. 그러나 성급하게 극복하려고 해서는 안 된다. 죽음과 슬픔의 현실을 진실하게 인정하기 전에, 부활과 기독교적 소망을 먼저 전해서도 안 된다. 고난 주간(Holy Week)의 예전들에서 알 수 있듯이, 누구든지 부활절의 기쁨을 충만하게 경험하기 전에 성 금요일의 적막함을 이해해야 한다. 최근에 기쁜 장례를 강조하면서 추모 예배를 작고 조촐하게 개인적으로만 드리려는 분위기는 우리 쪽에서 죽음의 현실을 회피하고 부인하려는 또 다른 시도일 수 있지 않을까? 위령미사(the requiem Mass) 때 신부들이 입는 검은 예복(vestment), 그리고 추모 성가(mournful chant)에 익숙한 가톨릭 교인이 새로운 형태의 부활절 미사에 참석한다면, 흰 예복을 입고 부활절 찬양을 부르고 있지만 눈물이나 슬픔의 비통함을 표현할 자리가 어디에 있는지 의아해할 것이다.[7]

죽음의 위기에 대응한 예전적 장치들이 갖는 기능에 관한 사회학적이고 심리학적 관찰에 의하면, 목회자들은 성도들이 인생의 위기에 처했을 때에 교회의 예배를 인도하는 자로서 돌봄을 제공해야 한다는 교훈을 유추할 수 있다. 나는 『목회심리학』(Pastoral Psychology)과 『목회 돌봄에 관한 학술지』(The Journal of Pastoral Care) 등과 같은 학술지에서 애도에 관한 많은 논문을 읽었다. 하지만 애도의 과정을 통과하게 해주는 자원으로서 장례예식을 언급한 논문은 거의 없었다. 일대일 심리학에 대한 우리의 집착이나, 심리학 중심의 목회 돌봄, 그리고 인간적 필요에 부응하는 교회의 역사적 자료들이 지니는 중요성에 대한 우리의 일반적 무감각에 대한 논평도 거의 없었다.[8] 반면, 최근에 생겨나는 새로운 장례예전들은 경박하고(giddy), 피상적 기쁨(superficial joyfulness)을 표방하는 바람에 장례의 목회적 기능과 역사적 토대에 대한 무지함을 적나라하게 보여준다.

모든 장례식은 죽음의 위기 때에 겪는 사람의 감정을 공적으로 인정해

주는 계기가 되어야 한다. 감정은 부자연스럽게 조작되거나 금지되기보다, 오히려 표현되고 허용되어야 한다. 그리고 목회자는 유가족이 죽음에 정직하게 대면할 수 있도록 격려하는 중요한 역할을 할 수 있다. 나는 아직도 두 목회자가 유사한 사인으로 죽은 두 청소년의 장례식에서 각기 다른 설교를 했던 것을 생생히 기억한다. 두 청소년은 고속도로 사고로 죽었다. 한 목사는 의심할 바 없이 유가족을 위로하고자 이런 말로 설교를 시작했다: "톰의 죽음을 슬퍼하지 마세요. 톰은 관에 있는 것이 아니라 예수님과 함께 있습니다." 그러나 이런 표현에는 신학적, 심리학적으로 미심쩍은 부분이 있다. 반면, 다른 목회자는 이 비극적인 죽음에 대하여 이렇게 설교를 시작했다. "저는 왜 이런 비극이 일어났는지 이해할 수 없습니다. 저는 이 비극을 구태여 설명하려고 들지 않을 것입니다. 더군다나 하나님께서 아이를 데려가시려고 이 비극을 일으키셨다고 말하지도 않을 겁니다." 그런 다음에 이 목회자는 이러한 생의 미스터리와 비극을 넘어서는 소망에 대해 알려줬다. 나는 두 번째 목회자가 장례식 때 유가족의 감정들에 충실히 공감했으며, 그들의 감정을 부인하거나 무시하지 않았다고 생각한다. 또한 그의 입장은 생명과 죽음에 대한 진정한 기독교 신학에 더 가까웠다.

 모든 예배 행위는 말보다 행동을 더 중요시 여긴다. 개신교 예배는 주로 회중은 수동적이며 목회자들이 말을 많이 하는 경향이 있다. 특히 개신교의 장례예식이 그렇다. 우리는 과거 기독교의 다양한 장례 행위들이 지녔던 풍부한 상징성을 회복해야 할 필요가 있다. 과거에는 유가족과 친구들이 장례를 위한 시신 정돈, 관 제작, 장례 준비 절차 등의 모든 과정들을 주관했다. 갈수록 우리는 이와 같은 과정들을 유급 장례사들에게 일임해 왔다. 목회자와 교회 공동체가 장례의 준비와 진행에 스스로 더욱 많이 참여하겠다고 나

설 필요가 있다. 너무나 많은 장례예식이 비인격적이며 설계상으로나 상징적으로도 차별성이 없는 공간에서 치러지고 있다. 너무도 많은 장례예배들이 공동체가 참여하고 경험하는 기독교적 예배라기보다는 목회자가 유가족을 위하여 간결하게 진행하는 예식이 되었다. 장례예식에서 신조, 신앙고백, 회중 찬양(너무도 자주 눈물을 연출하는 장례식 독창이 아니라), 성시 교독, 대표기도 등의 순서를 구성하는 것은 가족과 친구를 진정한 예배에 참여시키는 방법일 수 있다. 관에 휘장을 덮는 것은 장례예식에 흔히 수반되는 겉치레를 피하는 방법이 될 수 있다. 심지어 하관 예배 시, 땅 아래로 관을 내린 후에 한 줌의 흙을 뿌리는 사소해 보이는 순서들도 상징적 행위를 통해 슬픔을 추스르는 데 유익한 예식일 수 있다.

나는 장례예식이 어느 정도의 인격성을 지녀야 한다고 생각한다. 장황한 송덕문(eulogy: 공덕을 기리어 지은 글-역주)은 일반적으로 기독교 장례예식에서 잘 사용되지 않지만, 우리는 일반 죽음에 반응하는 것이 아니라, 특정한 개인의 죽음에 반응하는 것임을 반드시 명심해야 한다. 어느 특정한 사람이 세례 받고, 결혼하고, 장사될 때 사용된 기독교 이름은 언급되어야 한다. 그러나 고인의 알려진 덕목들을 길게 나열하는 것은 기독교 장례예식에서는 부적절하다. 왜냐하면 우리는 죽음의 동등성을 믿으며, 죽음의 때에 우리가 소망을 두는 것은 우리 자신의 덕이나 행위가 아니라 "우리의 소망이 주의 이름 안에 있음"을 알기 때문이다.

또한 말씀과 성례의 전통을 견지하는 우리들은 목회자로서 죽음과 마주하는 자리에서 인간 유한함의 신비와 기독교적 소망을 가르치고 해석할 뿐 아니라 중요한 기독교적 신념을 강조할 수 있는 기회로서 성경과 설교의 중요성을 민감하게 인식해야 한다. 죽음과 세례의 관계는 성례를 통해서 잘 반영될 수 있다. 죽음은 역사적으로나 신학적으로 주의 만찬을 기념할 수 있는 적절한 기회를 제공한다. 죽음이 발생했을 때 세례에 관한 기억은 우리의 출생과 죽음이 하나님의 사랑 안에 계속해서 의존하고 있으며, 우리의 전 생애가 신성한 은혜와의 관계 속에 있음을 상기시켜 준다. 이는 성도의 교제에 이르는 길을 가리키며 하나님 나라의 천국 향연을 바라보게 한다. 죽음을 부인하는 문화에서 죽음은 불쾌한 침입으로 간주되며 부활은 순진한 환상으로 비쳐진다. 이러한 문화 속에서 젊은 기운으로 충만하여 스스로 불멸의 권리를 지닌 것처럼 당연하게 현대인들이 죽음과 마주했을 때, 목회자는 전도적이고 선교적 열정을 품고 모든 장례예식에서 급진적으로 정직하고 희망으로 가득한 기독교적 말씀을 선포할 수 있는 기회로 볼 수 있다.

윌리엄 슬로언 코핀 2세(William Sloane Coffin Jr.)는 자신의 자서전인 『모든 사람과 민족에게나』(*Once to Every Man and Nation*)에서 친구의 장례예식에서 경험한 것을 토대로 사람들의 요구와 장례의 예전이 결합되었을 때, 장례예식이 복음 전도의 행위와 결신 요청으로서 어떤 역할을 할 수 있는지를 보여줬다.

대학교 졸업반일 때, 내 친구가 그만 오토바이 사고로 죽었다. 드와이트 예배당(Dwight Chapel)에 앉아 장례예식이 시작되기를 기다리면서, 나는 분노의 생각들로 가득했다. 친구의 죽음은 마치 전능하시고 사랑이 넘치시는 하나님을 믿는 것이 얼마나 부질없는 것인지를 증명하는 증거로 내게 다가왔다. 조금이라도 민감한 사람이라면 친한 친구의 죽음을 통해 이 세상에 무고한 사람들이 흘린 피와 눈물이 얼마나 가득한가를 느낄 수 있을 것 같았다. 이런 못된 마음을 품고 사제를 바라봤는데, 사제는 쭉 빠진 깃(hard collar) 위로 부드러운 표정을 지었다.

그는 제단을 향해 걸어가면서 욥의 명언을 번지르르하게 읊조리기 시작했다. "주신 이도 여호와시요 거두신 이도 여호와시오니 여호와의 이름이 찬송을 받으실지니이다." 사제가 지나갔던 통로 옆에 앉았던 나는 쉽게 발을 내밀어 사제를 넘어뜨릴 수도 있었다. 내 안의 작은 목소리가 나를 사로잡지 않았더라면 정말 그렇게 했을지 모른다. 그 목소리는 나에게 이렇게 물었다. "코핀(Coffin), 너는 그 문장의 어떤 부분을 반대하는 거지?" 나는 당연히 사제가 너무 쉽게 말했던 두 번째 부분, "거두신 이도 여호와"일 줄 알았으나, 사실은 사제가 읊조린 구절의 첫 번째 부분임을 문득 깨달았다. 갑자기 나는 "주신 이도 여호와"의 충만한 의미에 빠져 들었다. 바로 우리가 세상의 주인이 아니라 세상의 손님이라는 사실이었다. 이 깨달음은 딱히 즐거운 것도 아니었고, 친구의 죽음에 관한 내 거부감을 불식시켜 주지도 않았다. 그러나 친구의 장례예식에 앉아서 조용히 생각하는 순간, 나는 인간의 교만이란 창은 반드시 뽑혀지고 부서져야 한다는 깨달음에 이르게 되었다. 그때 감사하게도 바흐의 코랄 전주곡인 '그리스도는 죽음의 포로가 되어도'(Christus Stand in Todes Band)의 오르간 연주가 시작되었다. 그것은 나에게 진정한 위로가 되었다. 그 곡은 나에게 종교적 진실들이 마치 음악처럼 우리의 이해를 넘어서 더 심오한 차원을 붙들고 있을 것이라 생각하게 하였다. … 그러므로 믿음의 도약(leap of faith)이란 참으로 행동의 도약(leap of action)이었다. 신앙은 증거 없는 믿음이 아니었다. 신앙은 망설임(reservation) 없는 신뢰였다. 그와 같은 통찰들이 나를 바꾸기에 충분할 정도는 아니었어도, 그 경험은 나로 하여금 모든 것을 다시 생각할 수 있도록 만들었다.[9]

많은 회중들은 장례예식과 그와 관련된 의례들이 지니는 가치에 대해서 재교육을 받거나 더욱 많은 인식을 갖추어야 한다. 불행히도, 우리는 회중들에게 우리가 과거에 장례를 치러 왔던 잘못된 방식을 가르쳐 왔다. 분명히 한 가족이 슬픔의 고통을 겪고 있을 때는 장례에 대한 그들의 생각을 변화시키기에 가장 적합한 시간이 아닐 것이다. 목회 돌봄은 이 극심한 고통이 발생하기 전에 제공되어야 한다. 죽음, 애도, 그리고 장례에 관한 설교와 토론 모임은 사람들이 별로 생각하지 않았을 주제를 고민하게 하는 데 도움을 줄 수 있다. 잘 준비되고 인도된 장례는 기독교적 장례가 어떤 모습인지를 가르치는 가장 좋은 방법이 될 것이다.

어떤 교회들은 성인 교인들에게 장례에 관한 설문지를 작성하도록 해서, 이를 통해 각자가 자신의 장례식을 생각해 보고 소원하는 바를 구체적으로 기록하는 기회를 갖게 되었다. 장례에 관한 설문을 사용해 본 목회자들은 성도들과 함께 죽음과 그에 따른 문제들로 인한 감정에 대해 의미 있는 목회적 대화를 할 수 있는 탁월한 기회를 제공했다고 보고한다. 아울러 장례에 관한 설문조사는 지금 또는 미래의 죽음에 대하여 논할 수 있는 목회적 접근 통로이자 열린 공간이 되었다. 장례에 관한 설문조사는 추후에 참고할 수 있도록 교회에 보관된다. 또한 설문의 결과는 나중에 가족 중 한 사람이 죽었을 때, "고인이 이런 것을 원했다."라는 사실을 유가족들에게 확인시켜 줘서 불필요하거나 호화로운 장례 관습을 피하도록 돕는 친절한 방법이 될 수 있다. 그리고 교회의 성도들이 함께 주의를 기울여 장례 절차와 장례 의미를 성명서로 작성한 후, 회중이 이를 승인했다면 죽음을 준비하거나 장례를 준비하는 이들에게도 도움이 될 것이다.[10]

3. 기독교 장례의 목적

아마도 지금까지의 논의는 장례에 관한 가장 근본적인 질문을 제기할 것이다. 내가 사람들에게 "기독교 장례의 목적은 무엇입니까?"라고 물으면, 그들은 일반적으로 "장례는 유가족을 위한 것입니다. 애도하는 유가족을 돕는 것입니다."라는 식의 대답을 한다. 나는 앞선 논의에서 장례가 슬픔의 위기를 겪는 자들의 절실한 필요를 채우도록 돕는 역할을 한다는 점을 분명히 밝혔지만, 장례의 기능이 살아 있는 자를 위한 목회 돌봄의 행위로 제한되면 장례의 공동체적이고, 사회적인 기능에 대한 올바른 인식이 부족함을 드러내며 기독교가 지닌 예배의 목적과 목회 돌봄의 본질이 혼동됨을 보여줄 뿐이다.

장례는 유가족을 위한 치료적 경험을 제공하는 데 그치지 않는다. 장례는 또한 회중에 속한 다른 이들에게도 미래에 임할 자신들의 장례를 준비할 수 있는 기회를 제공한다. 사랑하는 사람이 죽기 전에 한 번도 장례예식에 참석해 보지 않은 사람은 애도의 시기에 어떻게 행동하고, 생각하며, 느껴야 하는지 모르기에 매우 난감해질 수 있다. 다시 한 번 말하지만, 예전은 교육이다. 장례의 예전은 죽음의 상황이 오기 전에 죽음을 준비하고, 사랑하는 사람이 죽은 후에 홀로 남겨질 상황을 대비하기 위해서 필요하다. 모든 사람의 장례예식은 고인과 우리의 친분과는 무관하게, 우리가 장례예식에 참석하지 않았으면 생각 못했거나, 단순히 넘어갔을지 모르는 죽음이라는 인생의 위기 상황에 관해 고민할 수 있는 기회를 제공한다.

장례에는 이와 같은 공동체적이고 교육적인 기능과 관련된 또 다른 기능이 있다. 다른 사람의 장례는 과거의 사별에서 해결되지 못한 자기 자신의 오랜 슬픔을 해결하는 기회를 제공한다. 만일 과거에 자신의 아이를 잃은 경험이 있는 사람이라면 지금 아이를 잃은 사람의 슬픔에 특별하게 공감할 수 있을 것이다. 그들과 함께 슬퍼하는 이유는 본인도 아직까지 슬퍼하고 있기 때문이다. 사별의 고통은 아마도 완벽하게 치료되지 않을 것이다. 장례예식은 우리로 하여금 우리 내면에서 억압하거나 부인해 왔던 지속된 고통 속으로 다시 들어가게 함으로, 우리의 애도 작업을 지속할 수 있는 관리 가능하며 의례화된 방법을 제공한다.

이것이 바로 요즘 유행하는 비공개 장례식과 가족끼리만 모인 작은 장례식이 교회의 목회 돌봄과 예배에 나쁜 영향을 줄 수 있는 주된 이유다. 그와 같이 폐쇄적이고 소규모로 한정된 진행은 장례식의 공동체적 행위 연출 과정(communal acting-out process)이라는 큰 의미를 놓칠 수 있다. 장례의 애도 과정에서 교회 공동체의 참여를 거부하는 것은 애도하는 자들에게 자신의 슬픔을 해결할 수 있도록 돕는 중요한 자원을 차단하는 것과 같다. 장례예식은 일차적으로 슬퍼하는 가족들을 위한 것이긴 하지만, 오로지 그들만을 위한 것은 아니다. 장례예식은 우리 모두를 위한 것이다. 장례예식은 기독교의 모든 예배 행위와 마찬가지로 교회 공동체를 위한 것이다! 참된 기독교 예배는 결코 사적인 일이 아니다. 모든 기독교의 예배, 즉 기독교의 기준들에 부합된 모든 예배는 공동체적이며 함께 참여하는 사건이 되어야 한다. 결혼, 장례, 세례, 성찬에서 드리는 모든 예배가 사적이며 비공동체적인 행사가 된다면, 목회의 긍정적 가치들이 상실된다.

장례예식을 "살아 있는 자들을 위한" 또는 "가족들을 위한" 행사로 정의하게 되면, 신학적 쟁론이 발생하게 된다. 앞 장에서 언급한 것처럼, 개신교 예배는 너무도 자주 사람들을 감정적으로 조종하는 쪽으로 퇴보되어 왔다.

왜냐하면 종종 사람을 예배의 이유이자 중심 초점으로 삼아왔기 때문이다. 만일 장례예식이 유가족만을 위한 것이라면, 혹은 만일 결혼예식이 신부와 신랑만을 위한 것이라면, 유가족이나 신랑, 또는 신부가 원하는 것들이 예배의 기반이 되어야 한다. 가족의 소원이 예배를 끌어가는 유일한 가치가 되는 것이다. 만일 예배가 가족을 위한 것이라면, 기독교 예배의 독특성은 무엇이며, 예배를 예배되게 하는 것은 무엇이란 말인가?

나는 장례예식의 목적을 "유가족을 위한 것"이라 정의하지 않고 다른 기독교 예배들처럼 하나님을 예배함이라고 주장한다. 예배를 위해 모인 주된 이유는 우리 자신들과 우리의 소원에 관심을 두기 때문이 아니라, 하나님 그리고 하나님과 맺은 관계에 초점을 두기 때문이다. 적어도 교회에서만이라도 애도 과정에서 장례예식의 중심성이 심리적 안정(psychological well-being)을 위한 좋은 치료적 도움을 제공하는 것에 놓여서는 안 된다(물론 심리적 안정 효과도 있지만). 오히려 장례예식은 하나님께 초점을 맞추고, 예수 그리스도 안에서 우리를 향한 하나님의 사랑에 비추어 우리의 생명과 죽음을 조명하게 하는 탁월한 기회가 된다. 고인이 살아생전에 아무리 경건했다 하더라도, 장례예식에서 고인이 관심의 중심이 되는 것은 목회적으로는 현명치 못하며, 신학적으로는 미심쩍다. 왜냐하면 궁극적으로 죽음의 순간에 가장 절실한 것은 하나님의 끝없는 은혜와 사랑이기 때문이다. 물론 우리의 장례예식이 더욱 신학적이고, 덜 목회적이어야 한다는 말은 아니다. 그보다는 우리의 장례예식이 더욱 명확하고 의도적으로 신학적 이해를 갖춘다면, 이는 목회적으로도 더욱 도움이 되리라는 말이다. 끝으로, 우리 그리스도인들은 슬픔과 상실의 고통이 죽음의 "자연스러운" 본성을 말한 퀴블러 로스(Kübler-Ross)의 감상적 주장이나, 영혼의 영원성에 대한 비성경적 사변들이 아니라, 오직 하나님의 성품에 대한 우리의 담대한 확신으로만 완화될 수 있음을 분명하게 인식해야 한다.[11] 다른 말로 해서, 우리는 우리가 누구이냐에 근거해서가 아니라 하나님이 누구시냐에 근거해서 소망을 품어야 한다. 나는 앞서 말했듯이 장례예식의 일부 순서가 구체적이어야 하며, 우리가 알고 사랑했던 특정 인물이 죽었음을 인식해야 할 필요가 없다고 말하는 것이 아니다. 더군다나 슬퍼하는 가족이 장례예식 중에 환기시켜 달라고 부탁하는 구체적인 요청이나 필요를 부인하는 것도 아니다. 이는 단지 장례예식의 근본적이고 일차적인 목적과 초점은 신학적이어야 하며, 이에 따라서 우리는 더욱 의미 있는 목회적 고려를 해야 한다는 점을 상기시킬 뿐이다.

참된 예배 행사인 장례예식에서 다른 성도들과 함께 일어나 "내 주는 강한 성이요"(A Mighty Fortress Is Our God), 또는 "썩지 아니하고 보이지 아니하고 홀로 한 분이시며 지혜로운 하나님"(Immortal, Invisible, God Only Wise)과 같은 군센 찬양을 부르면 충격과 상실감에 빠져 말을 잃은 유가족들에게 얼마나 도움이 되겠는가! 목회자인 나도 유가족들이 눈물을 흘리면서 믿을 수 없는 것을 믿고, 이해하지 못하더라도 소망하며, 다른 성도들과 함께 "전능하사 천지를 만드신 하나님 아버지를 내가 믿사오며, 그 외아들 우리 주 예수 그리스도를 믿사오니"라고 신앙고백을 하는 모습을 보며 깊은 감동을 받은 적이 있다. 또는 장례예식에서 유가족들이 시편의 위대한 구절들("나의 하나님, 나의 하나님 어찌하여 나를 버리셨나이까?")을 읊으며 마음속 좌절과 상심을 솔직하게 고백하거나, 또는 정직한 소망의 비전을 갖도록 격려받는 모습을 곰곰이 살펴보라. 장례예배를 인도하는 목회자의 평온함과 확고한 안정감이 가족의 슬픈 마음을 수용하는 목회적인 개방성과 결합되면, 슬퍼하는 가족과 회중에게 죽음에 대한 기독교적 대답 전반의 많은 의미가 전달되는 것이다. 유가족을 향한 경박한 미소나 낙천적인 미소, 그리고 유가족의 등을 두드리며 확신을 요구하는 행동은 마치 싸늘하고 음산하며 비인격적인 병리성과 같이, 신학적으로나 목회적으로 부적절하다. 내 주장은 신중하게 계획되며, 신학적으로 충만하고, 잘 인도되는 장례예전은 우리로 하여금 죽음과 사별의 인생 위기에서 슬퍼하는 사람들과 회중 모두를 돕는 데 큰 기여를 하리라는 것이다.

4. 장례예배 설교

내 옛 제자가 졸업 후에 사우스캐롤라이나 주의 어느 시골에 있는 두 개의 작은 연합감리교회의 목사가 되고 얼마 지나지 않아 편지를 보냈다. 다음의 이야기는 편지 내용에서 발췌한 것이다.

배경 (이는 목회자가 직접 설명한 상황이다.) "주일 오후에 성도 한 분으로부터 연락이 왔습니다. 그분은 제게 사망한 자신의 친척을 위하여 장례를 인도해 줄 수 있는지 물었습니다. 고인은 제가 한두 번 정도 본 적이 있는 분이었어요. 한 번은 병원에서였고, 한 번은 죽기 직전인 토요일이었습니다. 나이는 70세쯤 되었고, 어릴 때 4살 이후로는 교회에 한 번도 출석한 적이 없다고 했던 분입니다. 심지어 부모님 장례식을 치르는 교회에조차 가지 않았다고 했습니다. 그는 어느 교회의 교인도 아니었고, 가족 가운데 목회자가 없었습니다. 그래서 친척들이 장례식장에서 주일 오후에 제게 전화를 해서 장례를 집전해 달라고 부탁한 것입니다. 저는 고인의 얼굴을 알기에 장례 인도를 해주겠다고 답했습니다. (저는 솔직히 그와 그의 가족들과 더불어 그가 교회에 대한 상처가 있다는 얘기를 솔직하게 나눈 적이 있습니다.) 사실 저는 이렇게 함으로써 복음을 전할 기회를 갖게 될 것이라고 생각했습니다." (교수님께 평가를 얻고자 제 설교를 첨부했습니다.)

설교 죽음과 마주하기란 매우 어려운 관문입니다. 하지만 당신 자신이 하나님의 사랑으로부터 분리되었다고 생각하며 죽음과 마주하기란 거의 견딜 수 없는 일입니다. 헨리 스미스(Henry Smith)씨가 죽기 전 마지막으로 보낸 며칠 동안, 그는 그 관문을 마주했습니다. 저는 고인과 토요일 오후에 얘기를 나눴기 때문에 이 사실을 압니다. 그리고 고인은 평생 동안 자신이 저지른 잘못들을 깨달았다고 제게 말했습니다. 그 가운데 고인이 가장 후회했고, 고인을 가장 괴롭게 했던 일은 바로 그 자신이 오랫동안 교회에 출석하지 않은 것이라고 했습니다. 고인은 평생 많은 사람들에게 친절했고 친구가 많았지만, 지난 토요일 오후에 자신이 교회를 그리워한다는 사실을 깨달았습니다. 그는 자기 인생의 마지막 날들을 마주하면서 자신이 무언가 하나님의 사랑으로부터 분리되었다는 느낌을 받았습니다. 교회의 지원 없이 죽음과 마주하며 하나님의 사랑으로부터 분리되었다는 느낌을 갖는 것은 대단히 고독한 경험이었기에, 저는 스미스씨로 하여금 그러한 생각에서 벗어나도록 도와줬습니다.

우리가 읽은 본문에서 "만일 하나님이 우리를 위하시면 누가 우리를 대적하리요? 누가 우리를 그리스도의 사랑에서 끊으리요? 내가 확신하노니 사망이나 생명이나 천사들이나 권세자들이나 현재 일이나 장래 일이나 능력이나 높음이나 깊음이나 다른 어떤 피조물이라도 우리를 우리 주 그리스도 예수 안에 있는 하나님의 사랑에서 끊을 수 없으리라."고 기록하고 있습니다. 저는 스미스씨에게 하나님은 여전히 우리를 돌보시며 미워하지 않으시고, 언제나 함께하신다고 힘써 말했습니다. 저는 교회가 여전히 스미스씨에게 관심을 갖고 있다고 알려주었습니다. 그래서 제가 그 자리에 있던 것입니다. 저는 그에게 하나님에게 함께해 달라고 간구하기에 늦은 때란 없다고 말했고, 하나님은 정말로 그와 함께하셨습니다. 우리는 자리를 뜨기 전에 함께 기도했습니다. 기도 중에 우리는 하나님께 고인의 생명에 대해서 감사했습니다. 우리는 만일 고인이 기회가 있었다면 달리 행동할 수 있었던 일들에 대해서 하나님의 용서를 구했습니다. 우리는 사랑과 평화, 그리고 용기를 달라고 기도했습니다.

그렇습니다. 토요일에 스미스씨는 교회를 그리워했으며 외로움을 느꼈습니다. 그는 하나님의 사랑에서 분리되었다고 느꼈으며 두려워했습니다. 그러나 제가 그에게 교회가 늘 당신을 응원하며 돌봐줄 것이라 말하자, 그는 기운을 냈습니다. 그리고 하나님께서 당신을 사랑하고 당신과 함께하신다고 말하자, 그는 소망을 가졌습니다. 제 생각에 스미스씨는 평생 동안 오직 한 가지 소원으로 자신을 사랑하신 하나님의 사랑을 느꼈습니다. 그 소원이란 바로 영원토록 스미스씨를 (지금도 그러하듯이) 사랑하시는 것이었습니다. 우리의 하나님은 바로 이런 분입니다. 누가 우리를 예수님의 사랑에서 끊을 수 있을까요? 아무도 할 수 없습니다. 저는 헨리 스미스씨가 토요일 오후에 이 사실을 이해하고 믿고, 그리고 위로를 얻었다고 믿습니다. 따라서 고인은 용기와 희망 가운데 죽음을 맞이할 수 있었습니다. 하나님을 찬양합시다!

의견 이 젊은 목사가 처한 상황은 많은 목회자들이 겪게 되는 상황이다. 교회와 관계가 없는 사람을 위해 장례를 인도하는 일이다. 그러한 경우에는 어떻게 해야 할까? 만일 장례예식이 죽은 이의 업적을 기리기 위함이라면, 목회자는 실로 어려운 문제에 봉착했을 것이다. 지극히 솔직하게 말하자면, 목회자는 저러한 경우에 교회에 덕이 되지 않는다고 인정하고픈 유혹을 느낄 것이다. 그래서 고인에 대해서는 최소한만 언급한 채, 예전 순서만 집행할 수도 있다. 또는 유가족을 향한 목회적 배려에서, 목회자는 너무 많은 말을 하려는 유혹을 받을 수 있다. 유가족의 슬픔을 달래주는 동시에, 종교적 신념이 결여된 사람의 기본적인 선함에 관해서 얘기하는 회중의 의문들을 해소시키려는 것이다.

그러나 만일 장례예식이 근본적으로 예배이며, 죽은 자의 생명과 죽음이 오가는 상황에서 우리의 믿음이 부각되는 상황이라면, 이와 같은 경우에서 목회적 문제는 달라진다. 이 경우에서 목회자가 안고 있는 문제이자 기회는 우리의 질문들과 고통, 그리고 슬픔을 복음에 충실하면서도 어떻게 정직하게 다룰 수 있느냐 하는 것이다. 이는 모든 장례에서 우리가 겪는 문제일 것이다. 이 이야기에서 나는 목회자가 느끼는 갈등을 엿볼 수 있었다. 젊은 목회자는 스미스씨의 상황에 대해서는 진솔하게 이야기한다. 스미스씨가 죽음에 직면했을 때 목회자가 그에 대해 느낀 점들을 진솔하게 이야기한 것은 틀림없이 그의 죽음을 대하는 유가족들에게 도움이 되었을 것이다. 만일 목회자가 이런 이야기를 하지 않았다면, 그는 스미스씨의 교회에 대한 헌신의 결여가 재고조차 불필요한 죄라는 식의 느낌을 유가족들에게 전달했을 수 있다. 그러나 목회자는 그 문제를 공정하게 다뤘으며, 이는 유가족들에게도 그 문제를 공정하게 볼 수 있도록 하는 격려가 되었다.

여기서 목회상의 비밀이 존중되었는지에 대한 의문이 제기된다. 만일 스미스씨와 교회의 갈등에 관한 이야기가 솔직하고 개방적으로 진행되었다면, 목회자가 그러한 갈등을 설교에서 다루는 것은 정당화될 수 있었을 것이다. 또한 누구라도 여기서 목회자가 스미스씨와 그의 갈등에 유독 초점을 맞추어서 너무 많은 이야기를 하려 한다는 불편한 느낌을 얻을 수 있다. 가령, "저는 헨리 스미스씨가 토요일 오후에 이 사실을 이해하고 믿고, 그리고 위로를 얻었다고 믿습니다."와 같은 표현이다. 게다가 목회자 자신이 그 상황을 어떻게 대했는지를 알려주는 진술에서도 성직자로서 자신을 정당화시키려는 것은 아닌지 의문이 든다("저는 그에게 교회가~" 등과 같은 표현). 만약 설교를 듣던 회중들이 이러한 방식의 느낌을 받았다면, 스미스씨나 목회자는 하나님을 선포하는 데 방해 역할을 한 셈이다.

하지만 성경(로마서 8장)에 초점을 맞춤으로써 목회자는 효과적으로 현재의 상황을 기독교 전통과 연결시켜 기독교 전통이 그 상황을 조명할 수 있게 해주었다. 또한 목회자는 병원에 있는 스미스씨를 심방하면서 그것이 교회의 현존임을 강조하였다. 결국 스미스씨는 교회 밖에서(ex ecclesia) 죽지 않았다. 교회의 대표자인 목회자가 그와 함께했다. 그 자리에는 교회의 말씀(church's scripture)도 있었다. 스미스씨의 소망은 죽음 안에서 모든 사람이 품는 소망과 같다. 우리의 소망은 하나님께 있다. 나는 교회에서 그와 같은 경우를 다루기 위해 예전이 사용되는 방식을 다시 떠올려봤다. 옛날에 사용됐던 영국 성공회의 『공동기도서』(Book of Common Prayers)에는 교회에 정기적으로 다니지 않는 자들의 장례에서 사용할 수 있는 기도문이 수록되어 있다. 그리고 이 기도문은 무리에 속하지 않은 양이라도, 모든 양이 자신의 소유라는 예수님의 선언을 인용한다! 나는 과거의 예전들(older liturgies)이 이러한 문제들을 신학적으로나 목회적인 차원에서 효과적으로 다룬다는 인상을 늘 받아왔다. 자유교회(free-church)의 전통을 따르는 목회자들은 흔히 어려운 목회 상황들에 직면하면 무에서부터(ex nihilo) 스스로 예전적 대응책을 창조해서 극복하려 한다(나는 위 사례의 젊은 목사도 장례 설교에서 그와 같은 대응책을 시도하는 것 같다). 자유교회가 공식적으로 인정한 예전 자료들은 많지 않으므로, 자유교회에 속한 목회자들에게는 기회이면서도 부담이기도 하다. 왜냐하면 어려운 상황에서 "예전적 교회들"의 목회자들에 비해 자유교회에 속한 목회자들은 어려운 상황에서 리더십을 발휘하기 위해 돌봄과 목회적 지혜를 요구받기 때문이다.

마지막으로 젊은 목사의 장례 설교는 긍정적이고 강력하게 마침표를 찍는다. 결국 나는 장례예식 때에 그가 말한 내용은 송덕문이 아니라 설교라 생각한다. "우리의 하나님은 이런 분이십니다. … 우리 모두 하나님을 찬양합시다!" 나는 그의 설교에서 기독교 교육, 복음 선포, 교화, 성경해석을 들었다. 그리고 이 목회자가 장례예배를 전도 사역의 기회라 생각했는데, 그것도 맞는 말이다. 물론 예전이나 목회 리더십과 연관된 목회 행위들과 예전적 행위들의 총체적 배경에서 장례 설교가 나와야 한다. 우리가 모두 인정해야 할 점은 이러한 측면에서 목회자는 대체로 따뜻하고 고백적이며 적절한 설교를 할 수 있어야 한다는 것이다. 왜냐하면 많은 목회 돌봄과 사역이 장례예배 전에 이루어지기 때문이다. 그와 같은 두 번의 병원 방문이 없었다면, 그 목사의 설교는 이런 식으로 선포될 수 없었다. 오히려 인생의 죽음이라는 위기의 때에, 매일의 목회 돌봄과 예전 리더십은 서로 긴밀한 공조 관계를 이룰 것이다.

6장

예전과 학습 :
결혼예식

WORSHIP AS PASTORAL CARE

6장
예전과 학습: 결혼예식

앞 장에서 우리는, 삶의 위기를 대처하는 데 도움을 주는 의례화의 한 방법으로 장례예식을 살펴보았다. 우리는 한 정체성이나 존재의 상태에서 다른 정체성이나 상태로 이동할 때처럼, 인생의 중요한 과도기가 어떻게 경계를 가로질러 가는 것을 포함하는지에 대해서도 언급했다. 경계를 가로질러 가는 것은 한 개인, 그리고 개인과 가까운 사람들을 위기에 빠뜨린다. 교회는 인생에서 가장 힘든 과도기에 있는 우리를 인도하기 위해서 복합적인 일련의 형식적이고 비형식적인 의례들과 예전적인 행위들을 늘 사용해 왔다.

이 장에서 우리는 독신생활에서 결혼생활로 가는 과도기에 있는 사람들을 어떻게 돌볼 수 있는지에 대한 하나의 예로서 결혼예식에 대해 자세히 살펴보겠다. 앞 장에서 우리가 죽음과 슬픔을 극복하는 데 도움을 줄 수 있다는 관점에서 장례예식을 논의했다면, 이 장에서는 인생의 새로운 상황 속에 들어가게 되는 사람들을 교육하는 의례화의 방법이라는 관점에서 결혼예식을 살펴보도록 할 것이다.

예전은 교육이다. 우리가 이 장에서 다룰 질문은, 우리의 성도들이 예배할 때 배울 것인가 그렇지 않을 것인가가 아니다. 우리의 질문은 우리가 예배를 인도할 때, 성도들이 무엇을 배울 것인가이다. 우리가 종종 잊는 사실이 있는데, 그것은 우리가 공예배의 기도, 성찬식, 또는 다른 순서 속에서 예배를 인도할 때, 우리는 성도들을 항상 교육하고 있다는 사실이다. 유감스럽게도 사람들은 우리가 그들을 가르치려고 의도하지 않은 예배를 드릴 때 무언가를 배우곤 한다. 우리가 의도하든 그렇지 않든 간에, 사람들은 예배 속에서 항상 무언가를 배운다.

한 부부가 유아세례를 받기 위해서 그들의 아기를 목사에게 데려온다. 목사는 그 부부의 신앙과 교회에 대한 이해와 헌신이 부족함에도 불구하고, 그들의 아기에게 세례를 주겠다고 허락한다. 바로 그 순간 그 부부는 세례에 대해서 무언가를 배운다. 한 젊은 남녀가 로드 매큐엔(Rod McKuen)과 칼릴 지브란(Kahlil Gibran)의 시를 많이 사용하여 그들 스스로가 고안하기는 했지만 기독교 신학적으로는 부족한 결혼식에서 목사의 집례 하에 예식을 올릴 때, 그들은 결혼에 대해서 무언가를 배운다. 다시 말하지만, 문제는 우리가 예전 속에서 가르치는가 그렇지 않은가가 아니다. 우리가 가르치는 것이 기독교적인가, 그렇지 않은가가 문제이다.

듀크 대학교의 동료교수인 존 웨스터호프(John Westerhoff)는 예전이 항상 학습의 장소이고, 그와 동시에 예전은 교회의 학습 프로그램 내에서만 숙고되고 개선되어야 할 필요가 있다고 우리를 일깨우는데, 나는 그의 생각에 동의한다.

예전과 학습은 기독교가 탄생된 이래 서로 연관되어 있다. 그러나 최근에 둘 사이는 멀어졌다. … 종교 교육가들과 예배학자들은 서로 다른 길로 갔고, 그들의 다양한 관심사들을 재통합시키고자 하는 시도들은 쟁점들을 흐리게 하는 경향을 보여 왔으며, 그들 사이의 중요한 차이점들을 왜곡한다. 어떤 종교 교육가들은 예전에 의한(by) 가르침 또는 예전을 가지고 하는(with) 가르침에 대해 말하면서 예전을 가르치기 위한 행위로 그 범위를 축소하는 심각한 실수를 저지른다. 예전을 사용한다고 하는 것은 예전을 모독하는 것이다. 물론 우리는 예전을 통해 배운다. … 우리의 의례들은 본질적인 방법들로 우리를 만들고 형성한다. 그러나 우리의 예전들은 수단이 아니라 목적으로 이해되어야 하는 것이 옳다. … 예전과 학습은 모두 목회적인 활동들로서, 그것들을 통해 하나님의 계시가 드러나고, 신앙이 성숙해지고 활기차지며, 사람들은 세상 속에서의 사명을 완수하기 위해 준비되고 격려받는다. … 예전은 신앙 공동체를 비추는 행동이고 학습이다. … 예전은 신앙 공동체를 신앙의 상징적인 행위들을 행하게 함으로써 공동체를 양육한다. 학습은 신앙의 행위들의 근간을 이루고 설명하는 이야기(신화)를 알리고 숙고하면서 신앙 공동체를 양육한다.[1]

장례예식에 대해서 논할 때, 우리는 인류학자들이 말하는 통과의례의 세 단계, 즉 분리, 전환, 재편입의 단계에 주목했다.[2] 장례예식에서처럼 결혼예식이 통과의례로서 분석된다면, 우리는 결혼예식이 두 사람을 개별화된 독신자의 상태에서 결합된 남녀의 상태로 옮기는, 명백하게 규정되거나 규정되지 않은 복합적인 일련의 의례적인 행위들로 구성되어 있음을 알 수 있다.

그러나 이 장에서 우리는 통과의례와 교회의 예전적인 사건인 결혼예식이 교회를 위한 교육적인 기능을 어떻게 수행하는지에 대해서 집중할 것이다. 그럴 때 우리는 다음의 질문을 생각해 볼 수 있다. 교육과 학습은 목회 돌봄과 함께 무엇을 해야 하는가? 만약 목회 돌봄이 심리적으로 도움을 주는 것 정도로만 인식된다면, 즉 개인의 감정의 평형사태를 유지하거나 회복시키는 것 등을 목표로 하는 치료기법 정도로만 여겨진다면, 교육과 목회 돌봄 사이에는 공통점이 없다. 그러나 만약 목회 돌봄이 그리스도의 몸 안에 있는 사람들을 치유하고, 인도하고, 돕고, 화해시키는 것을 목적으로 하는 넓은 의미의 목회적인 행위들과 그리스도의 몸을 보살피고 세우는 복잡한 방법들을 포함하는 것으로 이해된다면, 교육은 분명히 목회 돌봄의 한 측면이 될 수 있다.

우리는 지난 몇 년 동안에 인간이 안고 있는 문제들을 인지적이고, 귀납적이고, 교육 지향적으로만 다루고자 하는 방법에 한계가 있다는 사실을 발견했는데, 그것은 옳았다. 그러나 한 개인을 돕고 인도하는 일이, 공동체나 공동체의 목회자들이 그 사람의 개인적인 가치나 부족한 가치를 건들지 않도록 조심하는 연역적인 목회 방법만을 요구한다는 생각은 극복되어야 한다. 우리가 사람들이 자신들의 가치와 개념들을 분명하게 할 수 있도록 돕고, 그들에게 어수선한 세상 속에서 의미를 찾을 수 있는 개념적 틀을 제공하고, 복음의 이야기를 그들의 이야기로 듣고 확인할 수 있도록 말하고, 기독교의 신앙이 그들의 신앙이 될 수 있도록 선포할 때 사람들은 치유될 수 있고, 지지받을 수 있고, 보살핌을 받을 수 있다는 것이 분명한 사실임을 우리는 알아야 한다.

1. 결혼예식의 목회적 문제들

교회의 다른 여러 예배예식들과 비교할 때, 결혼예식은 비교적 최근에 예배로 인정되었다. 기독교 초기 시대에 교회는 시 당국으로 하여금 남녀의 결혼식을 주관하도록 했고, 그 후에 주일예배를 드릴 때 그 남녀를 공동체적으로 축복하는 시간을 가졌다. 시간이 지나면서, 결혼식은 법원에서 교회의 입구로, 그리고 교회 안으로 옮겨서 행해지게 되었다. 결혼예식은 중세시대 후기에 하나의 구분된 예배예식으로 자리 잡았다. 다른 많은 예전적인 행위들에서처럼, 교회는 이교의 결혼 풍습들을 많이 가져와 기독교적으로 재해석하여 사용했다. 신부가 신랑에게 웨딩케이크를 먹여주는 행위, 신랑이 신부를 안고 문턱을 넘는 행위, 결혼반지를 교환하는 행위와 같은 기이한 관습들은 모두 옛 이교 풍습들과 관련된다. 오늘날의 결혼예식 형식 그 자체, 그리고 "법적인 아내로, 남편으로 맞이하겠습니까?"와 "죽음이 갈라놓을 때까지"와 같이 많이 사용되는 표현들은 결혼예식의 법률적인 기원을 반영한다.[3]

기독교 예전 안에 있는 거의 모든 의식들이 옛 이교 풍습의 행위들과 말들을 포함하고 있지만, 결혼예식의 경우에는 더욱 그렇다. 따라서 결혼예식은 신성한 것과 세속적인 것, 국가적인 것과 종교적인 것, 그리고 고상한 것과 우스꽝스러운 것들이 특이하게 혼합되어 있다. 많은 목사들이 차라리 교회 밖에서 결혼식을 하는 것이 더 좋지 않을까 하고 생각할 정도로 말이다.

그래서 나는 결혼예식에서 우리 목회자들과 우리의 리더십을 심리학적인 관점에서 관찰하기 시작했다. 나는 많은 목사들이 결혼예식에 대해서 불편함을 느낀다는 사실을 안다. 목사들은 예외 없이 다른 예배예식들보다 결혼예식을 인도하는 것이 그들을 더욱 근심스럽게 하고 당혹스럽게 만들고 화나게 만든다고 말한다. 그들은 많은 결혼식들의 "이교적인 표현들," 지나친 물질적인 낭비, 기독교의 결혼식이 무엇인지를 전혀 모르는 신랑과 신부

때문에 참을 수 없다고 불평할 것이다. 목사들은 만약 결혼하는 남녀들이 보다 솔직해진다면 그들은 "우리가 이렇게 결혼식을 올리는 것은 단지 부모님들을 기쁘시게 해드리기 위해서 입니다."라고 고백할 것이라고 말할 것이다. 많은 목사들은 음악이 적당히 "종교적이" 되고 결혼하는 남녀와 그들의 가족들, 그리고 친구들이 결혼식 전반에 대해 충분히 "심각해"질수 있도록 만들기 위해 열심히 노력한다.

왜 교회에서 결혼예식을 올리고자 하느냐는 질문에 "신부가 많은 꽃으로 화려하게 꾸며진 결혼식을 원하기 때문입니다."라는 대답을 들었다는 목사의 당혹스러움에 충분히 공감하고, 결혼예식을 온전한 기독교의 예배로 만들고자 하는 목사의 노력을 응원하는 나이지만, 가끔 이런 생각이 들곤 한다. 혹시 우리 목회자들이 결혼예식과 관련된 사역에 불편함을 느낀다는 것은 예전적인 순전함에 대한 우리의 열망뿐 아니라 우리 자신의 신학이 불충분하다는 것을 말하고 있는 것은 아닐까 하고 말이다. 우리 목사들이 집례를 해야 하는 결혼예식에 대한 우리의 반감 속에는 우리 자신의 개인적인 한계가 어느 정도 뿌리내리고 있기 때문은 아닐까 생각한다.

분명한 사실은, 결혼예식은 보통 특별하거나 엄숙한, 그리고 거룩한 행사라고 정의되는 것 그 이상이라는 것이다. 결혼예식은 두 남녀의 성적인 결합을 의례적으로 기념하기 위한 예전이다. 많은 꽃들, 하얀 드레스, 감미로운 천상의 음악 속에서 우리는 이 남녀가 몇 시간 후에는 한 침대에 함께 누울 것이라고 하는 사실을 제대로 드러내지 못할 때가 있다. 어느 정도는 꽃들과 드레스의 매력 때문인 것 같다. 꽃들과 드레스는 이러한 "천상의" 환경 속에서 일어나고 있는 본질적이고, "현실적이고"(earthy), 육체적이고, 인간적인 사건을 흐릿하게 만든다. 우리는 결혼예식에서 성, 성적 결합, 생식,

남성과 여성, 그리고 이러한 실재들을 그들 안에 붙잡아 놓는 심오하고, 때때로 위협적이지만 항상 신비스러운 힘을 다룬다.

그리고 바로 그것이 나와 동료 목회자들이 결혼예식에 대해 지나치게 예민해하는 하나의 이유라고 생각된다. 우리는 성육신을 당연히 믿고, 성이 하나님의 선물이고 하나님의 사랑은 사람들과 현세의 일들 속에서 계시되기도 한다는 사실에 분명하게 동의한다. 그러나 결혼식은 이러한 믿음을 지적으로 긍정할 뿐 아니라 공개적으로 주장하고, 그 믿음을 상징화하고, 남녀의 성적 결합이 영원한 의미로 가득 차 있다는 그 믿음을 공적인 선언으로 드러낸다. 교회는 결혼예식을 거행할 때마다 우리의 이원론적이고 가현실적인 모든 성향에 맞서면서, 결혼은 "하나님이 제정하시고 소유하신 고귀한 것"임을 주장한다.

인간의 미심쩍은 활동을 교회에서 행하기 위해서는 먼저 그것을 어떻게든 깨끗하게 정화할 필요가 있는 것처럼, 우리는 결혼식을 "진지하고" "종교적으로" 만들고자 열심히 노력한다. 예배학자들은 결혼예식이 교회의 예전에 늦게 포함되었다고 말한다. 그래서 그 안에 있는 "이교적인" 요소들이 제거될 필요가 있다고 말한다. 또한 결혼할 남녀가 결혼을 위해 무엇을 하고 무엇이 "적절하게 준비되어야 하는지"에 대해 분명히 알 수 있도록 한다고 하는 결혼 전 상담의 필요성과 잠재적인 효력을, 내 생각이긴 하지만, 지나치게 강조하는 이들도 있다. 나는 자신들의 교회들에서는 표준화된 성격테스트, 재정에 대한 조언, 생리학적 설명이 포함 된 네다섯 시간의 결혼 전 상담을 요구한다고 말하는 목사들의 자랑을 들었다. 그러한 사전 행사에 대한 많은 연구자들의 확신에도 불구하고, 강제석인 상담은 결혼을 앞둔 남녀에게 그리 큰 영향을 끼치지도 않을 뿐더러, 그 효과가 지속적이지도 않다.[4]

결혼 전 상담에 대한 강조는 나에게 세 가지를 제시한다. (1) 결혼 전 상담에 대한 강조는 교회가 결혼할 남녀를 상담하고, 교육하고, 돕고자 전통적으로 사용해 왔던 역사적이고, 공적이고, 예전적인 행위들은 신뢰하지 않으면서, 일대일 상담기법은 신뢰하고 있다는 사실을 말한다. (2) 상담은 결혼식이 가지고 있는 너무 인간적이고, 상징적이고, 행동으로 표현되는(acted-out) 특성들을 "제거하고," 결혼을 안전하고, 인지적이고, 그리고/또는 심리학적으로 구성된 사건으로 만들고자 하는 성직자의 또 다른 노력일 수 있다. (3) 우리는 서로의 유대(bond)를 위한 우리의 인위적인 방법이 없어도, (결혼예식이 분명하게 주장하는 것처럼) 하나님께서는 누구라도 연합하게 하실 수 있다는 사실에 의구심을 품는다.

그렇게 하면서 우리는 육체와 인간의 성에 대한 성직자적 불신을 드러낼 뿐 아니라, 결혼할 남녀와 그들의 결혼을 목격할 회중에게 결혼은 "거룩하기" 전에 어떤 식으로든 반드시 정화되어야 하고, 합법적이 되어야 하고, 성화되어야 하고, 이해되어야 하고, 합리화되어야 한다는 것을 가르치고 있다. 인간의 성에 관한 성경적인 증거나 결혼예식 자체에서 드러나는 결혼에 대한 교회의 신학보다 더 나갈 수 있는 것은 없다.[5] 결혼예식의 목적은 본질적으로는 혐오스러운 인간의 필요에 사탕발림을 하고자 하는 것이 아니다. 세속적이고 부도덕한 것을 예전적인 방법으로 성화시키고 거룩하게 만들고자 함도 아니다. 또한 성적 연합의 신비를 이성적으로 이해되도록 만드는 것도 아니다(마스터스와 존슨의 주장과는 반대로, 그 일은 가능하지 않다: Masters와 Johnson은 1960-70년대 미국에서 인간의 성 반응, 특히 여성의 성적 자극에 대한 연구를 수행했던 부부이다.-역주). 결혼예식의 목적은 남자와 여자의 연합을 사랑의 하나님의 일하심으로, 모든 천지만물에 대한 하나님의 궁극적인 목적의 전형으로서,

그리고 우리 안에 있는 하나님의 지속적인 사랑하심과 창조하심에 대한 기쁨의 표징으로 주장하는 것이다. 결혼식은 연합의 과정을 축복하는 것이다.

결혼을 앞둔 남녀들 사이에서 결혼식을 스스로 고안하는 것이 유행했던 적이 있다. 나도 결혼을 앞둔 남녀들에게 그들의 결혼식을 디자인해 보라고 했었다. 하지만 그 결과에 대해 만족했던 적은 거의 없다. 대개 두 가지가 나를 불편하게 한다. 첫째, 그 예식들은 예외 없이 시적으로 평범하고 예전적으로 진부한 것은 말할 것도 없고, 신학적으로 불충분하다. 그 예식들은 사랑과 행복과 기쁨에 대해서는 과장해서 말하곤 하지만, 분명한 성경적인 내용이나 믿음에 대한 구체적인 확언은 없다. 옛 결혼예식의 구어를 사용하기를 거부한다고 말하며 시작했던 남녀들은 결혼예식을 함께하는 인생의 전주곡으로라기보다는 대학교의 여학생 동아리 입회의식 정도의 새로운 예식을 만들어낼 뿐이다. 그들이 만든 예식들은 사랑, 기쁨, 그리고 행복에 대해서는 많은 것들을 말했지만, 신실, 인내, 그리고 헌신에 대해서는 거의 말하지 않았다.

둘째, 만약 결혼예식이 독신생활에서 결혼생활로 넘어가는 남자와 여자를 돕기 위해 어떤 의례화된 행위들을 사용하여 그들을 지원하고, 인도하고, 가르치는 기독교 공동체의 노력의 일환이라는 점에서 통과의례라고 한다면, 이 예전적인 행위를 통해 목회 돌봄을 받아야 하는 대상자들이 그 돌봄의 내용과 형태와 본질을 결정하도록 하는 것이 목회적으로 타당한가? 앞에서 나는 결혼예식에 대한 목사들의 지나치게 까다로운 태도가 가져올 수 있는 부정적인 측면들을 말했는데, 이것은 다시 그 태도로 돌아가자고 주장하는 것처럼 들릴 수도 있다. 그러나 목사가 "글쎄요. 그것은 그들의 결혼식입니다. 그래서 그들에게는 그들의 결혼식이 이러이러하게 되어야 한다고 말할 권리가 있다고 생각합니다."라고 말할 때 발생하는 목회적인 무책임함을 지지할 생각이 나에게는 전혀 없다. 이 모임 속에 남녀의 사랑과 서약이 있다는 점에서 결혼식은 그들 남녀의 결혼식이다. 장례식에 대해 논의할 때 언급했던 것처럼, 이곳에는 단순히 추상적인 의미에서의 신랑과 신부가 아니라, 특별하고 독특한 사람들이 있음을 명심해야 한다. 결혼예식 속에서 그들은 자신들의 특별한 필요와 요청, 그들이 누구이고 어떤 이들이 되길 원하는지에 대한 독특한 표현을 나타낼 것이고, 목사는 이러한 세부사항들이 예배예식을 통해서 표현되고 전달될 수 있기를 바랄 것이다. 그러나 장례예식처럼 결혼예식도 예배이다. 예배에서 "사적"인 순간은 없다. 장례예식처럼 결혼예식은 교회 전체의 것이다. 결혼예식의 목적은 결혼하는 남녀의(또는 그들 부모들의) 결혼식에 대한 개인적이고 독특한 생각을 단순히 표현하는 것 이상을 행하고 말하는 것이다. 목회자는 결혼예식이 시작될 때, 우리가 "하나님과 증인들" 앞에 모였음을 선포하면서 결혼예식의 공적이고 공동체적인 성격을 분명히 드러내야 한다.

최근에 나는 결혼하는 남녀가 직접 고안한 결혼예식에 참석한 적이 있다. 목사는 다음과 같이 회중에게 인사했다. "우리는 존과 수잔의 사랑을 축하하기 위해 이 자리에 모였습니다." 만약 그것이 우리가 모인 목적이었다면, 우리는 무엇을 했든지 간에 예배를 위해 모였던 것이 아니다! 이 책의 처음 부분에서 언급했듯이, 예배는 무엇보다도 하나님과 관련된 것이다. 만약 그 목사가 "오늘 우리는 존과 수잔을 함께하도록 하신 하나님의 사랑과 일하심을 기념하기 위해 이 자리에 모였습니다. 하나님이 없는 진실되거나 영원한 연합은 없습니다."라는 말로 예식을 시작했다면 더 좋았을 것이다. 옛 결혼예식은 신부와 신랑의 것이라고 여겨지는 미덕을 언급하면서 시작되지 않는다. "갈릴리 가나에서처럼 그리스도께서 그분의 임재로 아름답게 만드신" "고귀한 유산"을 "제정하신" 하나님에 대한 말로 시작한다. 그리고 그 다음에 신부와 신랑뿐 아니라 회중 모두에게 "그러므로"를 말한다. "그러므로 결혼예식에 분별없는 태도가 아닌 경건하고 신중한 태도로 참여하십시오."

내 말의 요점은 예전에 대한 순수주의자나 아마추어 신학자가 되라는 것이 아니다. 요점은 다른 예전적인 행위들처럼, 결혼예식도 예배의 행위, 즉 인생의 과도기에 대해 진지하게 다루고, 세심한 교육, 선포, 확증, 고백, 용서, 봉헌, 그리고 진정한 예배가 가져야 하는 다른 모든 목회적, 제사장적 기능을 필요로 하는 기독교의 통과의례로서, 지속적이고 분명한 목회적인 결과를 낳아야 한다는 것이다.

내가 결혼하는 남녀들이 직접 고안한 대부분의 결혼예식을 반대하는 가장 근본적인 이유는 그들이 교회의 규정이나 좋은 원리들을 어겼기 때문이 아니라, 결혼예식이 가져다주는 어떤 중요한 의미들을 그들 스스로가 거부했기 때문이다. 그들은 자신들의 결혼식을 통해 우리에게 결혼이라고 하는 그들의 인생에 있어서 중요한 순간에 그들이 무엇을 생각하고 무엇을 가치 있게 여기는지에 대한 것만을 간략하게 보여줄 뿐이고, 교회로부터는 사실상 어떤 격려나 안내나 상담이나 가르침을 받지는 못한다. 결혼예식을 그들 스스로가 만들고 싶다고 요구하는 남녀에게 교회는 다음과 같이 답할 수 있다(나는 조롱조로 말할 것이다.). "결혼예식을 스스로 만들겠다고 하는 당신들은 도대체 어떤 사람들입니까? 우리는 남자와 여자를 하나로 묶는 이 일을 아주 오랫동안 해 왔습니다. 그리고 우리는 당신들에게 해야 할 말도 있고, 당신들이 무언가를 해야 하는 것도 봐야 하고, 당신들이 어떤 것을 붙잡고 어떤 것을 포기해야 하는지에 대해서도 도움을 주어야 합니다. 이 일은 너무나도 중요하기 때문에 결혼하는 어떤 남녀에게도 절대로 맡길 수 없습니다." 다시 말해, 그 남녀에게 우리는 결혼예식이 너무 어렵고, 너무 위험하고, 너무 요구할 것이 많기 때문에 인생의 이 시점에서 교회의 모든 자원들이 무시되어서는 안 된다는 것을 보여줘야 한다. 결혼의 순간은 많은 목회 돌봄이 필요하다는 사실을 보여줘야 한다. 그리고 그 돌봄을 보여주는 우리의 주된 방법이 바로 결혼예식과 결혼예식의 다양한 의례들을 통해서이다.

이 모든 것들은 이제 우리로 하여금 이 예배의 중요성, 특히 교육적인 중요성을 보다 세심하게 볼 수 있게 해야 한다. 여기서 우리는 교육적이라는 말을 넓은 의미에서 "지식, 태도, 가치, 기술, 그리고 감정을 알려주거나 깨닫게 하는 계획적이고, 체계적이고 지속적인 노력"으로 정의한다.[6] 이 정의는 우리가 관찰하는 결혼예식의 범위를 교육적인 행위로, 즉 결혼예식 속에서 의도적이고, 체계적이고, 장기적인 특성을 가진 부분들로 제한한다. 앞에서 지적했던 것처럼, 사람들은 우리가 가르치고자 의도하지 않은 것들을 배울 때가 종종 있다. 그러나 여기서 우리가 관심을 기울이는 것은 교회가 결혼생활로 들어가는 과도기에 있는 사람들에게 기독교 공동체가 그리스도인의 결혼에 필요하다고 여기는 가치들, 견해들, 그리고 지식을 전달하고 깨닫게 하도록 돕는 체계적이고 의례화된 방법들이다. 우리는 또한 우리의 연구 범위를 결혼예식 자체로 제한할 것이다. 이 말이 결혼을 앞둔 남녀를 교육하기 위해 교회가 행하는 그 외의 다양한 "계획적이고, 체계적이고, 지속적인" 노력들의 적정성과 필요성을 부인하는 뜻은 아니다. 또한 하나님을 찬양하고 하나님께 응답하는 예배의 가장 중요한 목적을 훼손하면서 사람을 교육하는 데 예배를 이용한다는 의미도 아니다. 이 말은 단지 교회가 결혼에 대한 교육적인 책임을 이행하는 데 있어 종종 간과되는 자원인 결혼예식 자체에 집중하겠다는 뜻이다.

2. 결혼예식[7]

대부분의 결혼예식은 목회자를 위한 해설로 시작한다.

> 목사에게는 곧 있을 결혼식의 집례를 부탁하는 이들에게, 그들이 시작하고자 하는 거룩한 결혼생활의 기독교적인 의의를 충실히 가르쳐야 할 책임이 있다.

앞에서 결혼 전 상담의 한계에 대해서 논하기는 했지만, 그렇다고 내가 결혼 전의 계획적이고, 세심하고, 목회적이고, 교육적인 사역들의 필요성을 부인하는 것은 아니다. 목사가 결혼하는 남녀로 하여금 결혼예식 자체에 보다 온전히 참여할 수 있게 준비시키는 시간이 되도록 결혼 전 상담 모임을 구상하면 도움이 될 것이다. (목사가 결혼 전 상담 모임을 구상하여 결혼하는 남녀가 결혼예식 자체에 보다 온전하게 참여할 수 있도록 준비시키면 좋을 것이다.) 이 모임은 그 남녀가 의례에 대한 질문을 먼저 하게 하고, 그 다음에 목사는 전체 예식을 하나하나 살펴보면서, 그 예식 속에서 교회가 결혼하는 남녀에게 말하고 보여주고자 하는 것에 대해 설명하는 형식으로 구성될 수 있다. 그리고 목사는 두 남녀의 필요나 바람에 따라 예식이 어떻게 수정되거나 보완될 수 있을지에 대해서 그들과 함께 토의할 수도 있을 것이다. 결혼예식을 준비하는 일 그 자체는 두 남녀가 목사의 도움을 통해서 결혼에 관한 교회의 전통적인 증언의 관점으로 자신들의 결혼을 이해하고 평가해 볼 수 있는 교육의 기회가 될 수 있다.

물론 결혼예식이 표현하고 단언하는 어떤 믿음들에 대해 강한 의구심을 품고 있는 남녀들이 있을 수 있다. 목사는 그들의 염려가 결혼 전 상담 모임에서 솔직하게 표현되고 세심하게 다루어질 수 있게끔 분위기를 조성해야 한다. 만약 어떤 남녀가 그들의 결혼예식에 대해 대대적인 변경을 요구하면 목사는 신앙 공동체의 대표로서 그들의 요구가 공동체의 신앙에 부합되는지를 결정해야 한다. 만약 부합되지 않는다고 여겨지면 목사는 그들과 함께 상호간에 받아들일 수 있는 타협점을 찾고자 노력하든지, 아니면 그들의 결혼식을 집례하는 일을 거절해야 한다.

이 말은 목사가 결혼을 앞둔 남녀를 "당신들이 기독교 결혼을 할 만한 사람들인지, 그리고 당신들의 신앙이 정통적인지를 나에게 보여주십시오."라는 태도로 대하라는 뜻은 아니다. 필요할 경우 그들에게 "아니요"를 말할 수도 있어야 한다는 사실을 명심하라는 뜻이다. 만약 그렇게 하지 못한다면 우리는 우리 신앙 공동체와 공동체가 축적한 가치를 가지고 도움을 필요로 하는 남녀들을 책임 있게 돌봐야 하는 우리의 귀중한 사역을 책임지지도 않고 대수롭게 여기지도 않게 되는 위험에 빠지게 된다.

만약 결혼예식을 진정한 예배라고 한다면, 결혼예식이 항상 교화, 회심, 중생, 선포, 증거, 그리고 기독교 예배 속에서 나타날 수 있는 다른 모든 복음적 행위들을 위한 기회라는 사실도 잊지 말아야 한다. 우리는 결혼하는 남녀의 진정성이나 헌신에 상관없이 그들이 공동체 앞에서 무언가를 확언할 수 있다고 생각하게끔 믿도록 그들을 속이는 것을 원치 않지만, 결혼예식 자체가 새로운 통찰력을 주고, 더 깊은 헌신으로 이끌고, 회심케 하는 장소가 될 수 있다는 사실은 분명하게 믿는다. 어떤 면에서 아직 결혼하지 않은 남녀에게 "교회가 결혼에 대해 이해하고 믿는 것을 당신들도 이해하고 믿어야 합니다."라고 요구하는 것은 비현실적으로 보인다. 결혼은 사람들이 실제적이고 일생에 걸쳐 지속되는 경험을 통해서만 온전하게 이해될 수 있는 신앙 경험들 중 하나라고 여겨진다. 이것은 이 중요한 예배예식(그리고 다른 모든 예배예식)이 가지고 있는 공동체적인 본질을 다시금 상기시켜 준다. 결혼예식은 단지 결혼하는 남녀를 위한 배움의 기회만이 아니다. 우리 모두가 서약을 갱신하게 하고, 결혼의 연합 속에서 그 의미들을 계속해서 폭넓게 이해하고 경험하도록 하고, 앞으로 결혼할 교인들을 가르치고 초청하는 공동체 전체를 위한 기회이기도 하다. 결혼예식은 우리 모두를 위한 것이다.

결혼예식 속의 말들과 행위들을 살펴보면, 그 예식이 그러한 공동체적이고 교육적인 기능을 갖고 있음을 즉각적으로 알아차릴 수 있다. 전통적인 결혼예식은 신부와 신랑이 아닌 회중을 향해 제일 먼저 말한다.

> 사랑하는 여러분, 오늘 우리는 이 남녀 두 사람이 거룩한 혼인예식으로 한 몸이 되는 것을 증거하기 위해 하나님 앞에 함께 모였습니다.

그리고 교회는 결혼이 (창세기 1장 이하의 말씀을 증거로 삼으면서) 창조 때부터 하나님께서 맺어주신 "고귀한 유산"임을 확증한다. 우리는 결혼을 고귀하게 여기지 않고, 결혼이 이상적인 독신생활을 도저히 할 수 없는 열등한 그리스도인들이 했던 것으로 여겼던 시대가 있었음을 종종 잊는다. 종교개혁 시대의 결혼예식은 결혼에 대한 이러한 의문들, 그리고 약해지기는 했지만 (앞에서 우리가 지적했던 것처럼) 여전히 오늘날 우리에게도 여전히 남아 있는 의문들에 대항하고자 했다.

그 다음 우리는 결혼이 "경솔하게 시작할 수" 있는 것이 아님을 상기하게 된다. 옛 『공동기도서』의 예식은 이 부분에서 "이성이 없는 짐승과 같은 인간의 육체적인 욕정과 욕구를 만족시키기 위해, 그러나 경건하고 신중하게"라고 말했었다. 개인적으로 빅토리아 시대의 감성들이 이와 같은 매우 인간적이고 솔직한 언어들을 우리의 예식에서부터 제거했다는 것이 아쉽다고 여겨질 때가 있다. 하다못해 그때는 교회가 인간 본성의 어두운 면이나 억제되지 못한 쾌락에 대해 너무 순진한 태도를 취하고 있다고 비난할 수 있는 이들이 없었기 때문이다. 다시 말하지만, 나는 우리의 옛 예전들 속에서 볼 수 있는 현실적이고 솔직한 표현들에 늘 감명받는다. 특히 우리가 현대적인 시도라고 부르는 예전적인 표현들과 비교해 볼 때는 더욱 그러하다. "육체적인 욕정과 욕구"를 "짐승처럼" 채우고자 하는 우리의 잠재력을 부인하는 사람들은 최근 신문의 영화면을 보지 않았음이 틀림없다.

심지어 결혼예식이 법률적-계약으로부터 기했다는 흔적을 보여주는, "그들이 합법적으로 결혼할 수 없는지 정당한 사유를 보여줄 수 있는 사람이 있다면"이라는 오늘날의 유머러스한 말조차도, 예식에 참석하는 모든 이들이 그 결혼과 이해관계가 있고 그 결혼을 지지해야 할 책임이 있다는 것을 공개적으로 선언한다고 하는 중요한 의미를 표현한다. 지금이 바로 그들의 결혼을 막을 수 있는 결정적인 이유들을 폭로할 절호의 기회이다. 그렇지 않다면, 그 결혼을 지지한다는 의미에서 어떤 악의적인 험담을 하면 안 된다. 영원히 침묵해야 한다.

이제 목사가 신부와 신랑에게 말한다.

내가 두 사람에게 요구하고 명령합니다. 마음의 모든 비밀을 아시는 하나님 앞에 서 있는 두 사람은, 지금 세우고자 하는 거룩한 언약에 대해 진지하게 생각한 후 지금 모여 있는 사람들 앞에서 두 사람의 믿음의 서약을 지킬 것을 서로에게 맹세하십시오.

이것은 결혼예식에서 가장 중요한 행위, 바로 하나님과 회중 앞에서 약속하는 행위를 강조한다. 그 다음에 의를 행하라고 하는 약간은 유감스러운 진술이 나온다.

분명하게 잘 믿으십시오. 만약 두 사람이 엄숙한 서약들을 잘 지키면, … 하나님께서 당신들의 결혼에 복을 주실 것이고, 결혼을 완성하도록 허락하실 것이고, 두 사람의 가정이 평안해지도록 세워주실 것입니다.

하나님의 선물은 무조건적인 선물이다. 따라서 이 진술은 신학적으로 문제가 있다. 그러나 이 진술은 두 사람의 결합에 있어서 그들의 약속과 상호적인 책임이 중요하다는 사실을 상기시키고자 하는 시도로 이해될 수 있다.

그 다음에 교회는 냉엄한 현실에 대한 핵심사항과 어려운 요구로 넘어간다. 이제 서약을 하라고 한다.

(이름), 그대는 이 여인을 부부로서 평생을 함께 살아갈 아내로 삼겠습니까? 그대는 이 여인을 아플 때나 건강할 때나 사랑하고, 보살피고, 존경하고, 지키겠습니까? 그리고 평생토록 이 여인만을 사랑하겠습니까?

교회가 "당신은 그녀를 사랑합니까?"라고 묻지 않는 것이 늘 나의 관심을 끌었다. 교회는 "당신은 그녀를 사랑하겠습니까?"라고 질문한다. 우리의 신앙에서 사랑은 감정 그 이상이다. 왜냐하면 우리는 (우리 중에 있는 일부 심리학자들과는 다르게) 감정이란 것이 변덕스럽고, 관계를 세우는 데 있어서 한계를 가지고 있다고 여기기 때문이다. 사랑에 대한 모든 비기독교적인 정의들과는 달리 교회는 사랑을 의지의 행위, 즉 결정할 수 있고 결정한다고 약속하는 무언가로 정의한다. 오늘날 우리의 문화가 사랑이라는 단어를 사용하는 방식들과 비교할 때, 기독교의 결혼예식에서는 인생의 우여곡절 속에서도 배우자에게 신실할 것과 사랑이나 애착을 주장하는 다른 모든 상황 속에서도 배우자만을 사랑할 것에 대한 약속을 요구하면서, 사랑을 근본적으로 재정의한다.

나는 결혼예식의 바로 이 부분에서, 예전이 목회적이고 교육적인 관심들로부터 선교적이고 신앙 고백적이고 복음적인 관심들까지를 포함하면서 확장된다고 생각한다. 덧없고 신실하지 않은 세상 속에서, 교회가 보다 근본적으로 담대하게 증거해야 하는 것은 사랑에 대한 대항문화적인 정의와 그 사랑의 진정한 모습들이 아니겠는가?[8]

결혼예식이 통과의례의 분리 단계를 진행하기 전에, 신부의 아버지가 신부를 보내는 전통적인 형식으로 분리가 일어난다. 이 행위는 여자를 부모의 재산 정도로 여겼던 시절의 시대착오적인 유산으로서 오늘날 우리의 여성평등의 관점에서 볼 때 문제가 되지만, 결혼이 단지 두 남녀의 결합뿐만 아니라 두 가족의 결합이라는 것을 보여주는 데 의미가 있다. 또한 이 행위는 "둘이 한 몸이 되는 것"의 상징이기도 하다. 새로운 창조가 여기서 일어난다. 부모들은 그들의 옛 권리들을 포기해야 한다. 그들의 자녀는 이제 다른 이의 배우자가 된다. 이 사실을 이해하지 못한 부모들로 인해서 얼마나 많은 결혼들이 실패했는가? 새로운 결혼예식들 중에는, 이러한 증여와 분리의 상징적인 행위를 계속해서 유지하는 예식들도 있다. 그 행위의 배타주의적인 성격을 바꾸어 양가 부모들에게 자녀들의 결혼을 축복할 수 있는 기회를 주면서 말이다. 이 축복의 행위는 신부와 신랑이 부모들과의 관계 속에서 갖게 될 수도 있는 어려움과 갈등을 인정할 뿐만 아니라, 부모들이 그들의 삶의 바로 이 중요한 (그리고 때때로 고통스러운) 시점에서 갖게 될 수 있는 어려움과 갈등을 인식하는 것이기도 하다.

그 다음에 혼인서약을 하게 된다. 이 서약은 몸과 말로 하게 되는데, 예식서는 이렇게 지시한다.

> 그 다음에 목사는 신부의 손을 그녀의 아버지나 보호자로부터 받아 신부의 오른손을 신랑이 오른손으로 잡을 수 있도록 건네준다. 그리고 목사를 따라 말하게 한다.

이 행위는 결혼예식 안에 있는 상징적인 풍부함을 보여준다. 나는 예배 속에서의 성례적이고, 연출적이고, 상징적인 행위에 대해 관심이 없거나 심지어는 무시하는 교회들에서도 결혼예식은 예외 없이 입장, 특별한 드레스, 상징적인 말과 몸짓, 그리고 매우 다양한 성례전적인 행위들로 가득 차 있음을 종종 본다. 결혼예식이 성례전으로 인정되고 있지 않음에도 불구하고 말이다.[9] 교회를 대표하는 목사는 신부의 아버지로부터 분리된 신부의 손을 받아 그녀의 짝과 손을 잡게 한다. 이 모두는 매우 행위적이고, 신체적이고, 아름답게 상징적이다.

연합의 행위를 몸으로 한 다음엔, 그에 대한 언어적인 표현이 뒤따른다. 최근엔 신부와 신랑으로 하여금 자신들의 혼인서약을 외우게 하고 예식 중에 그 외운 것을 말하도록 하는 것이 유행이지만, 나는 개인적으로 목사가 그들에게 말하는 것을 그들이 따라 말하게 하는 것을 선호한다. 전자의 방법은 신부와 신랑의 혼인서약을 그들이 개인적으로 표현하는 것을 강조하지만, 나는 혼인서약이 기독교 공동체가 그들에게 제공하는 기준과 필요조건, 그리고 "한 몸"이 되도록 하는 데 도움이 되어야 한다고 생각한다. 이 사실은 목사가 하는 말을 신부와 신랑이 따라 말할 때, 상징적으로 더욱 잘 나타날 것이다. 어떤 경우라도 예배 인도자는 우리가 암암리에 하는 상징적인 진술에 대해 민감해야 할 필요가 있다.

혼인서약 자체는 공동체가 생각하는 남녀의 깊고 지속적인 관계를 위해 필요한 것들을 말한다.

나 (이름)는 그대 (이름)를 아내로 맞이하여, 이 순간부터 죽음이 우리를 갈라 놓을 때까지, 좋을 때나 나쁠 때나 부유할 때나 가난할 때나 아플 때나 건강할 때나 하나님의 거룩하신 뜻에 따라 그대를 사랑하고 보살필 것을 그대에게 약속합니다.

충실함에 대한 서약을 교회 앞에서, 그리고 교회의 도움을 받아 할 때 그 서약은 다른 사람에게 하는 것이라는 사실을 명심하라. 나는 여기서 "나쁠 때"가 의미하는 것은, 서로로부터 떨어져 행복을 찾기보다는 불행조차도 견디겠다는 약속을 하는 것이라고 해석한다. 여기서 우리는 행복 자체가 적절한 목적은 아니라고 말한다. 행복은 충실함으로 인해 가능한 부산물일 뿐이다. 일체감, 결합, 완전함이 주요한 미덕이다. 목사 앞에 서 있는 젊은 두 남녀는 젊음의 기쁨과 능력 속에서, 인생의 위기들 속에서 그들의 사랑이 어떤 식으로 시험당하게 될지에 대해 충분히 이해하지 못할 수 있다. 교회는 여기서 사랑은 "좋을 때나 나쁠 때나" 무조건적이고 평생 동안의 충실함을 통해서만 그러한 위기들을 견뎌낼 수 있다고 단언한다. 우리는 고통이 우리를 고상하게 만들 수 있다고 말했다. 인생에는 행복의 성취보다 추구해야 할 더 중요한 가치들이 있다고 말했다. 우리는 단지 오늘날 인기가 없고 이해하기 힘들다는 이유로 여기에 표현된 역사적인 진술들을 버리기 전에 그것들의 유효성을 다시금 생각해 봐야 한다. 우리 스스로를 세상에 순응시키면서, 세상이 우리가 단호하고 분명하게 말했으면 하고 간절히 원할 수도 있는 것을 저버려서는 안 되기 때문이다.

그 다음에 우리는 결혼반지를 주고받는, 가시적이고 신체적인 행위를 한다. 우리 개신교도들은 전통적으로 성례전을 "내적이고 영적인 은혜의 외적이고 가시적인 표징"이라고 정의한다. 비록 결혼예식을 성례전으로 여기지는 않지만 말이다.[10] (육체적인 행위에 대해서 말할 때, 옛『공동기도서』는 "하나님 아버지의 이름으로, 나는 이 반지와 함께 그대와 결혼하고, 나의 몸으로 그대를 예배합니다. 그리고 나의 모든 선한 것들을 그대에게 드립니다.…"라고 했다. 매우 자유분방한 호색가들도 이러한 언어에서는 움찔했을 것이다.)

마지막으로, 목사는 이제 막 일어난 행위에 대해 공적으로 선포한다.

(이름)와 (이름)가 하나님과 회중 앞에서 혼인으로 맺어졌고, 서로에게 혼인서약을 했기 때문에, … 나는 두 사람이 남편과 아내가 된 것을 선언합니다. … 하나님이 맺어주신 것을 어느 누구도 나누지 못할 것입니다.

목사의 마지막 기도, 주기도문, 또는 축도가 있은 후, 결혼예식은 기쁨과 동의를 표하는 것으로 마친다.

남녀가 서로에게 의존하고 신실하면서 평생을 함께 사는 것이 현실적으로 가능한지에 대해 의구심을 품고 있는 이때에, 많은 사람들이 "너의 일은 스스로 하라"고 하는 자기중심적인 생각을 자유로 여기고 다른 이들과 연합하고자 하는 것은 위험으로 간주하는 이때에, 많은 교회들이 사람들에게 대담한 헌신을 촉구하기보다는 변화무쌍한 세속문화에 순응하라고 하는 이때에,[11] 결혼의 행위 자체는 믿음의 행위가 된다. 교회가 결혼예식 속에서 남녀의 결합을 축복할 때마다, 교회는 그들과 세상을 향해 사랑과 충실성과 영속성과 상호성과 자기-희생과 받아들임은 하나님의 은혜를 통해 가능하다고 선포한다. 혼인서약이 요구하는 충실함은 의무가 아니다. 그리스도 안에서의 하나님과 우리의 관계처럼 자유하고, 안전하고, 영속적이고, 도전적인 관계를 위해 자기 자신을 걸라고 하는 초대이다. 일체감, 결합, 창조성은 남녀가 하는 결혼의 열매로, 그리스도 안에서 이뤄진 하나님과 인류의 결혼의 열매와 다르지 않다. 결혼예식을 시작할 때 교회는 결혼에 대해 "그리스도와 그의 교회 사이에 존재하는 신비한 결합"인 신적-인간적 경험이 우리에게 나타나는 것으로 옳게 이해한다.

본 장의 도입부분에서 언급했던 것처럼, 기독교 교육과 학습은 사람들이 예전에 보다 의미 있게 참여할 수 있도록 준비시키는 데 도움을 준다. 그뿐 아니라 예전과 교육 사이의 관계 일부는 우리의 예전 속에서 사람들이 무엇을 배우는지, 그리고 우리의 예전들이 공동체가 예배의 행위 속에서 선포하고자 하는 것들을 어떻게 잘 표현할 수 있는지에 대해 지속적인 재평가도 할 수 있도록 한다. 교회가 결혼예식 속에서 전통적으로 해 왔던 확언들 중 몇몇을 꼼꼼히 읽어보면, 이 예식을 인도하는 우리의 방법 때문인지, 아니면 옛 언어 때문인지, 아니면 그 예식에 첨가된 비예전적인 요소들 때문인지는 모르겠지만, 예식이 갖고 있는 메시지를 잃어버린 것 같다는 생각을 할 수도 있을 것이다.

참석자들에게 보다 의미 있는 결혼예식이 되었으면 하고 바라는 목사들에게 몇 가지 제안을 하고자 한다. 첫째, 결혼예식이 예배라는 사실을 끊임없이 상기하면서 결혼예식을 평가하고 계획할 때, 우리가 예배를 평가하고 계획할 때 사용하는 동일한 기준과 지침을 사용하면 도움이 될 것이다. 이것은 우리의 많은 결혼예식들 속에서 부적절한 것들이 무엇인지를 즉각적으로 알도록 할 것이다. 만약 회중참여, 성경의 풍부한 사용, 설교, 성찬, 봉헌, 고백, 그리고 용서가 모든 예배에 필요한 요소들이라고 생각되면, 우리는 모든 결혼예식들 속에서 그것들을 포함시키는 방법을 탐구해야 할 것이다.[12] 결혼예식이 정기적인 주일예배의 맥락 속에서 거행될 수도 있다. 신부, 신랑, 목사, 그리고 회중은 기독교 결혼예식에서 우리의 믿음을 더욱더 잘 표현할 수 있는 새로운 방법들을 함께 찾아보도록 해야 한다. 결혼한 남녀와 목사가 함께 하는 결혼 후 상담, 교회의 결혼-지원 및 강화그룹, 그리고 청소년과 청년을 대상으로 하는 결혼준비 학습 프로그램은 결혼예식과 그들이 결혼생활 속에서 매일 겪어야 할 "예전"에 보다 의미 있게 참여할 수 있도록 사람들을 준비시키기 위해 우리가 할 수 있는 방법들 중의 일부이다.

나는 지금까지의 토의가 결혼예식의 신학적이고 목회적인 풍부함과 교육적인 기능을 나타냈기를 바란다. 예전에 교회는 결혼예식에 참여하는 사람들을 어떻게 준비시키고 그 예식이 어떻게 거행되어야 하는지에 대해 무관심한 편이었다고 할 수 있다. 그러나 사람들이 섹스에 심취하거나 몰두하고, 사랑이 사고팔려 그 중요성이 점점 사라지고, 일반적인 남녀의 관계가 의심스럽게 간주되고, 특히 결혼생활이 점점 위태로워지는 오늘날과 같은 시대에 결혼예식을 이끄는 데 있어서 우리는 매우 계획적이고 신중해야 한다. 결혼예식 속에서 일어날 수 있는 학습은 우리 교인들의 인생과 사랑에 있어서 매우 중요할 수 있다.

3. 누구의 결혼예식인가?: 목회적 대화

아래는 저명한 목회 상담 전문가이자 신학자인 시워드 힐트너와 한 지역 교회 목사가 나눈 대화의 내용이다.[13]

목사: 약 1년간 대학가에 있으면서 알게 된 것이 있습니다. 이 지역에서 살지 않았고 자라지 않은 우리 교회의 젊은이들이 이곳에서 결혼식을 올리는 경우가 점점 더 많아지고 있다는 것입니다. 이런 일이 일어나는 이유는, 거의 예외 없이 젊은 청년들이 자신들의 고향으로 가서 떠들썩한 결혼예식을 올리길 원치 않기 때문입니다. 작은 동네에서 오랫동안 살았던 그들이 고향으로 돌아가서 조촐한 결혼예식을 올리는 것은 그들의 부모들 때문에 불가능한 일이라고 생각합니다.

힐트너: 부모님들이 아마도 허락하지 않겠지요.

목사: 그렇습니다. 그래서 청년들은 이곳과 같은 중립 지대를 선택한 것인데, 나는 긍정적으로 봅니다.

힐트너: …. 당신이 맞을 수도 있겠네요. 사람들은 조그마한 동네인 고향에서 시끌벅적한 잔치를 갖는 것을 정말로 원하지 않습니다. 물론 그곳에는 그들의 부모들, 특히 엄마들이 계시지만요. ….

목사: 그렇습니다.

힐트너: 그렇게 되면 신부의 결혼예식이라기보다는 주로 엄마의 결혼예식이 됩니다.

목사: 이곳에서 결혼예식을 하게 되면 목사는 낯선 동네로 옮겨져서 불만스러워하는 엄마들로 인해 다른 문제가 생깁니다.

힐트너: 바로 그렇습니다. 그 문제는 당신이 혼자 알아서 하도록 둘게요! (웃음)

의견 과거에는 한 사람이 같은 지역과 같은 교회에서 태어나고, 세례를 받고, 입교하고, 결혼하고, 무덤에 묻힐 정도로 우리 사회에 유동이 적었다. 우리의 예전적인 삶에는 통일성이 있었다. 계획적이진 않았지만 분명한 일관성이 있었다. 그러나 유동성과 일시성이 많아진 사회에서 통합성을 찾기는 어렵다. 교회는 예배의 삶을 의식적으로, 그리고 의도적으로 구성하는 노력을 더 해야만 한다. 왜냐하면 단순히 우리가 늘 해 왔던 것처럼 예배를 한다는 이유만으로 사람들이 예배에 의미 있게 참여할 것이라고 더 이상 단정할 수 없기 때문이다.

위의 대화는 우리가 직면한 몇몇 문제들을 예증한다. 과거에는 신부와 신랑의 고향 교회와 고향이 아닌 곳에서 목사가 결혼예식을 집례하는 일이 거의 없었다. 물론 2차 세계 대전의 위기나 다른 예외적인 상황 속에서, 남녀는 멀리 떨어진 곳에서 그들의 결혼예식을 빨리 집례해 줄 수 있는 목사를 찾아야 하긴 했다. 신랑이 외지로 가기 전에 결혼예식을 빨리 올리기 위해서 말이다. 그러나 나는 위의 대화 속에서 예외적인 상황 속에서 해야 하는 목회적인 대응 그 이상을 말하고 있다고 본다.

어떤 목사라도 결혼예식이 "규모가 크고 과시적인 결혼예식"이 되는 것을 싫어하는 젊은 남녀를 충분히 이해할 수 있을 것이다(그리고 심지어는 격려할 것이다). 그러나 여기서 묘사된 남녀들은 그 외의 다른 것들도 찾고 있는 것은 아닌가 하고 생각해 볼 수 있다. 젊은이들이 그들의 고향이 아닌 다른 장소에서 조촐하고 조용한 결혼식을 원하는 이유는, 큰 결혼식을 요구하는 고향의 사회적 압력으로부터 부모들의 비용과 수고를 아끼도록 만들기 위해서 일수도 있다. 만약 그렇다면, 소위 중립 지대에서 갖는 결혼예식은 실제적으로 "매우 긍정적인 것"이 될 수 있다.

그러나 이 문제에 대한 대화가 계속되면서 다른 사안들도 제기된다. 특히 힐트너 박사의 응답 속에서 나타나는데, 그는 부모들이 고향에서 조촐한 결혼예식을 갖는 것을 "아마도 허락하지 않을 것이다."라고 생각한다. 고향에서의 결혼예식은 "거창하고 시끌벅적한 잔치"로 묘사되는데, 그 잔치에서는 "신부의 결혼예식이 되기보다는 주로 엄마의 결혼예식이 된다." 여기서 볼 수 있는 모습은 위선적인 사회적 압력과 부모들의 바람에 저항하고, 자신들을 "고향에서의 거창하고 시끌벅적한 잔치"의 모든 천박함으로부터 분리시켜서, 그들의 대학가라고 하는 중립 지대에 있는 한적한 교회에서 결혼예식을 올리고자 하는 용감한 젊은 남녀들의 모습이다.

물론 그 예식이 단지 그들 남녀만의 결혼예식이라면, 그들은 그들이 선택하는 어떤 곳에서라도 결혼할 수 있는 권리를 가진다. 그러나 지금까지 결혼예식을 공동체적, 목회적, 그리고 교육적인 중요성을 가진 예전적인 사건으로서 살펴봤던 논의 속에서, 우리는 만약 결혼예식이 그들만의 것이라고 한다면 그 결혼예식은 결코 기독교적인 결혼예식이 아니라고 주장했다. 다행스럽게도 그 목사는 이 대화 속에서 그 사실을 알아차린 것 같다. 그는 "낯선 동네로 옮겨져 불만스러워하는 엄마들"에 대한 지속적인 배려를 표현한다.

힐트너 박사의 발언은 부모들의 필요에 대한 관심이 걱정스러울 정도로 부족하고, 그 상황에서 그들의 자녀들(신부와 신랑)의 필요에 대한 민감함이 부족하다는 것을 우회적인 방법으로 보여준다. 나는 신부와 신랑의 부모들과 친구들과 고향이 그들에게 줄 수 있는 것은 "크고 시끌벅적한 잔치"의 번거로움 외에는 거의 없다고 생각하는 힐트너 박사의 암시적인 전제에 대해 이의를 제기한다. 우리는 이상할 정도로 젊음에 심취하고, 젊은이들에게 가치들을 물려줄 수 있는 윗세대의 능력뿐만 아니라 그러한 가치들이 물려받을 정도로 가치가 있는가에 대해 의구심을 품는 문화 속에서 살고 있다. 젊은 남녀를 목회적으로 돌보기 위해서, 적어도 그 목사는 "고향에서의 크고 시끌벅적한 잔치"가 이 과도기의 예식 속에서는 줄 수 있는 가치가 거의 없다고 여기는 남녀의 암시적인 전제에 대해 의구심을 표하고 있는 것 같다. 크고 시끌벅적한 잔치와 그에 따른 (교회 안과 교회 밖의) 다른 모든 의식들, 의례들, 그리고 예전들은 부모들이 그들의 사랑과 관심을 표현하고, 그들의 인생의 중요한 안정기(plateau)를 표시하고, 결혼예식이 가져오는 긍정적이고 부정적인 감정들을 공개적으로 다루고, 이러한 인생에 변화를 가져오는 사건을 둘러싸고 있는 다양한 의미들을 인식하고 기념하는 가장 중요한 수단일 수도 있다. 얼핏 보기엔 이상하고 중요하지 않은 것 같은 의례들은, 어려움에 맞서고 새로운 것과 위협적인 것을 받아들이는 법을 배우도록 돕는 대처방식이자 신중하게 규정된 수단들이다. 목사들은 교회 전체의 대표들로서 부모들의 필요에도 관심을 기울여야 하는 책임이 있음을 기억해야 한다. "불만스러워하는 엄마들"은 웃어넘길 수 있는 문제가 아니다. 결혼을 하는 남녀와 함께 그들의 부모들도 그들 자신의 통과의례 안에 있다. 아주 깊은 차원에서, 그 결혼예식은 부모들의 결혼예식이기도 하다.

목사는 아마도 중립 지대에서 만난 남녀들이 사실은 크고 떠들썩한 잔치 그 이상을 피하고자 한다는 가능성을 제기할 수도 있을 것이다. 결혼하는 남녀에게 고향에서의 결혼예식은 무엇을 의미하는가? 단순히 피상적인 사회적 현상인가, 아니면 그들의 뿌리, 역사, 과거의 관계들, 그리고 가족들과의 고통스러운 대립인가? 그 남녀는 결혼이 단지 남자와 여자의 결합만이 아니라 그들의 부모들의 결합도 포함한다는 사실을 충분히 숙지하고 있는가? 그들은 그들의 결혼의 성공을 위해 공동체의 지원들, 세대 간의 관계들, 그리고 더 넓은 사회가 얼마나 중요한지를 이해하고 있는가? 남녀가 중립 지대에서 갖기를 원하는 조촐하고 조용한 결혼예식에는 이러한 사안들이 전혀 포함되어 있지 않을 수도 있다. 그러나 기독교 공동체의 장으로서, 그리고 진정한 목회적 관심을 갖고 있고 결혼을 위한 예전(그리고 그 예식을 둘러싸고 있는 교회 밖의 모든 기타 의례들)과 같은 의례들의 역사적이고 목회적인 기능을 인식하는 목사들에게는 결혼예식이 의미 없는 크고 시끌벅적한 잔치 정도로 잊히기 전에 이러한 사안들을 제기하는 것이 중요하다.

교회는 남녀가 결혼으로 들어가기 위해 결합하는 것, 가족들이 그들의 자녀를 새로운 인생으로 변화하는 결합으로 내어주는 것, 가정을 만드는 것, 그리고 아이를 출산할 수 있는 것과 같은 사건들에 무관심하거나 중립적으로 접근하지 않는다. 우리는 이러한 중요한 시기들 속에 있는 사람들에게 말할 수 있는 무언가를 가지고 있다. 우리는 우리가 붙잡고 있고, 우리를 붙잡고 있는 믿음으로 사람들이 나아갈 수 있도록 입증하는 것을 갖고 있다. 우리는 이러한 과도기와 변화기가 믿음과 소망과 사랑으로 함께 성장하고 갱생하는 시기도 될 수 있도록 인도하고 교육하는 예전적인 행위들을 갖고 있다.

7장

예전과 정체성 :
세례식

WORSHIP AS PASTORAL CARE

7장

예전과 정체성: 세례식

테르툴리아누스가 "그리스도인은 만들어진다. 태어나는 것이 아니다."라고 말했던 것처럼 그리스도인이라고 하는 우리의 정체성은 생득권, 타고난 성향, 또는 인류의 일원이 되는 것에 관한 문제가 아니다. 하나님께는 손자 손녀가 없다. 나는 "나인 그대로" 신앙을 갖게 될 수 있다. 하지만 그러기 위해서는 먼저 내 자신이 다시 만들어지고, 다시 시작되고, 훈련되고, 과정을 거치고, 일원이 되고, 입회되도록 해야 한다. 요약하자면 거듭나야 한다.

그래서 나에게 (진부하기는 하지만 우리 시대에는 결코 피할 수 없는 질문인) "나는 누구인가?"를 묻는 것은 교회가 애태우면서 항상 기다리고 있어야 하는 질문으로, 교회는 그 답을 주기 위해서 구원의 사역을 한다. 이 질문은 사춘기라고 하는 지루한 시기를 지배하는 질문이고, 사람들이 목사에게 하는 모든 질문들 이면에 늘 있는 질문이다. 그리고 현대인들에게 있어 다소 고착화된 질문인데, 그 이유는 우리가 엉뚱한 곳에서 그 답을 찾고자 해 왔기 때문이다. 그 질문은 사람들에게 정신적인 고통의 원인이 되는 질문이고, 우리가 예배할 때마다 교회가 답해야 하는 질문이다. 비록 그 답이 어떤 면에서는 대중적이지 않거나, 혼란스럽게 만들거나, 이해하기에는 너무 어렵거나, 우리의 자기중심적인 교만함을 산산이 부술지라도 말이다.

주일 아침마다 교회는 나의 "나는 누구인가?"에 대해 말하는 많은 방법을 가지고 있다. 교리, 찬송가, 설교, 또는 성찬식은 내가 이미 아는 것과 계속해서 알 필요가 있는 것을 생각나도록 하는 데 도움을 줄 수 있다. 그러나 나로 하여금 그리스도인이라는 정체성을 경험하게 하는 중요하고, 근본적이고, 기초적이고, 지속적인 방법은, 이번 장의 주제인 세례에 있다.

그러나 오늘날의 세례신학과 실천을 살펴보면, 교회의 세례수통은 정체성에 대한 질문에 대한 답을 거의 제공하고 있지 못하다. 나는 「크리스천 센추리」(The Christian Century)에 기고한 글에서 다음과 같이 말했다.

> 유아세례를 실천하는 이들은 유아세례를 "세례명을 주는 것"(christening), "헌아식"(infant dedication) 또는 짧은 교육적 의식으로 완곡하게 표현하면서, 아니면 멀뚱멀뚱해하고 귀여운 아기에게 모두가 입맞춤을 하고 "하나님이 너를 사랑하고, 우리도 너를 사랑한다."는 말을 하면서, 앞으로 이 아이가 커서 입교 교육을 받을 때, 또는 어른이 되어서 회심의 경험을 할 때 교회가 그 아기를 위한 진정한 사역을 시작할 수 있을 것이라는 소망으로서 표현한다. … 신자의 세례를 주장하는 이들도 크게 다르지 않다. 너무나 많은 침례교회들이 세례를 진정한 회심을 경험한 후에서야 하는 것 정도로, … 무엇보다 앞으로 교인들이 언쟁을 벌일 때 한 표를 행사할 수 있도록 교인명부에 이름을 올리는 과정 정도로 여긴다. "세례가 어떤 의미인지 알 수 있는 충분한 나이가 되었을 때"까지 세례를 주는 것을 기다려야 한다고 하는 침례교회의 주장은 인간의 지적이고 이성적인 능력, 또는 인간의 주관적이고 내적인 경험을 중요하게 여기고 있음을 보여준다. … 많은 사람

들은 세례의 실천과 신학 속에서의 혼란스러움과 교회와 개인의 삶 속에서 세례가 그리 중요한 위치를 차지하고 있지 않음을 본다. 그리고 독신생활을 반드시 하도록 만들기 위해 사제들의 옷에 띠를 매게 했던 것처럼, 세례가 그리스도인을 만드는 데 있어 효과적일 수 있다고 결론짓는다.[1]

나는 같은 글에서 우리가 세례에 대해서 갖게 된 몇몇 문제들은 세례가 우리에게 적절하지 않고 의미가 없기 때문이 아니라, 세례가 선포하는 말이 "오늘날에는 너무 세고 대중적이지 않기" 때문은 아닌가 하고 질문했다. 나는 세례의 행위 속에 갇혀 있는 것과, 우리를 가장 불편하게 만들고 위협하는 것을 피하고, 부정하고, 합리화하고, 감추고, 대수롭지 않게 여기고자 한다는 심리학적인 지식에서 벗어나기 위해서 할 수 있는 모든 것들을 연구했던 동료 목회자들의 노력을 보면서, 우리의 세례에 대한 이론적인 (그래서 대수롭지 않게 여기는) 설명 속에 어떤 심리학적인 역학이 작용하고 있다고 추측했다. 우리가 확신에 찬 세례를 피하는 이유는, 세례가 우리에게 부적절하기 때문이 아니라, 너무나도 고통스럽고 분명할 정도로 적절하기 때문일 것이다.

또한 우리의 세례에 대한 무시와 오용 속에는 목회적 질문들도 포함이 되어 있다고 생각했다. G. H. W. 램프(Lampe)의 말이 내 머리 속에서 떠올랐다.

> 세례는 그리스도인의 삶 전체를 아우르기 때문에, 세례의 의미에 대한 명료성의 부족은 모든 면에서 불확실성으로 이끈다. … 세례를 받은 자들이 세례의 관점으로 그들의 삶 전체를 보는 것을 배우면 배울수록, 그들은 "그리스도 안"에서의 삶의 양식을 더욱 따르는 삶을 살게 될 것이다. 세례는 또한 불안해하는 인생에게

세례가 함의하는 모든 확증과 함께 "당신은 세례를 받았습니다."라고 말하는 목회 돌봄의 결정적인 중요성을 가진다.²

"당신은 세례를 받았습니다."라는 확증이 불안해하는 사람들을 목회적으로 돌보는 우리에게 가져다주는 "확약"은 무엇인가?

이 질문에 대답하기 위해 우리는 세례의 의미, 특히 그리스도인의 삶에 정체성을 가져다주는 성례전으로서의 의미를 반드시 탐구해야 한다. 나는 성례전이 공동체적인 사건이고 하나님께서 자기 자신을 우리에게 주기 위한 통로로 사용하시는 표징³이라고 한 제임스 화이트(James White)의 말을 바꿔 표현해서 교회가 전통적으로 선포해 왔던 것을 우리가 다시금 확인하기 전까지는 교회와 그리스도인 개개인의 삶 속에서 세례가 중요하게 여겨지지 않을 것이라고 생각한다.

너무나도 오랫동안 우리 개신교들은 세례식과 성찬식이 우리가 과거의 하나님의 역사하심을 기억하는 것을 돕기 위해 행하여지는 일들이라고 여기는, 화이트가 성례전에 대해 "계몽주의" 관점이라고 칭한 이해에 사로잡혀 있었다. 물질들은 성령의 담지자가 될 수 있는 능력이 없다고 믿는 우리는, 성례전을 우리의 감성을 자극하는 것, 자기-헌신을 위한 의식, 윤리적인 결정을 내리거나 신학적인 통찰력을 얻는 데 도움을 주는 기억의 활동 정도로 축소시켜 왔다. 성례전에 대한 계몽주의 관점은 (우리의 가치 없음이라는 말을 너무도 자주 언급하면서) 성례전에 참여할 수 있게 하는 우리의 가치 있음, 성례전에서 무엇이 일어나고 있는가를 아는 지적인 이해력, 그리고 성례전에 충분한 믿음을 갖고 참석하기 위해 우리가 반드시 가져야 할 선험적인 헌신이나 경험의 필요성을 우선적으로 강조했다. 따라서 대부분 개신교회의 성례 예배에서 가장 중요한 책임은 나-나의 가치 있음, 나의 이해력, 나의 헌신, 나의 경험에 있다. 이러한 관점에서 볼 때, 성례전 참여가 성례전을 단순히 자신들의 계속되는 혼란스러움, 가치 없음, 능력 없음, 그리고 신실하지 못함을 다시금 상기시키는 것으로 이해하는 그리스도인들에게 죄책감, 의심, 절망, 회피를 이끌어내는 것은 그리 놀랍지 않다. 그러한 경험이 "은혜의 수단"이라고 표현될 수는 아마도 없을 것이다.

성례전에 대한 이러한 인간-중심적, 인간-조건적인 계몽주의 관점과는 반대로 기독교 신학은 전통적으로 하나님께서 행위자이시고 우리는 하나님께서 성례전을 통해 하시는 것을 받는 자들이라고 단언한다. 성례전의 유효성은 전적으로 우리에게, 하나님을 사랑하거나 거룩한 삶을 살 수 있는 우리의 능력에 달려 있지 않다. 하나님께서는 그의 무한한 사랑 속에서 우리를 결코 홀로 내버려 두지 않으신다. 하나님께서는 지속적으로 은혜를 베푸시면서 우리에게 자기 자신을 주시고, 우리에게 만져지고, 맛 봐지고, 경험되고, 보이는 수단을 통해서 자기 자신을 허락하신다. 우리의 가장 선한 의도에도 불구하고 이것은 결국 하나님이 하시는 것이다(감사합니다, 하나님). 우리는 (사실 할 수도 없지만) 그 일이 일어나도록 할 필요가 없다. 만약 우리가 사랑을 받고, 만약 우리가 치유를 받고, 만약 우리가 구원을 받는다면, 그것은 다른 무엇보다도 하나님 자신의 일하심, 자기-주심, 주도적인 사랑 때문이다. 칼뱅이 말했던 것처럼, "그는 이런 땅에 속한 요소들을 통해서도 우리를 자신에게서 이끄시며 신령한 복의 그림자를 육체 속에서 드러내신다. … 그는 눈에 보이는 것들을 통해서 신령한 것들을 전해 주신다."[4]

전통적으로 로마 가톨릭교회와 종교개혁 교회들(최소한 우리가 우리의 영적 선조들인 루터와 칼뱅의 진정한 후예들이라면)은 모두 세례를 하나님의 일하심으로 이해해 왔다. 세례 속에서 하나님께서는 그분의 가족을 확대하시고, 십자가에 못박혀 죽으시고 부활하신 주님과 그들을 연합시킴으로써 구원하기 위해 물 속에서 역사하신다. 세례는 우리의 입양됨이고, 하나님의 나라에서 우리의 자리와 사명이 주어지는 것이고, 우리가 "택하신 족속이요 왕 같은 제사장들이요 거룩한 나라요 그의 소유가 된 백성이니 이는 너희를 어두운 데서 불러내어 그의 기이한 빛에 들어가게 하신 이의 아름다운 덕을 선포하게 하려 하신"(벧전 2:9) 일원으로서 임명받는 것이다. 물론 세례는 믿는 자들의 응답을 요구한다. 그러나 그것은 항상 먼저 있었던 하나님의 구원의 역사하심에 대한 응답이다.

하나님의 자기-주심은 상징적인 행위와 사건을 통해서만 성취되는 것만이 아니라 공동체의 경험이기도 하다. 예수님께서는 단지 메시지를 가져오시거나, 새로운 사상을 선포하시거나, 새로운 경험을 하도록 권고하신 것이 아니다. 그분은 공동체를 만드셨다. 그분은 자신을 중심으로 계속해서 접촉할 공동체를 모으셨다. 오늘날 예수님을 선지자, 혁명가, 종말론적인 왕국을 실현하는 자, 설교자, 또는 자기-실현을 위한 길로 강조하는 것은 예수님께서 공동체를 만드셨고 그 공동체를 그분의 공동체로, 그분의 약속을 받는 자들로, 그분의 죽음과 부활에 결합한 자들로, 그분의 사명을 수행하는 자들로 이해하셨다는 사실을 간과하는 것이다. 기억하기를 바란다. 예수님의 사명은 회개하고 믿으라는 명령인 복음을 선포하는 것이었다. 그 명령의 구체적인 실체가 바로 세례이다. 신약성경은 교회가 해야 하는 선교적인 사명과 교회가 주는 세례를 분명하게 구분짓지 않는다. 예를 들어, 사도행전에서는 옛 것으로부터 회심하는 것과 세례를 받는 것이 동일하게 여겨진다(행 8:12, 35; 9:18; 18:8). 믿음은 공동체적인 경험이다. 바울은 모든 그리스도인들이 세례를 받은 자들이라고 전제한다(고전 1:11-17을 보라). 마태복음의 대사명은 세례를 주고 가르치면서 제자를 만들라는 명령이다(마 28:18-20). "제자를 만들라"는 것은 공동체 전체의 사명을 가리키는데, "세례를 주는 것"은 공동체로 들어오는 사람들에 대한 것이고 "가르치는 것"은 공동체 안에 있는 사람들에 대한 명령이다.[5]

성찬과 달리 신약성경은 우리가 어떻게 세례를 주어야 하는지에 대해서 거의 말하지 않는다. 우리는 따라야 할 예전적인 규정을 가지고 있지 않다. 신약성경은 세례의 풍부하고 다양한 의미들-죄의 용서, 중생, 정화, 죽음, 회복, 부활, 입양, 빛-에 대해서 많은 말을 하지 않는다. 그러나 세례를 해석하는 신약성경의 방법은 있다. 세례의 의미에 대한 해석은 교회에 대한 해석과 항상 연결된다. 세례를 받을 사람들에게 세례의 의미에 대해서 말해 줄 때, 세례는 그들이 받게 될 "그리스도 안에서의 새로운 정체성"에 대한 약속의 말로서 항상 미래시제로 표현되었다. 이미 세례를 받은 사람들에게는 과거시제로 표현되면서 세례는 새로운 정체성에 대한 전기적인 사실(biographical fact)이고, 신앙 공동체의 일원이라는 새로운 지위로 언급되었다.[6]

세례를 받기 전에는 세례를 "너희들과 너희의 자녀들을 향한 약속"(행 3:39a)으로 해석하면서 믿음과 제자도를 불러일으킨다. 세례를 받은 후에는 생명의 새로운 실제, 부활하신 그리스도께서 "우리로 하여금 빛 가운데서 성도의 기업의 부분을 얻기에 합당하게 하신 … 그가 우리를 흑암의 권세에서 건져 내사 그의 사랑의 아들의 나라로 옮기셨으니 그 아들 안에서 우리가 속량 곧 죄 사함을 얻도록"(골 1:12-14) 하신 혁명적인 사건으로서 해석된다.

이렇게 성취된 생명의 실제는 이처럼 매우 주관적인 확실성에 의해 유지되는 믿음 안에서 지속되는 이야기와 일생동안의 순례를 가능하게 한다. 세례에 대한 두 가지 해석은 모두 믿음의 주관화를 예방하는 것을 목적으로 한다. 믿음의 순례가 시작되는 가장 중요한 이 시점에서, 초심자의 지위에 대한 객관적인 변화와 그러한 객관적인 변화가 그분의 공동체 안에 있고 그 공동체를 통한 주님의 역사와 임재에 의해 영향을 받는다는 사실은 제대로 이해되어야 한다. 우리는 여기서 은혜에 대해서 다루고 있는데, 하나님의 선물인 은혜는 믿는 자의 개인적인 성취로 왜곡될 수 있는 위험을 항상 가지고 있다. 세례는 나에 의해서가 아니라 나에게, 그리고 나를 위해 행하여진 일이다. 한 세대 전 사람인 포사이스(P. T. Forsyth)는 이에 대해서 다음과 같이 매우 잘 표현한다.

> 세례는 원래 부모나 아이의 행위가 아니라 교회의 행위, 그리고 교회 안에 계시는 그리스도의 행위이다. 우리 가운데 있는 세례라는 성례전을 가장 많이 망치는 것은 다름 아닌 우리의 개인주의이다. 우리가 잘못된 답을 얻는 까닭은 올바른 질문을 하지 않기 때문이다. 우리는 "세례가 나나 내 아이에게 어떤 이익을 가져다주는가?"가 아니라 "젊은 사람이나 나이든 사람의 세례 안에 있는 살아 있는 말씀인 그리스도의 복음에 대해 교회가 활기차게 증거하고 봉사하는 것은 무엇인가?"를 질문해야 한다.[7]

성례전이 제정되는 데 있어서 성례전을 받는 사람의 역할은 상대적으로 단순하다. 세례를 받는 사람보다는 세례를 주는 사람에게 더 많은 부담이 주어진다. 예수님의 사역의 부담이 성례전을 행하는 이들에게 주어지는가 아니면 성례전을 받는 이들에게 주어지는가는 큰 차이를 만든다. 세례를 주어 제자를 만들라는 명령을 받은 이는 교회이다. 제자를 만들라는 부담과 그 일에 필요한 자원을 받은 이는 교회이다. 교회가 떠맡고 있는 은혜의 말씀을 믿고, 선포하고 해석하는 일을 영원토록 해야만 하는 이는 교회이다.

나는 때때로 교회 안에 있는 우리가 세례를 하찮게 여기고, 회피하고, 산만하게 만드는 이유는 "제자를 만드는" 우리 자신의 능력에 대한 자기-오해와 자기-의심이 어느 정도 있기 때문에, 그리고 기독교 입회의 짐을 우리의 어깨에서 하나님의 나라에 들어오기로 되어 있는 자들의 등으로 옮기는 시도를 하는 우리의 무책임함이 어느 정도 있기 때문은 아닐까 하고 생각한다. 유아세례에 대한 논쟁들을 보면 알 수 있다. 유아세례를 옹호하거나 반대하는 자들은 모두 성례전을 받는 이들에게 너무 집중하곤 한다. 유아세례를 옹호하는 자들은 대개 "아이는 구원을 받기 위해서 세례를 받아야 한다."고 주장하면서, 세례예식은 기계적이 되고 세례를 주는 대행자로부터 분리된다. 유아세례를 반대하는 자들은 유아의 선택의 자유가 세례예식에 의해 침해되고 성례전의 부담이 세례를 받는 사람에게만 지워진다고 불평한다. 두 경우 모두에서 세례를 주는 대행자인 공동체는 무시된다.[8]

성례전을 받는 자에 대한 집착에서 벗어나는 것은 매우 어렵다. 그러나 우리의 너무 주관적이고 지나치게 개인화된 신학, 예전, 목회 돌봄에 필요한 균형을 회복하기 위해서는 반드시 해야 하는 일이다. 세례는 우리는 우리 자체라는 사실을 선포하고 경험하는 것이다. 하나님께서 먼저 우리를 선택하셨고, 사랑하셨고, 그분의 나라로 부르셨기 때문이다. "나는 누구인가?"라는 질문에 대해 세례는 "나는 부르심을 받았고, 씻김을 받았고, 지명을 받았고, 약속을 받았고, 사명을 받은 이"라고 대답한다.

그렇다고 나에 대한 권리를 주장하는 요구를 받아들이거나 거절할 수 있는 자유 의지를 부인한다는 말은 아니다. 세례를 통한 하나님의 나를 위한 일하심은 나의 응답을 필요로 한다. 나는 하나님의 일하심을 거부할 자유를 가지고 있다(비록 교회는 "나란 존재"를 거부하고 "내 스스로" 존재할 수 있다는 착각 속에서 사는 것이 자유라기보다는 속박된 상태라는 아우구스티누스의 의견에 동의할 것이지만 말이다). 세례의 행위 그 자체도 세례 공동체 안에서 내가 영속할 수 있다고 보장하지는 않는다. 나의 충실함, 나의 운, 나의 용기, 나의 성장은 모두 "나란 존재"에 일치하는 삶을 살 수 있게 하는 나의 능력에 영향을 줄 것이다. 부르심을 받은 모든 사람들이 그 일을 하는 것은 아니고, 입회가 입회자에게 필요한 개인의 전적인 헌신을 의미하는 것도 아니다. 다시 한 번 말하지만, 헌신이라는 부담은 세례를 받는 자들을 향한 하나님의 전적인 헌신을 나타내기 위해 부르심을 받아 세례를 주는 자들에게 지워진다.

세례는, 내가 만약 나를 창조하신 그분의 형상으로 성장한다면, 내가 만약 세례를 통해 결합하게 된 공동체의 친교 속에 계속해서 거한다면, 그리고 내가 만약 그리스도의 몸 안에서 기능을 제대로 하는 지체가 된다면, 그것은 하나님을 믿고 세례를 주는 공동체의 작용을 통한 나를 향한, 나를 위한, 나임에도 불구하고, 하나님의 사랑의 일하심 때문이라는 사실을 확증한다. 나는 세례를 준 자들을 계속해서 의존할 것이다.

따라서 "나는 누구인가?"라는 어려운 질문에 세례는 이렇게 대답한다. "당신은 당신의 관계들을 모두 합한 것이다. 당신은 삶의 망(the web of life), 과거의 사건들, 그리고 다른 이들의 요구들로부터 떨어져 홀로 존재하는 것 같은 자수성가한 사람이 아니다. 당신은 부모 없는 사람이 아니다. 당신의 정체성을 발견하는 것은 공동체의 산물이다. 당신은 앞으로 풀어가야 할 역사를 가지고 있다. 당신이 당신인 가장 큰 이유는 믿음의 가정에 의해서 잉

태되고, 양육되고, 탄생되고, 사랑받았기 때문이다. 이것이 바로 당신이다."

우리 자아의 깊은 곳이나 우리의 과시되고 이기적인 행위를 통해서, 또는 하나의 일시적인 감정적 경험에서 다음으로 이동해 가는 자기 자신을 보면서 정체성을 찾으라고 배운 우리에게, 세례가 말하는 정체성에 대한 응답은 어느 정도 편안함을 준다. 나의 정체성, 나의 지위, 나의 목적은 획득하는 것이 아니라 주어지는 것이라는 사실을 듣는 것은 우리에게 편안함을 준다. 자궁으로부터 *끄집어낸* 갓난아기처럼 *끄집어내기* 전까지는, 하나님의 영원하신 은혜의 팔만을 의존하기 전까지는, 나는 나를 내려놓고 정결케 하는 물속으로 담기는 것을 싫어한다. 그러나 내가 그러한 일종의 죽음과 탄생을 각오하기 전까지는 결코 온전해질 수 없을 것이라고 세례는 말한다.

1. 실제적인 고려사항들

종교개혁의 논증들로 인해 흐려졌고 신학적으로도 불충분했던, 우리가 물려받은 세례를 위한 많은 의례들과는 달리, 기독교 입교를 위한 새로운 예식들(특히 루터교회, 성공회, 가톨릭교회, 연합감리교회의 예식들)은 우리를 위한 하나님의 일하심에 응답하면서 변화되어야 하는 새로운 사람들과 그들의 삶을 형성하는 일에 있어 교회가 개입하고 있음을 분명히 보여준다. 연합감리교회의 새로운 세례예식, 입교예식, 그리고 갱신예식의 도입부는 이를 잘 나타낸다.

세례의 성례전을 통해서 우리는 그리스도의 거룩한 교회로 들어가게 된다. 하나님께서는 그분의 구원을 위한 전능하신 역사 속에 우리를 넣으시면서, 물과 성령으로 인한 새 생명을 주셨다. 이 모든 것은 값없이 주어지는 우리를 위한 하나님의 선물이다. 입교예식과 세례의 언약을 갱신하는 다른 모든 예식들을 통해서 우리는 하나님이 우리를 위해서 무엇을 하시는지 인식하고 그리스도의 교회를 위한 우리의 헌신을 확인한다.[9]

새로운 예식들은 회중이 예식에 참여하는 것은 물론이고 회중이 세례 후보자들을 위해 보증을 서야 한다는 것을 강조한다. 보다 풍부한 물과 보다 풍성한 상징적인 행위를 사용해야 한다고 강조하는 새 예식들은 "하나님께서 우리에게 그분 자신을 주기 위해 사용하시는 공동체적인 사건과 표징"이라는 성례전의 옛 정의를 예전적으로 표현한다. 역사적으로 중요했던 모든 세례의 예전들이 보였던 특징이었지만 아쉽게도 많은 종교개혁의 예전들에서는 생략되었던 사도신경을 포함시킨 것, 세례 전과 후에 후보자들을 교육해야 한다고 제안한 것은 정체성을 위한 교회의 주된 의식으로서 세례를 재발견하고 후보자들이 진정으로 응답해야 할 필요성을 있음을 강조한다.

따라서 세례식을 여는 것은 그리스도 안에 있는 각 개인의 정체성을 축하하는 것이다. 에이단 카바나(Aidan Kavanaugh)가 기독교 입문을 위한 가톨릭교회의 새로운 예식에 대해 논의할 때 말했던 것처럼 말이다.

그 예식서는 그리스도인이 누구인지에 대해서 실제적이고 구체적으로 말한다. 그리스도인은 추상적인 관념의 집합체일 뿐만이 아니라 본질적으로는 말로 표현할 수 없고 개인적으로는 독립적인 선한 의도이다. 그리스도인은 그분의 신실한 사람들 가운데서 죽으시고 부활하신 예수 그리스도 안에 있는 믿음의 사람이다.

이 믿음은 단지 사색적인 것이 아니라 함께 살아가는 방법이다. 믿음은 우리가 성찬이라고 부르는 상호적인 관계를 결속시키는 것이고, 이 성찬은 은혜, 믿음, 소망, 사랑, 정직의 세계에 있는 그리스도의 교회적인 진정한 임재를 제정한다.[10]

동시에 세례는 기독교 공동체의 정체성을 기념(celebration)하기도 한다. 세례는 우리의 존재를 특정지어 주고, 우리가 누구의 공동체이고 무엇을 해야 하는지를 상기시킨다.

세례식이 (매우 특별한 상황을 제외하고) 사적으로나 예배 공동체와 참여하지 않은 채 행하여지면 안 되는 중요한 목회적이고 신학적인 이유가 바로 여기에 있다. 세례는 공동체적인 사건이 되어야 한다. 세례가 주는 정체성은 사회적으로 구축되고 공동체에서 나오기 때문이다. 그 정체성은 공동체가 주는 것일 뿐 아니라, 공동체가 끝까지 책임지는 것이고 공동체에 달려 있는 것이다. 세례 속에서 교회는 세례 후보자에게 말한다. "당신은 당신이 '당신 것'이라고 다시는 생각해서는 절대로 안 됩니다. 당신은 우리의 것이고, 우리는 하나님의 것입니다. 우리가 당신의 소유권을 주장하고 하나님이 우리를 통해서 당신의 소유권을 주장하시듯이, 당신의 새로운 형제와 자매들도 당신의 소유권을 주장할 것입니다. 당신은 이제 그리스도의 몸의 지체입니다." 에모리(Emory) 대학교의 존 카(John Carr)가 나에게 해줬던 이야기다. 그가 과거에 목회했던 교회에서 한 아기의 유아세례식이 포함됐던 예배가 끝났을 때, 일곱 살짜리 아이가 씩씩한 모습으로 앞으로 나와 아주 단호하게 이렇게 질문했다. "내 것이라고 했던 그 아기가 어디 있어요? 내가 그 아기를 찾게 될 일이 생길지도 모르니까 그가 어떻게 생겼는지 확실히 알아야겠어요." 그 일곱 살짜리 아이는 세례를 진지하게 여기는 교회의 일원이 된다는 것이 무엇을 의미하는지를 막 이해하기 시작했던 것이다.

세례예식은 또한 예배 공동체로부터 도외시되어서는 절대로 안 되는데, 그 공동체는 그리스도의 몸이라는 정체성을 항상 잊지 않고 있을 필요가 있기 때문이다. 예수님께서 우리를 세례예식을 하는 자들로 만드셨다는 것은, 그분의 은혜에 힘입어 사람들 사이의 거리를 줄이고, 부나 성이나 인종이나 계급을 기준으로 한 인위적인 구분을 없애고, "한때 백성이 아니었던" 이들을 하나님의 백성으로 형성케 하는 우리의 능력에 대한 그분의 확신을 가리킨다. 세례 속에서 교회는 스스로에게 말한다. "우리는 형제들이고 자매들이다. 우리는 거룩한 나라이다. 그래서 분열하기에는 너무 늦었다. 우리는 왕과 같은 이들이다. 그래서 우리는 또한 그것에 익숙해지기 시작해야 한다. 우리는 그리스도의 몸으로 다시 만들어졌다."

목사로서 우리는 우리의 리더십을 세례예전 속에서 좀 더 신중하게 발휘해야 한다. 세례예식은 회중 예배 안에서 행해져야 한다. 성찬예식을 할 때 하면 완벽하다. 왜냐하면 세례예식은 성찬예식을 위한 입회의 성례전이기 때문이다. 가족의 일원이 된다는 것은 가족의 식탁에서 먹을 수 있는 사람이 된다는 것을 뜻한다. 물은 충분히 사용되어서 풍부한 세례의 상징들 모두가 모든 참여자들에게 풍성하게 드러날 수 있도록 해야 한다. 우리는 물질, 상징, 표징, 몸짓에 대한 계몽주의의 불신을 극복해야 한다. 우리는 능동적으로 경험할 때 가장 잘 알게 된다. 세례예식은 늘 행하여지고, 만져지고, 느껴지는 경험이 되어야 한다. 물, 기름, 초, 특별한 옷, 안수 그리고 신조 암송과 같은 세례예식의 능동적인 "사실들"을 새롭게 강조하는 것은 그 예식의 객관적인 특징을 강조하는 데 도움이 되고, 그렇게 함으로써 개신교회 예배의 지나친 주관주의와 언어 사용을 바로잡는 데 필요한 많은 것들을 제공한다. 세례 설교, 세례 전의 철저한 교육, 세례의 중심성에 대한 지속적인 목회적 언급 역시 도움이 될 것이다. 주일예배 때 세례예식을 별로 중요하게 여기지 않으면서 행하기보다는, 과거에 교회가 했던 세례 철야기도와 세례를 교회력의 중심으로 회복하는 부활절 세례예식을 다시 시작하는 것도 회중으로 하여금 "너희를 떠낸 이 반석"을 새롭게 경험하도록 할 것이다.[11]

"나는 누구인가?"라는 정체성에 관한 질문이 오늘날 많은 사람들이 안고 있는 문제들의 근본적인 원인이라는 것이 사실이라면, 그리고 세례가 기독교 정체성에 대한 성례전이라면, 우리가 세례를 다루는 데 있어서 목회 돌봄은 반드시 포함되어야 한다. 세례에 대해서 설명한 모든 주석가들 가운데서 나는 루터 목사보다 세례의 목회적인 중요성을 잘 표현한 사람은 없다고 생각한다. 그는 자신의 『소요리문답』(4장 12)에서 다음과 같이 기술한다.

> 세례는 하나님의 임재 속에서 영원히 살기 위해서는, 비탄과 회개를 통해 우리 안에 있는 옛 아담이 모든 죄와 악한 욕망과 함께 매일 물에 빠져 죽어야 하고, 깨끗하고 의롭게 된 사람이 매일 새롭게 다시 살아나야 함을 의미한다.[12]

이처럼 루터는 세례가 객관적이고 삶을 변화시키는 활동으로, 그리스도의 일하심에 의해 우리 안에 일어난 변화를 의미한다고 주장한다.

그러나 루터가 다른 곳에서 말했던 것처럼, "그 옛 아담은 수영을 잘하는 힘센 사람이다." 그래서 세례의 물에 쉽게 빠져 죽지 않는다. 우리의 삶은 여전히 옛 것과 새 것 사이의 긴장 속에 놓여 있다. 우리의 죄는 용서받는 것이지 제거되는 것이 아니다. 그렇기 때문에 (루터의 말을 다르게 표현하자면) 세례란 "완성되기 위해서 당신의 삶 전체를 필요로 하는 인생에 있어서 한 번뿐인 경험이다." 매일 우리는 우리의 옛 자아를 죽이고 그리스도와 함께 부활해야 한다. 매일 우리는 우리 자신을 위해서 우리가 할 수 없는 일을 해주시는 하나님을 의존하는 것을 배워야 한다. 이것이 바로 세례의 경험들이 복음적 회심, 회개와 용서, 다른 새로운 시작들로 가장 잘 표현되는 이유이다.[13] 다행히도 대부분의 새로운 세례예식들은 정기적으로 세례 갱신 의식들을 할 수 있도록 준비한다. 우리는 결코 죽지 못하거나 다시 태어날 필요가 없을 정도로, 죄를 고백하고 용서받을 필요가 없을 정도로, 성령에 의해 능력을 받을 필요가 없을 정도로, 그리고 우리의 근본을 기억할 필요가 없을 정도로, 너무 거룩하지도 너무 늦지도 않았다.

그러나 세례 속에서 하나님께서 우리를 확증하신 사실을 계속해서 재확인해야 한다는 필요성이 우리가 세례를 통해 받은 지워질 수 없고 영원한 은혜를 가리는 것은 절대로 아니다. 확인되고, 결정되었고, 인침을 받았고, 주장된 우리는 우리에게 부어진 하나님의 은혜의 흔적을 절대로 지울 수 없다. 당신은 왜 나이 든 루터가 자기-의심이나 절망으로 인해 고통스러워할 때, 영혼의 어두운 밤 속을 헤매고 마귀를 향해 잉크병을 던졌을 때, 자신의 이마를 만지며 *"Baptismatus sum"* 즉 "나는 세례를 받았다."라고 말하면서 큰 위안을 받았는지를 이해할 수 있을 것이다. 루터가 말하길, 우리의 하나님께서는 그분의 것을 다른 이와 공유하기를 절대로 원치 않으시는 질투의 하나님이시고, 세례는 하나님께서 나를 소유하신다는 영원한 표징이기 때문에 세례를 기억하는 것은 위로와 확신을 가져다준다고 했다.

인간의 선량함, 인간의 응답, 인간의 감정, 그리고 인간의 이해의 여부에 따라 하나님의 사랑을 만들어내고자 우리는 자신이 누구이고 어떤 이에게 속해 있는지에 대해 절망하는 이들을 위로하는 세례의 말씀을 들을 필요가 있다. 우리는 하나님의 은혜에 의해 우리가 진정으로 누구인가를 말해 주는 세례로부터 단서를 얻어야 할 때, 우리가 누가 되어야 하는가에 대한 말을 하면서 우리의 믿음의 선포를 흐릿하게 만들었다. 믿음은 항상 우리가 하나님을 위해 무엇을 하는가보다는 하나님께서 우리를 위해 무엇을 하셨는가에 대한 것이다. 우리가 항상 그리스도인인 것 같은 것은 아니고, 그리스도인처럼 보이는 것도 아니다. 그리스도인처럼 행동하지도 않는다. 교회는 수고에 비해 열매가 시원찮은 것 같아서 절망한다. 그래서 우리는 때때로 과연 우리는 누구에게 속한 이들인가 하는 의구심을 갖게 될 때도 있다. 그러한 순간에 우리는 루터처럼 이마를 만지면서 세례를 기억해야 한다. 그러면 우리가 하나님의 자녀라는 사실을 기억할 것이다. 우리가 무언가를 느꼈거나 무언가를 했거나 무언가를 이해했기 때문이 아니다. 우리가 우리인 것은 "물 안에서 하나님의 말씀"을 들었기 때문이다. 세례에서 우리는 우리 각자의 이름을 말하시며 우리를 부르시는 하나님의 음성을 들었다. 하나님께서는 우리를 부르셨다. 하나님께서는 세례를 통해 우리와 하신 약속을 어기지 않으신다. 하나님께서는 그분의 말씀을 지키신다.

2. 우리가 누구인지를 기억하라.

한 젊은 목사가 나에게 말해 준 세례에 대한 경험담이다.

상황 한 중년 여성이 사무실로 저를 찾아왔습니다. 저는 그녀가 우리 교회의 교인인 것을 알았습니다. 그러나 그녀는 명목상의 교인이었습니다. 그녀의 이름이 교인명부에 적혀는 있었지만, 그녀는 지난 몇 년 동안 예배에 거의 출석하지 않았고 교회의 어떤 활동에도 참여하지 않았었습니다.

그녀는 저에게 남편과 이혼했다고 말했습니다. 저는 그들이 불행한 결혼생활을 해 왔다는 것을 알고 있었습니다. 그녀는 저에게 새로운 인생을 살기로 결정했다는 말도 했습니다. "모든 것을 다시 시작하겠습니다." 하고 말입니다. 그 동안 교회에 나오지 못했던 이유는 그녀의 남편이 교회와 종교에 대해 부정적인 태도를 갖고 있었던 탓이었다면서 그를 비난했습니다. 그녀의 남편은 주일 아침에 교회에 가려는 그녀의 노력을 무산시켜 왔습니다.

"그러나 하나님께서는 이 모든 것들을 통해서 저를 도우셨어요."라고 그녀가 말했습니다. "사실 저는 내 인생의 어느 때보다 지금이 하나님과 제일 가깝게 느껴져요. 아마도 '종교적인 경험' 비슷한 것 같습니다. 그분의 도우심이 없었다면, 지난 몇 달간을 견뎌내지 못했을 거예요." 그리고 그녀는 그녀의 종교적인 믿음이 어떻게 "결혼생활을 끝낼 수 있는 용기를 주었는지," "인생을 다시 시작하겠다는 결심"을 하도록 했는지에 대해서 말했습니다. 그녀의 새로운 출발에는 교회에 다시 열심히 참여하겠다는 열망이 포함되어 있었습니다.

그녀는 "그래서 목사님을 찾아왔습니다. 가능한 한 빠른 시일 내에 세례를 다시 받고 싶습니다." 하고 말했습니다.

제가 그녀에게 우리 교회는 사람들에게 재세례를 베풀지 않는다고 설명하자 그녀는 매우 실망스러워했습니다. "당신은 세례를 다시 받을 필요가 없습니다."라고 그녀를 납득시키기 위한 저의 모든 노력은 별 소득이 없었습니다. 그녀는 세례를 다시 받겠다고 굳게 결심했기 때문이었습니다. 그녀에게는 매우 중요한 사항이었던 것 같습니다.

그래서 저는, 아마도 그녀가 원하는 것은 세례의 갱신일 수도 있겠다고 말했습니다. 나는 그녀에게 우리 교단의 새로운 세례, 입교, 갱신예식을 보여주었습니다. 저는 이 예식이 다시금 헌신하고자 하고, 많은 문제를 야기할 수 있는 재세례를 받지 않으면서도 자신들의 세례를 사람들 앞에서 상기하고자 하는 사람들을 위해 고안된 것이라고 설명했습니다. 그녀는 기뻐했습니다. "그 예식이 바로 제가 원했던 것이에요." 우리는 바로 다음 주일에 그 예식을 행하기로 결정했습니다. 왜냐하면 그 주일에 한 아기의 유아세례가 계획되어 있었기 때문입니다.

저는 우리 중에 그 예식을 쉽게 잊을 수 있는 사람은 없을 것이라고 말씀드리고 싶습니다. 유아세례예식을 할 시간이 되었을 때, 청소년 성가대가 "나는 물 가운데를 지났다"(I've Passed Through the Water)를 불렀습니다. 그 다음에 아기의 부모와 조부모가 세례수통 주위에 섰고, 제가 아기에게 세례를 주었습니다. 그 아기에게 세례를 준 후, 저는 회중에게 오늘 우리 가운데는 자신의 세례를 갱신하기를 원하는 사람이 있다고 알렸습니다. 그녀가 세례수통 옆으로 나와 회중 앞에 섰습니다. 저는 "당신의 세례를 기억하고 감사하십시오."라는 예식의 말을 하면서 세례수통의 물을 그녀에게 뿌렸습니다. 그리고 교인들에게 자신의 세례의 서약을 다시 갱신하고자 하는 사람들이 있는지를 물었습니다. 회중 전체가 일어섰습니다. 저는 통로로 걸어 내려와 회중에게 물을 뿌리면서 말했습니다. "당신의 세례를 기억하고 감사하십시오." 그리고 또 말했습니다. "하나님의 가족인 여러분, 나는 여러분에게 오늘 우리가 세례를 준 새로운 그리스도인과 전에 우리를 떠났었지만 우리가 결코 잃어버리지는 않았던 우리의 자매인 ____를 맡깁니다. 그녀는 집으로 돌아왔고 오늘 그녀의 세례를 확인했습니다. 그들을 환영합시다."

그리고 우리는 마무리 기도를 했습니다.

우리는 당신에게 믿음을 주신 하나님께 감사드립니다.
하나님의 은혜의 동료 청지기로서,
우리는 우리의 사랑과 환대를 당신에게 준다고 약속합니다.
당신을 포함한 모든 그리스도인들과 함께,
우리는 화평함으로 성령 안에서 하나가 될 수 있도록 할 것이고,
예수 그리스도를 통해서 하나님께 모든 영광을 돌릴 것입니다.

잠시 침묵의 시간을 가진 후에, 모든 회중이 자연스럽게 앞으로 나와 아기와 아기의 부모, 그리고 그녀를 안아줬습니다. 감격스러운 경험이었습니다.

의견 나는 위의 경험담이 예전적인 관심과 목회적인 관심을 잘 통합한, 즉 두 개의 관점이 공동체의 예배 속에서 서로에게 영향을 미치도록 한 좋은 예를 보여준다고 생각한다. 기독교의 신앙은 새로운 시작과 깊이 연관되어 있다. 우리가 사람들이 삶 속에서 경험하는 새로운 시작을 알아주고 긍정해 주고, 그들의 경험을 신앙 공동체와 공동체의 전통이라는 맥락 속에서 해석할 수 있도록 돕는 것은 중요하다.

그 여인은 파경을 맞았다. 그 목사는 성공적이지 않은 결합을 끝낸 후 그녀가 가졌을지도 모를 어떤 감정, 기억, 후회, 슬픔, 또는 체념에 대해 좀 더 깊이 알기를 원했을 수도 있다. 그녀에게는 새로운 시작이었지만 그렇다고 그 시작이 완전히 새로운 시작이라고는 말할 수 없는 이유는, 그녀는 과거

의 관계들과 행동들의 전부이기 때문이다. 그녀가 중대한 변화를 만들 수 있었던 어느 정도의 이유는 자신의 과거를 솔직하게 직시할 수 있었던 그녀의 능력 때문이라고 본다. 그 목사는 그녀에게 과거를 어느 정도 돌아보라고 제안할 수도 있었다. 다시 결혼생활로 돌아가라고 주장하기 위해서도 아니고, 그녀가 진정으로 새로운 시작을 원하는 것인가에 대해 알아보기 위해서도 아닌, 그녀의 과거를 인정하도록 도우면서 (만약 우리가 신학적인 용어를 반드시 사용해야 한다면) 그녀의 "회심"을 확장시키도록 만들기 위해서 말이다.

그러나 실제적으로 그 목사는 완전한 "새로운 시작"을 원하는 그녀의 열망과 요구에 이의를 제기했다. 그는 그녀의 재세례에 대한 요청을 거절했다. 그는 율법적이고 교단적인 규정만으로도 그 요청을 거절할 수도 있었지만, 그는 그 뒤에 있는 교회의 신학적인 전통을 강조했다. 재세례는 논리적으로 모순되는 예전적인 추론이다. 왜냐하면 세례는 태어나거나 죽는 것처럼 반복될 수 없는 일생에 있어서 한 번뿐인 사건이기 때문이다. 만약 세례가 순수하게 우리 인간이 하는 무언가―예를 들어 우리의 결정, 우리의 약속, 우리의 헌신―에 대한 표징이라면, 세례는 반복될 수 있을 것이다. 왜냐하면 우리는 늘 우리의 결정, 약속, 헌신을 저버리기 때문이다. 전통적인 기독교 신학이 고수하는 것처럼, 세례가 교회를 통한 하나님의 일하심이고 하나님께서는 절대로 실패하지 않으신다면, 세례 안에서의 하나님의 일하심은 결코 반복될 필요가 없다. 세례는 하나님의 약속의 표징이고, 하나님께서는 그의 약속을 절대로 어기지 않으신다. 따라서 세례를 반복하는 것은 "하나님께서 거짓말 하셨습니다. 나는 입양되지 않았고, 그분의 은혜를 받지 않았고, 그분의 가족이 되지 못했습니다."라고 말하는 것과 같다. 우리는 이렇게 말하길 원치 않는다.

만약 세례가 우리에게 위안을 가져다준다면, 만약 세례가 일생동안 끝이 없고 변치 않는 하나님의 우리를 향한 주장하심을 확증한다면, 세례는 그 주장의 반복될 수 없고, 지워질 수 없고, 객관적인 증거로서 이해되어야 한다. 세례는 때때로 우리임에도 불구하고 우리를 참아주는, 우리의 정체성을 확인하는 표지가 되어야 한다. 세례 안에 한 사람의 진정한 자유와 그 사람에 대한 확약이 있다. 안타깝게도 오늘날 교회는 이러한 확약을 제대로 주지 못하는 것 같다.

그 목사가 말한 것은 바로 이것이다. "당신은 세례를 다시 받을 필요가 없습니다. 당신이 하나님으로부터 멀어졌을지라도, 하나님은 늘 당신과 함께 계셨습니다. 당신은 하나님의 가족으로부터 멀어졌지만, 그 가족은 당신을 가족의 일원으로 늘 생각했습니다. 당신은 완전히 새로운 시작을 한 것이 아닙니다. 당신이 시작했던 곳으로 돌아온 것입니다. 아이가 부모를 떠나 방황할 수 있습니다. 그래도 그 아이는 항상 부모의 자녀입니다. 당신은 당신의 세례를 잊었을 수 있습니다. 그러나 어느 순간도 당신이 잊혀진 적은 없습니다. 당신은 당신의 세례 때문에 당신인 것입니다. 지금 당신은 당신으로서 돌아온 것뿐입니다. 당신의 세례를 기억하십시오. 그리고 감사하십시오."

이 예식은 자신의 "귀향"(homecoming)을 공동체적이고 의례적으로 인식되었어야 할 여인의 필요성과 그녀에 대한 책임을 공동체적이고 의례적으로 다시 져야 할 공동체의 필요성을 목회적으로 매우 적절하게 잘 나타냈다. 그녀의 세례의 갱신을 또 다른 세례의 맥락 속에서 하도록 함으로써, 그 목사는 세례의 일생적인 본질과 세례의 쉽지 않은 신앙의 여정에 대한 관계성을 아름답게 표현했다. 성수를 뿌리는 전통적인 행위를 함으로써 이 사건을 풍부한 상징적인 내용과 감정 속에서 경험적이고 감각적인 시간이 되도록 했다.

나는 그 목사가 그 여인의 문제를 다루면서 하나님의 우리에 대한 주장하심을 예전적으로 잘 보여준 것이 좋다. 나는 그 목사가 보여준 예를 통해 우리가 물려받은 세례의 유산을 사용하여 사람들을 돌보는 여러 방법들이 제시되었기를 바란다. 교회가 우리로 하여금 은혜가 넘쳐흐르는 세례의 물을 기억하도록 도우면서 우리가 누구인지를 기억하도록 하는 새로운 방법들을 찾기를 바란다.

8장

예전과 공동체 :
성찬식

WORSHIP AS PASTORAL CARE

8장
예전과 공동체: 성찬식

함께 기도하는 가족은 함께 있는 것이라는 말을 들어봤을 것이다. 나는 이렇게 말하고자 한다. 함께 먹는 가족은 함께 있는 것이라고 말이다. 함께 먹는다는 간단한 행위가 가족의 화합을 위한 주요한 수단이라는 나의 주장을 뒷받침하는 성경적인 증거는 꽤 있다.

오늘날 많은 가족들이 무너지는 이유는 가족들이 함께 먹는 경우가 거의 없기 때문은 아닐까? 저녁 뉴스를 보면서 먹는 냉동식품, 어딘가로 가는 중에 급히 주문해서 급히 먹는 패스트푸드, 다른 사람과 식탁에서 마주보고 앉는 것을 피하게 하는 군것질과 간단한 식사를 생각할 때, 우리에게 사랑과 화합이 어렵다는 것은 그리 놀랄 일이 아니다. 우리는 빵과 같은 매우 단순한 것조차도 다른 이들과 나누지 못하고 있다.

식사시간이 인간의 가족의 화합과 유지를 위해 기본적인 것이라면, 하나님의 가족을 위한 이 식사교제는 얼마나 더 기본적인 것이겠는가? 모든 문화와 종교를 막론하고, 함께 먹는 행위는 화합과 사랑을 상징한다. 예수님께서는 이것을 아셨다. 복음서에서 계속해서 나타나는 예수님께서 신자들과 죄인들과 함께하셨던 식사들은 식탁 교제의 중요성 및 음식과 음료를 나누는 것의 상징적인 힘을 상기시킨다. 예수님의 제자들이 예수님을 가장 잘 알 수 있었던 때와 그분의 진리가 가장 극명하게 드러났을 때가 "예수님께서 그들과 함께 식탁에서 … 떡을 떼었을 때"(눅 24:28-35)였다는 사실은 결코 우연이 아니다. 또한 초대교회가 주일예배를 위해 모인 곳이 성전이 아니라 식탁이었다는 사실도 놀랍지 않다.

최근에 나는 도심에 있는, 덩치는 크지만 쇠퇴하고 있는 교회에서 예배 워크숍을 인도했다. 워크숍에 참석했던 교인들에게 교회가 안고 있는 문제들을 써보라고 했더니, 그들은 "쌀쌀맞음, 불친절, 익명성, 감성의 부족"이라고 적었다. 내가 기독교 예배에서 중요한 위치를 차지하는 성찬의 성경적인 의미, 예배 갱신을 위한 성찬의 역할들에 대해서 설명했더니, 몇몇 교인들이 그들의 교회에서 성찬식을 좀 더 자주 했으면 좋겠다고 말했다. 그래서 그들은 그 교회의 목사가 토론에 참여했을 때 한 달에 한 번씩 성찬식을 하자고 당회에 건의하려던 참이었다. "잠깐만요," 목사가 말했다. "저는 여러분이 이 교회에 대해서 잘 모르고 있는 것 같아서 걱정스럽습니다. 우리는 크고, 서로 관계 맺기를 싫어하는, 도심교회입니다. 우리 교인들은 개인적으로 서로에 대해서 모릅니다. 그리고 솔직하게 말하면, 서로를 진정으로 알고자 하는 교인들이 얼마나 되는지 의구심도 듭니다. 그들은 도시 이곳저곳에서 오는 사람들입니다. 그들이 가장 원하는 것은 여기에 와서, 자리에 앉고, 좋은 음악과 설교를 들은 후, 집으로 돌아가는 것이라고 생각합니다. 따라서 이런 교제에 대한 모든 것들은 우리에게 맞지 않습니다."

목사가 말하는 동안에 교인들은 바닥을 보고 있었다. 교인들이 원하는 것은 "좋은 음악과 설교입니다."라는 목사의 확신에 찬 말에 대해서 그들은 어떻게 생각하느냐고 혹시 내가 그들에게 물어볼까봐 그랬던 것 같다.

"네. 잘 알겠습니다," 나는 응답했다. "그런데 만약 이 교회가 어떤 큰 프로젝트를 위해 회중을 함께 모이도록 하려면 어떻게 합니까? 예를 들어, 새 교육관을 짓기 위해서 큰 액수의 돈을 모아야 한다면 말입니다. 여러분은 어떻게 하시겠습니까?"

"몇 달 전에 그런 일을 했었습니다." 재정위원회의 위원장을 맡고 있는 남성이 대답했다. "건물을 설계하고 얼마나 많은 액수가 필요할지를 결정한 다음에 우리는 주일예배 후 온 회중이 함께하는 큰 만찬을 가졌습니다. 우리는 친교실에 모두 모여서 식사를 하고, 우리 교회에 대한 영상자료를 봤습니다."

"잠깐만요," 내가 말을 끊었다. "함께 식사하는 것이 돈을 모으는 것과 무슨 상관이 있지요?"

"사람들이 어떤지 아시잖아요," 그 평신도가 대답했다. "모든 교인들이 앉아서 식사를 하는 것에는 뭔가가 있습니다. 교회에 대해서 좋은 감정을 갖게 되고, 서로에 대해서 알게 됩니다. 분위기를 바꿉니다."

"그래요," 내가 말했다. "당신은 사람들이 어떤지를 아십니다. 예수님께서도 사람들이 진정으로 함께 모이기 위해서는, 그들이 함께 모일 때 먹고 마셔야 된다는 것을 아셨기 때문에 우리에게 '이렇게' 먹고 마셔야 한다고 말씀하신 것 같습니다."

성찬은 공동체를 표현하고 형성하는 데 있어서 많은 것을 한다. 공동체를 갈망하는 오늘날 우리는 교회의 중심적이고, 역사적이고, 본질적이고, 공동체적인 행위가 성찬을 행하는 것이라는 사실을 잊어서는 안 된다. 전 장에서 지적되었듯이, 세례나 성찬과 같은 성례전은 공동체적인 사건이자 상징적인 행위로 하나님께서는 이것들을 통해 그분 자신을 우리에게 주신다. 그리고 성례전은 목회 돌봄에도 도움이 된다. 폴 프루이저가 말한 대로 "성례전적 예식들은 어느 정도 심도 있는 개인적인 관계, 예비 상담, 특별한 개인적인 동기, 감정, 믿음이나 의심의 상태에 대한 철저한 검토에 도움이 된다."[1]

이 장에서 우리는 부활하신 그리스도께서 기독교 공동체를 형성하실 때 사용하시는 도구로서, 그리고 공동체를 찾고자 하는 사람들을 목회할 때뿐 아니라 왜 공동체가 우리에게 이해되지 않는지에 대해 보다 잘 알 수 있게 하는 기회로서 성찬을 살펴보고자 한다.

1. 성경의 사례

고린도교회가 안고 있던 문제의 핵심은 공동체성의 부족이었다. 고린도의 첫 번째 교회는 분열된 교회였다(고전 1:1-12를 보라). 성령의 은사조차도 화합이 아닌 분열의 원인이 되었다(고전 12장을 보라). 바로 이런 맥락 속에서 바울은 고린도교회의 깨어짐을 치유하는 도구로서 성찬에 대한 가르침을 지혜롭게 제시한다. 바울의 가르침은 초기 기독교 공동체의 성찬에 대한 가장 최초의 설명을 우리에게 제공한다(고전 11:17-34을 보라).

바울은 족장들을 기억하라고 말하면서 시작한다(10:2-4를 보라). 성찬은 출애굽 사건 속에서 나타난 하나님의 역사처럼 구원과 공동체 형성에 대한 일이다. 광야의 위험(우상숭배, 불화, 주술)은 하나님의 백성에게도 따랐다. 선조들은 바다에서 "세례를 받고", "영적인 음식"을 먹고 "영적인 음료"를 마셨음에도 불구하고 "광야에서 멸망을 받았다." "성례적인" 만나를 먹은 후에 보인 그들의 행동은 하나님의 은혜로우심에 대적하는 죄였다. 그들이 받은 심판에 대한 기억은 우리에게 경고가 되어야 한다(10:6-13을 보라).

그 다음에 주님의 식탁이 그 반대되는 "귀신의 식탁"과 대조된다(10:14-15를 보라). 사탄은 그리스도의 임재가 가장 강한 곳을 가장 맹렬하게 공격한다. 따라서 우리의 먹는 것에 대해서 많은 공격을 한다. "우상에게 바쳐진 음식"(19-30절을 보라)의 문제는 음식 자체에 있지 않았다. 왜냐하면 모든 음식은 하나님의 창조물이기 때문이다(26절을 보라). 문제는 "감사함으로 참여하지 않는 것"(30절)으로, 먹는 것에 대한 양심이 공동체를 분열시켰고, 교만과 이기적인 개인주의로 그리스도의 몸이 찢기도록 했다는 것이다.

바울은 특별히 11장 17절에서부터 성찬을 욕보이는 고린도교회의 교인들에 대해 다룬다. 바울이 다른 곳에서도 지적한 분열은 성찬조차도 변질시켰다(18절). 어떤 이들은 취하도록 먹고 마셨고, 다른 이들은 먹을 것이 없어서 수치심을 느꼈다. 바울은 그들에게 "너희가 함께 모여서 주의 만찬을 먹을 수 없으니"라고 말한다(20절). 그들은 성찬을 파당, 이기심, 다른 이들에게 창피를 줌으로써 무용지물로 만들었다. 그들은 공동체 생활을 경시했고, 그렇게 함으로써 "몸을 분별하는 데" 실패했다(29절). 물론 여기서 '몸'은 성찬 성물을 가리키는 것이 아니다. 바울이 교회를 표현할 때 즐겨 사용하는 비유인 "그리스도의 몸"을 가리킨다(롬 12장). 고린도인들의 문제는, 라이츠만(Leitzmann)이 지적했던 것처럼 성찬에 진지하게 참여하지 않은 것이 아니다. 그들의 문제는 콘쩰만(Conzelmann)이 주장하는 것처럼 성찬의 중심은 어떤 신비하고 신성한 음식에 있지 않고 그리스도와 그리스도께서 구원하시고, 부르시고, 은사를 주신, 그리고 그의 "몸"의 지체가 된 식탁 주위에 둘러앉은 그들의 형제들과 자매들에 있다는 사실을 이해하지 못한 데 있다. 그들이 "몸을 분별"하지 못한 이유는 이 음식을 그들이 과거 이교도의 의식에서 먹었던 음식과 비슷하게 여겼기 때문이다. 그 의식에서는 "신성한 음식"을 될 수 있는 한 많이 먹어 치우면 불멸을 성취할 수 있다고 생각했다.

이러한 폐단이 일어난 이유는,

> 고린도인들이 (신비종교의 선상에 있는) 미숙한 성례전주의자들이었기 때문이었다. 그들은 성례전 음식이 실체(substance)라고 생각했다. 각 사람은 자기 자신을 위해서 먹었다. 이러한 영적 개인주의는 교제를 파괴했다. 바울은 고린도인들에게 구원의 음식에 대한 성례전적인 의미를 알아야 한다고 강조하지 않았다. 이미 그들은 알고 있었다. 그들이 알아야 할 것은 성례전이 교회라는 맥락 속에서 일어나고, 따라서 그들의 공동체라는 사실을 인정함으로써 공동체를 실현해야 한다는 것이었다.[2]

바울은 그들에게 기독교가 다른 종교와는 다른 것처럼 성찬도 다른 종교의 식사와는 다르다고 말한다. 성례전의 실재는 식탁 교제의 행위에 있다. 코이노니아는 진정한 성찬(*eucharistia*)에 대한 시험이고 결과이다. 그리스도의 "진정한 임재는" 그리스도의 죽음과 부활로 인해 형성되어 이렇게 모인 예배 공동체 안에 있다.[3]

그들의 오해, 부족한 비전과 연민으로 인해, 고린도인들은 공동체의 *kurakon diepnon*("성찬")이 아니라 *idon diepnon*("그들 자신의 음식")을 먹었다. 그러면서 그들을 향한 하나님의 심판을 먹고 마셨다(29절을 보라). 그 심판은 미래에 일어날 것이 아니라 그들의 약함, 병, 죽음 안에 존재하는 현재의 심판이다(30절을 보라). 그들이 주님의 이름으로 먹을 때마다, 그들의 소위 성찬은 하나님을 모독하는 행위, 그들이 깨어졌다는 상징, 그리고 "몸"의 연합된 지체가 되지 못한 그들의 실패에 대한 심판이 되고 말았다. 그 다음 장에서 바울은 "영적 은사"와 "몸" 안에서의 그들의 위치에 대해서 말하고, 그 유명한 "사랑 장"이라고 불리는 13장에서 가르침의 절정을 보여준다.

바울의 성찬신학을 성찬 예전에 대한 역사적 논증과 비교하면 흥미로운 사실을 알게 된다. 바울은 성찬에 있어 참여자의 자격조건들, 정확한 문구들 또는 지침들에 대해 한 번도 언급하지 않는다. 주님의 명령을 단순히 반복하는 것에 성찬의 구원의 능력이 있다고 단정하지도 않는다. 성찬의 능력은 머리이신 그리스도와 지체인 우리가 함께하는 공동체를 통해 살아가는 그리스도인의 삶의 본질에 있다. 성찬에 대한 이와 같은 공동체적이고, 윤리적이고, 정치적인 이해는 미사의 문구들과 절차를 통해 성물이 만들어지는 것에 대한 중세 시대의 관심사에 반할 뿐 아니라, 후대의 개신교 예배를 분해시킨 주관주의와 자기중심적으로 "나와 예수님"만 생각하는 개인주의에도 반한다. 바울에게 성찬은 그리스도와 신자 개인 사이의 어떤 작은 사적인 계약이 아니다. 바울에게는 식사 전, 식사 중, 그리고 식사 후의 사회적 행동이 매우 중요하다.

우리는 우리 자신을 그리스도의 몸으로 변화시키기 위하여 이렇게 구체화될 수 없는 형성의 행위를 이교적이고, 주술적이고, 구체적이고, 제도적인 대체물로 바꾸고자 하는 유혹에 계속해서 빠진다. 우리는 기독교 윤리의 성례전적인 기초와 기독교 성례전의 윤리적인 측면에 대해서는 늘 잊는다. 그러나 우리가 주님의 식탁에 가까이 갈 때마다, 우리 공동체의 건강상태는 우리의 성찬식(communion)을 결정하고, 우리의 성찬식은 우리의 공동체를 형성하는 데 도움을 준다. 고인도인들에게조차도 그러했다. 우리는 우리의 극렬한 개인주의와 자기중심적인 관심사로부터 벗어나 그리스도의 몸으로 들어가도록 부르심을 받았다. 이런 의미에서 성찬은 모든 기독교 예배의 기준이자 원형이다. 그리스도께서는 성찬이라는 표징-행위를 통해 우리에게 자신을 주신다. 성찬은 전혀 다른 사람들을 공동체로 형성한다.

2. 공동체를 구성하는 요소인 성찬

기독교의 예전이 키에르케고르의 "고독한 개인"에게 부인할 수 없는 매력이 있고, 우리의 공예배는 개인으로 하여금 전체주의적인 집단에 열중하도록 강요하는 위험을 항상 가지고는 있지만("우리의 방식대로 하거나 그렇지 않을 거면 나가시오"), 예전의 역사는 지나친 연합보다는 분열이 더 큰 문제였음을 보여준다. 중세 시대 동안에 평신도와 분리된 성직자, 교인들로 하여금 사적인 예배를 하도록 만든 사제들만의 전유물이 된 미사, 봉헌 미사들, 과도하게 예전적인 기도, 개인적인 고백 등은 "함께하는 예배"를 개인의 예배들로 분열시켰다. 핵심적인 종교개혁 운동가들의 노력에도 불구하고, 개신교회의 예배 속에서 이러한 개인주의화 경향은 지속되었을 뿐 아니라 더욱 강화됐다. 크랜머(Cranmer)의 『공동기도서』(Book of Common Prayer)는 사람들이 능동적으로 참여하는 진정한 공예배를 위해 고안되었다. 그러나 기도예식서 예배는 예배하는 이들로 하여금 인쇄된 종이를 들여다보고, 앉아 있고, 읽고 있고, 능동적으로 참여하기보다는 듣고만 있게 하면서 개인주의를 강화시키는 결과를 낳곤 한다.

청교도나 부흥운동 전통 속에 있는 개신교회들은 개인에게 초점을 맞추는 경향을 보이면서 분명한 개인적인 헌신, 열정, 회심 또는 이해를 이끌어내고자 추구한다. 공예배는 함께하는 경험이라기보다는 개인들로 이뤄진 복합체의 활동으로 이해되었다. 이성주의, 주관주의, 개인주의는 개신교 예배의 모든 면에 있어서 특징이 되었다. 성찬 빵으로 1인용의 제병(또는 작게 썰어 놓은 빵)과 성찬배로 개인용 컵을 사용하는 오늘날의 전반적인 관례보다 이러한 분열을 잘 보여주는 상징은 없다. 위생에 대한 염려가 공동체의 예배를 압도한 것 같다. 각 사람은 (바울이 말했을 것처럼) "앞으로 가서 자기 것을 먹는다." 아니면 공동체에 대한 우리의 오해와 우리는 공동체를 만들 수 없을 것이라는 두려움에 대한 굴복이 위생에 대한 지나친 염려로 표현되는 것뿐인가? 뒤에서 이것에 대해서 더 말하도록 하겠다.

파편화되고 분리된 공동체 예배의 오랜 성향을 볼 때, 성찬이 기독교 공동체의 특성에 대한 표현일 뿐 아니라 공동체를 형성하는 수단이라고 한 바울의 주장은 꽤 순진한 신학적 주장인 것 같다.[4] 순진한 주장이든지 아니면 비현실적인 주장이든지 간에, 바울은 (성찬을 통해서 부활하신 그리스도께서 공동체를 만드신다는) 신학적인 주장을 하고 있고, 그 주장은 공동체의 실제적인 성찬 경험 속에서 평가받아야 한다. 그러나 적어도 이 연구의 관점으로 볼 때, 바울은 성찬을 기능적인 측면에서도 관찰하고 있다. 수많은 심리학적, 인류학적 자료들은 성찬과 같은 예전적인 사건들이 공동체를 형성하는 수단이 될 수 있음을 지적한다.

심리학 연구는 성격 변화와 성숙이, 새로운 방식으로 행동해 보도록 사람들을 격려하고 지원을 아끼지 않는 환경 속에서 가장 잘 일어난다고 말한다.[5] 상대적으로 안전하고, 체계적이고, 일정한 공예배의 환경은, 성장보다는 퇴보를 위해 공동체 예배를 이용하는 몇몇 의존적인 사람들에게는 틀림없이 매력적일 수 있다. 그러나 예전은 그 존재—그룹으로서의 존재와 각 개인들의 존재—속에서 모험과 혁신을 위한 환경도 제공한다. 공예배는 사람들에게 공동체를 위해 위험을 무릅쓰고, 자기 자신으로부터 나와 더 큰 몸으로 들어가라는 지속적인 초대이다. 그러나 그것은 그 초대를 받아들이는 것을 거부할 수 있고 친목을 강요하지 않는 환경 속에서 주어지는 초대여야만 한다.

의례는 우리에게 새로운 행동방식으로 과감히 나아갈 수 있도록 안전한 경계와 지원을 아끼지 않는 환경을 제공한다. 낯선 이를 만났을 때 악수하는 일상의 의례는 만남의 위기를 극복하고 좀 더 편안하게 자신을 소개할 수 있도록 돕는다. 부모들이 해야 하는 중요한 과제 중의 하나는 자녀들이 삶을 관리하고 다른 이들과 잘 지낼 수 있도록 많은 의례들을 통해 가르치는 것이다. 에릭 에릭슨(Erik Erikson)은 유아기 때의 적응 의례(즉 아침에 엄마가 아기에게 인사하는 의례)의 기능들에 대한 흥미로운 글에서 "초월된 분리"(separateness transcended)의 감각을 촉진시키는 도구로서 의례를 말하고 있다.[6] 에릭슨에 따르면, 유아기 때 중요한 관계 의례들을 경험하지 못한 아이는, 나이가 들면서 다른 이들과 관계를 맺고 유지하는 데 어려움을 겪을 수 있다. 타인을 만나고 관계를 맺기 위한 의례들을 배우지도, 경험해 보지도 못한 사람은 지나치게 충동적이고 복합한 관계들, 지나치게 강박적인 자기-구속, 사회적 무질서, 또는 도덕적 억압으로 인해 고통 받을 수 있다. 그러므로 만나고 서로를 확인하는 의례들은 반드시 필요하다. 에릭슨은 이러한 이른 시기의 의례들이 심리학자들이 "강한 자아"라고 부르는, 즉 개별적 자아를 경시하지 않으면서 다른 사람들과 깊은 관계를 맺을 수 있게 하는 내적 평온을 위한 사회심리적인 기초를 제공한다고 말한다. 만남을 위한 의례들은 우리의 공동체를 위한 초대, 수단, 그리고 경계를 제공한다.

성찬은 만남을 위한 의례이다. 성찬은 우리가 자연스럽게 행동할 때에는 이해하지 못할 수도 있는 행동양식을 할 수 있도록 만드는 하나의 방식인 의례를 제공한다. 하워드 클라인벨(Howard Clinebell)이 강조했던 것처럼, "새로운 행동방식을 당신의 방식대로 느끼는 것보다, 당신이 새롭게 느끼는 방식을 당신의 방식대로 행하는 것이 더 쉽다." 소외됨과 받아들여지지 않음을 느끼는 사람은 식사하는 행위 속에서 공동체와 연합(incorporation)되는 가능성을 발견할 수도 있다. 목적이 있고 특정한 행위인 의례는 공동체를 결합하고 영속시키는 보편적인 수단이다. 인류학자들은 "강화의례"(공동체의 위난을 해소시키기 위한 의식-역주)에 대해서 말하는데, 강화의례란 공동체의 삶과 공유하는 믿음과 가치를 연결하는 주기적인 의식들을 말한다. 이러한 의식들을 통해서 공동체는 특정한 의미들과 가치들에 대한 헌신을 강화시키고, 개인들은 특정한 행위에 익숙해진다. 참여자들 사이에는 관계 네트워크가 구축되고, 공동체에 대한 충실성이 강화된다.[7] 성찬과 같은 공동체적인 의식들 속에서, 기독교 공동체는 추상적인 사상과 개념으로 그들의 가치들을 말할 뿐 아니라, 그러한 의미들을 공동체 구성원들의 생각과 마음과 행동으로 구체화시키고자 한다. 그 의미들은 의례의 드라마를 통해 명확해지고, 활기 있어지고, 강렬해지고, 강력해진다. 그리고 반복을 통해 영속된다.

회중이 매번 모일 때마다, 그들은 세상이 어떻게 되어야 되는지에 대한 핵심적인 특성들을 실연한다. 예를 들어, 비잔틴(동로마) 제국에서, 모자이크로 덮인 라벤나(Ravenna) 교회들의 실내 예술과 신성한 예전은 재건된 우주,

즉 "새 하늘과 새 땅"의 모습을 보여주면서, 우리의 눈을 번쩍 뜨게 하며 그리스도의 주권을 명백하게 나타낸다. 여기서 우리는 클라세(Classe)의 산 아폴리나리(San Appollinare) 교회와 라벤나에 있는 정교회 세례당도 생각해 볼 수 있다. 그곳에서 한 개인은 죄와 죽음과 혼란이 지배하는 교회 밖에 있는 본질적으로 거짓된 세상으로부터 나와 하나님께서 우리를 포함한 "모든 것들을 새롭게 만드시는" "진정한" 세상으로 들어간다. 교회의 예술과 예전은 이처럼 예배하는 자들에게 교회의 비전이 유효하다는 사실을 확신하도록 만들고, 그 비전이 현실이 될 수 있게끔 그들의 신앙을 깊게 한다. 예배로 들어가는 것은, (오늘날의 어떤 "세속적인" 신학자들이 묘사하고자 하는 것처럼), "진정한" 세상으로부터 나와서 어떤 환상 속에 있는 믿음의 세상으로 들어가는 것으로 여겨지지 않았다. 예배는 거룩한 일을 하도록 거룩한 장소에 들어가라고, 그래서 가장 진정한 것이 무엇인지를 보다 잘 보도록 우리를 초청한다. 레오(Leo)가 성찬에 대해서 말했던 것처럼 예배는 우리가 진정으로 누구이고, 누가 되어야 하는지를 "분명하게 한다."

공동체의 가치들이 강조되고, 실현되고, 체계화된 특정한 행동이 반복되는 환경을 창조하는 데 있어서, 성찬과 같이 의례화된 사건은 공동체로의 초청이 된다. 정신치료자인 마가리타 바우어(Margaretta Bowers)는 말한다.

떨어져서 홀로된다는 것에 대한 사람의 염려는 그가 춤추고, 노래하고, 함께 움직이고, 음식과 음료를 나누는 의례 속으로 들어갈 때 줄어든다. 그는 자신이 다르다는 생각을 버리고 공동체의 정체성을 공유하는 이가 된다. 그는 의례를 통해서 공동체의 일원으로서 더 큰 편안함과 안전함을 느끼게 되고 공동의 상징, 공동의 관습, 공동의 신을 공유하게 된다. 그리고 성숙함과 믿음이라고 불리는 용기로

퇴보적인 경험으로부터 회복된다.[8]

윌리암 흄(William Hulme)은 목회 돌봄을 하는 동료들에게 사람들이 애타게 추구하는 화해는,

> 현상학적인 참여를 통해서 알게 된다고 말한다. 성찬은 화해의 성례전이다. 성찬은 죄책감과 소외감에 대한 치유책과 같다. 그러나 그 성례전은 왜곡된 개인주의적인 경건함에 의해 손상되었다. … 이러한 경향은 인격적인 용서와 하나님과의 친밀함을 확증하거나 아니면 개인적으로 정결하게 되는 은혜를 받는 방향으로 나아갔다. 그러나 이제는 그것들이 더 이상 우선적으로 강조되지 않는다. 이제는 공동체성이 보다 강조된다. … 주님으로부터 받는 이는 개별적인 신자가 아니라 함께 모이는 신자들로 그들은 서로에게도 받아들여진다.[9]

의례는 "무아경"(ecstasy)을 위한 시간을 제공함으로써 성장과 변화를 위한 초청의 또 다른 방법이 된다. 그리스어로 "자기 밖에 서다."라는 문자적 의미를 가진 Ecstasy는 종교적 의례라고 충분히 불릴 수 있는 의례들 속에서 일어난다. 의례의 능력의 어느 정도는 동일성, 일정한 예측 가능성에 있다. 이 동일성은 우리 자신을 익숙한 의례에 리드미컬하게 몰두시킴으로써 진정한 자발성과 무아경의 순간을 갖도록 우리를 자유롭게 만드는 데 도움이 된다. 잘 정의되고 익숙한 의례의 가치 중의 하나는, 우리가 그것에 대해 생각할 필요가 없다는 것이다. 우리는 익숙한 말들과 몸짓 속에서 긴장을 풀게 되기 때문에 우리의 정신은 미지의 정신 영역을 자유롭게 돌아다니면서 즐기게 된다. 시간이 없어서 생각하지 못했거나, 용기가 없어서 생각해

보지 못한 중요한 것들에 우리의 정신이 집중된다. 이러한 무아경의 순간 속에서, 긴장된 상태는 느슨해지고, 냉소는 즐겁게 도전받고, 대안적인 것들을 자유롭게 행해보고, 말해보고, 그려보게 된다.[10] 우리는 우리 자신을 더 잘 이해하기 위해 우리 자신 밖에 서 있다. 우리는 꽉 막힌 일상의 영역에서 벗어나서 그렇게 되었어야 했던 삶을 흘끗이라도 보게 된다. 우리는 특정한 복장을 하고, 다른 역할들을 맡고, 새로운 행동양식을 시도한다. 예를 들어, 우리가 주님의 식탁으로 올 때, 우리는 서로 모르는 자들이 아니라 형제요 자매라는 사실을 "믿도록 만든다." 우리는 갇혀 있는 일상의 실제 너머에 있는 삶의 비전을 본다. 의례 속에서 제공되는 살아 있는 공간은 공동체에게 필수적인 성장과 변화를 위해 매우 중요하다.

에릭 에릭슨은 『장난감과 이유』(*Toys and Reasons*)에서 아이들의 놀이와 성인들의 의례에서 공통적으로 중요한 적응성에 주목한다. 아동기의 놀이와 성인기의 의례는 모두 일상적인 사회적 진행과 우리를 둘러싼 예측할 수 있는 정해진 의미들로부터 떨어진 장소를 제공한다. 이런 아기 놀이 울(playpen)과 성인의 의례들은, 아이들에게는 제한적으로 둘러싸여진 상상의 세상을, 성인들에게는 이상향이나 존재할 것 같은 세상을 제공한다. 두 가지 경우 모두 환상의 세상으로, 어떤 특정한 세상이기는 하지만 현실의 세상은 아니다. 의례의 세상을 환상의 세상으로 칭한다고 해서 진실과 거짓 사이에 선을 긋는 것은 아니다. 이 관점에서 환상은 반드시 필요한 심리사회적인 구조로, 우리를 공격하는 서로 다른 자극들과 우리에게 전해 내려온 서로 다른 의미들을 정리하는 공간을 제공한다. 놀이와 의례 없이 우리의 세상을 이해할 수 있는 시간과 공간과 기회는 없다.[11] 우리는 성장을 위해 우리 자신을 좀 더 잘 이해하려고 우리 자신과 우리의 소망을 환상에 투영한다. 많은 종교적 의례들은 만들어지고 있는 세상의 긴장과 변치 않는 어떤 세상 사이에 놓여진다. 의례는 이 두 축 사이에서 균형을 잘 이룰 때에만 우리에게 도움이 된다. 따라서 의례는 위험할 정도로 불분명한 세상에 인간이 적응할 수 있도록 돕는다. 의례는 우리가 새로운 세상을 완전히 우리 것으로 하지 않으면서 그 세상을 경험하도록 돕는다. 다시 말해, 우리의 옛 자아를 완전히 버리지 않으면서 새로운 자아를 경험하도록 돕는다. 이러한 실험적이고, 놀이적이고, 의례화된 경험을 통해서 창의적인 적응과 성장을 위한 기회가 주어진다.

"평화의 입맞춤"이라는 고대의 의식은 성찬의 의례적, 능동적, 참여적, 그리고 초대의 양면들이 공동체를 형성하는 데 어떻게 기여하는지에 대한 예를 보여준다. 이 오래된 행위는 수세기 동안 무시되어 오다가 예전에 다시 포함된 것이다. 이 일은 이 행위를 장엄하고 초월적이었던 예배에 삽입된 천박한 친목의 행위로 본 어떤 근대의 예배자들을 불편하게 만들었다. 사실 평화의 인사는 신체를 접촉하면서 유쾌함을 표현하는 행위가 아니다. 평화의 인사는 믿음의 행위이다. 가장 초기의 성찬 예전에서 평화의 인사는 말씀 예전이 시작된 다음에 무엇이 일어나고 있는지에 대한 표징으로 행해졌다. 말씀 예전은 모인 이들에게 그들이 누구인지를 상기시켰다. 이제 그들은 말씀을 능동적으로 따르면서 "최고의 것은 말로 표현될 수 없다. 단지 행동될 수만 있다."는 괴테의 격언을 확증한다. 서로 포옹하는 것은 그리스도의 임재의 신비, 그리고 부활하신 주님과 다른 신자들과의 화합을 확증하는 몸짓이다. 이 주고받음에는 "너의 예물을 드리기 위해 오기"(마 5:23) 전에 그리스도의 몸의 지체들 안에 존재하는 모든 다름이 화해되어야 한다는 의도도 담겨 있다. 서방교회는 점차적으로 평화의 인사를 다짐이나 몸으로 행동하는 "아멘"으로보다는, 상호간의 용서와 화해와 교제의 몸짓으로 설명해 왔다.

중세 시대에는, 그리스도께서 성물과 안수를 받은 성직자 안에만 임재하신다고 제한했던 성찬신학으로 인해 평신도들은 그 행위에서 제외되었다. 평화의 인사가 성직자들만 할 수 있는 양식화된 행위가 되었을 때, 함께 모여 있는 그분의 백성 가운데 임재하시는 그리스도의 신비는 더욱 이해하기 어려운 것이 되었다. 얼마 되지 않아서 성찬은 회중이 없는 가운데서도 행하여졌고, 평화의 인사는 의미 없는 시대착오적인 관습이 되고 말았다.

공동체 안에 임재하시는 그리스도에 대한 초기 시대의 자각이 다시 회복될 수 있는가? 새로운 성찬예식들에서는, 우리가 평화의 인사를 나눌 때마다 서로의 차이들은 극복될 수 있다는 믿음의 행위를 나타낸다. 말씀을 듣고 성례전을 행하는 것은 우리 스스로가 만든 경계선을 뛰어넘게 하는 믿음을 우리에게 가져다준다. 사람들은 각오하고, 접근하고, 접촉하도록 초대받는다.[12] 평화의 행위에 회중이 참여할 수 있다는 것은, 그들 공동체의 삶의 특성과 목숨을 걸고 예배할 수 있는 그들의 능력을 가리키는 것일 수 있다. 이것은 타고나는 것이 아니고, 그럴 필요도 없다. 그것은 선물, 즉 우리를 모으신 분이 베푸신 은혜이다. 한 목사가 나에게 말해 줬던 경험담이다. 그의 회중은 1년에 걸쳐 성찬을 할 때마다 평화의 인사를 형식적으로 해 왔다. 각 사람은 의무적으로 옆에 있는 사람에게 돌아서서 가볍게 악수를 해야 했고, 아마도 상냥하게 인사는 나눴겠지만, 그게 다였다. 그런데 크리스마스이브 예배의 성찬 때, 크리스마스에 대한 말씀을 읽고 설교를 한 다음 봉헌을 하면서 그 목사가 이렇게 말했다. "오늘밤, 평화의 왕이 우리 가운데서 태어나셨습니다. 우리의 어둠 속으로 빛이 오셨습니다. 그러므로 이제 우리 모두 일어나서 사랑과 평화의 징표를 서로 나눕시다." 회중이 크게 반응했다. 사람들이 서로를 포옹하기 위해 움직였고, 목사들을 포옹했고, 특별한 종류의 교제를 나누었다. 그날 밤 이후로, 평화의 인사가 나누어질 때마다 그 행위 속에 동일한 종류의 화합과 자연스러움과 따뜻함이 스며들게 되었다. "어떤 일이 일어나고 있는지를 교인들이 이해하고 시도해 보는 데 1년 정도의 시간이 걸렸지 않았나 싶습니다. 저는 그들이 그 행위를 좋아했다는 것에 그들 스스로가 놀랐다고 생각합니다. 저는 그 일이 이뤄질 때까지 우리가 그 행위를 계속해 왔다는 사실에 기쁩니다." 그 목사가 말했다. 나 역시 그의 회중이 그 행위를 받아들일 수 때가지 "지속적으로 해 왔다."는 사실이 기쁘다. 그들은 제대로 될 때까지 그 행위를 계속했다. 평화의 인사는 그들이 하고자 했던 일을 할 수 있도록 도왔다. 모임을 위한 이 의례적 초청이 없었다면 그 일은 이루어지지 않았을 것이다. 그 의례적 행위는 그 일이 온전해질 때까지 그들 공동체의 한계와 결점을 분명하게 상기시켜 주었다. 우리를 결합시키는 주님의 사랑의 자비에 우리 스스로를 거는 것보다 "주님의 임재에 대한 믿음을 빵과 포도주 또는 그것들을 다루는 사제 안에 제한시키는 것이 훨씬 더 쉽지 않은가?"[13]

　성례전의 본질적인 요소는 연속적인 의례적 행위와 몸짓뿐 아니라 일단의 상징들이다. 우리 개신교회의 성도들은 전통적으로 비언어적이고 상징적인 것들을 불신해 왔다. 우리의 예전적인 성상파괴주의는 우리의 예배를 언어적이고 이성적이기는 하지만 상징적으로는 불충분한 예배로 만들었다. 다행스럽게도 개신교회 예배에 있어서 최근의 발전은 고대의 상징들 중 어느 정도를 회복시키고자 하는 시도를 보여주고 있다. 초대교회는 상징들이 가지고 있는 상기시키고, 표현하고, 형성하는 힘에 대해 알았다. 기독교 예식들은 빛과 어둠, 몸과 피, 죽음과 생명에 대한 말들로 가득했다. 로마인들은 초기 그리스도인들의 예식들을 상스럽게 여기고 그리스도인들을 "인육을 먹는 자들"이라며 힐난했다. 빵, 포도주, 물과 같은 일상의 것들은 궁극적인 맥락 속에 놓이면서 그리스도인들이 모일 때 중심이 되는 상징들이 되었다.

프로이트는 『토템과 금기』(Totem and Taboo)에서 교회의 성찬이 신을 먹고 예배하는 이의 몸속에서 신과 결합하는 것에 대해 말하는 다른 많은 종교들의 토템축제들과 얼마나 유사한지를 논한다. 오래 전에 초대교회의 교부들은 성찬에 대해 언급하면서 회중들에게 말했다. "당신들은 당신들이 먹는 바로 그것입니다." 식사습관이 함축하고 있는 심리사회적인 부분을 충분히 이해했던 프로이트는 교부들과 비슷한 생각을 했던 것 같다. 프로이트는 종교적인 맥락 속에서 먹고 마시는 오래된 상징적인 행동들이 가질 수 있는 파괴적이고 때로는 적응적인 기능에 대해서 생각했다. 앞에서 프로이트를 언급했을 때 논했던 것처럼, 이러한 오래된 상징적인 행동들을 신경과민적인 행동양식의 결과로만 보는 것은 현명치 않다. 예배 상징들이 어떤 이들에게는 강박적인 행위를 하는 데 있어서 기능할 수 있지만, 그러한 상징들을 접하는 대다수의 사람들에게는 창의적이고 적응적인 중요성을 지니기도 한다. 상징들을 통해서 우리는 언어적으로 표현할 수 없는 것들을 시각적으로 표현한다. 그렇게 함으로써 우리는 인간 정신의 가장 깊은 곳을 파헤치고, 꿈과 신화와 환상이 형성되는 희미한 영역, 보통 때는 접근할 수 없는 영역으로 들어간다. 성례전 예배는 우리의 가장 원초적인 본능을 사로잡는다. 성찬의 핵심적인 상징들인 빵, 포도주, 잔, 십자가, 몸, 피는 원형적인 (archetypal) 힘을 갖고 있다. 성찬의 주제들은 우리 존재의 가장 깊숙한 근저

(substrata)에 대해 말한다. 성찬은 우리 본성의 모든 것들, 즉 잠재의식, 감각, 감정, 기억, 정신, 그리고 의지를 포함한다. 이러한 상징들을 접하면서, 자아의 부분들이 표현되고 치유될 수 있다. 우리는 실재에 대한 우리의 이해가 무너진 후에 다시 세워지는 것을 발견할 수도 있다. 따라서 상징들은 종교적인 공동체가 불안해하는 사람들을 달래기 위해서만이 아니라 사람들 안의 하나님에 대한 자각을 강화하고 확장시키기 위해 사용되기도 한다. 원형적인 상징들은 우리에게 만질 수 없는 것들을 만지도록 하고 악마들과 신들이 함께 거하는 가장 신성한 곳과 가장 깊은 바다로 들어가도록 하면서 우리의 열망을 잘 고조시킬 수도 있다.

성찬의 빵과 포도주처럼 상징들은 일깨우고 초대하고 표현할 뿐 아니라 형성하기도 한다. 우리는 어떤 공유되는 상징들을 중심으로 우리의 우주를 만든다. 상징들을 사용하고 그것들 안에서 일하는 사람은 권력을 행사한다. 수천 명이 구호를 외치고 비틀어진 십자가 주위를 돌면서 나치 경례를 하던, 뉘른베르크의 경기장에서 열렸던 히틀러의 집회를 목격한 사람들은 상징들이 가지고 있는 형성하는 (히틀러의 경우에는 악마적인) 힘을 쉽게 무시하지는 못할 것이다. 기독교 공동체로부터 교회의 상징들을 설명하고, 보존하고, 사용하는 임무를 받은 이들이 그러한 상징들을 어떻게 관리해야 하는지에 대해 매우 조심해야 하는 이유가 여기에 있다.

때때로 나는 성찬의 핵심적인 상징들을 무시하거나 제거하거나 엉망으로 만들고자 하는 동료 목회자들의 나름대로 고민한 노력을 보면서, 만약 우리가 이러한 상징들을 하찮게 여긴다면 그것들이 사라져 버릴 것이라는 것을 잠재의식적으로 느끼고 있는 이들이 우리 중에 많을 수도 있겠다고 생각한다. 우리 중 얼마나 많은 이들이 우리 스스로를, 그리고 우리의 회중을 확신시키고자 노력하는가? "그것은 단지 빵일 뿐입니다," "그것은 단지 상징이기 때문에 의례에서 무엇을 하는가는 사실 문제되지 않습니다," "이것은 단지 우리가 마음으로 믿는 것을 행동으로 표현하는 상징적인 방법에 불과합니다." 때때로 그 노력은 신비함(the numinous)의 위협 앞에서 침착한 체하는 것으로 나타나기도 한다. 우리의 그럴듯한 무관심한 척하는 태도는 우리를 이끌어내는 이런 기본적인 힘을 잡지 못하는 우리의 무능함을 시사한다. 이 무능함은 그 힘이 우리를 삼킬지도 모른다는 두려움으로부터 비롯되었을 것이다. 신앙의 상징들을 사용하는 우리의 능력이 부족하다는 것은, 신비함에 의해 파괴될 수 있다는 두려움 없이 그 신비함에 다가갈 수 있는 능력이 부족하다는 것을 의미한다. 우리는 신을 상대하기 위한 경계들, 중심 또는 장소를 가지고 있지 않기 때문에, 우리는 그 만남 속에서 신에 의해 파괴되지 않기 위해 신을 피한다. 우리는 스스로에게 "이것은 단지 상징일 뿐이야"라고 말하고 우리의 표면적인 분주함에 대한 이야기를 계속한다.

틸리히가 말한 적이 있듯이, 상징은 단지 상징이 아니다. 무언가가 단지 말일 수 있거나, 단지 문자적인 진리를 담을 수는 있다. 그러나 단지 상징적인 것은 없다.[14] 목사가 성찬예식을 인도할 때마다, 우리는 빵과 포도주, 먹는 것과 마시는 것, 그리고 사람들과 같은 평범하고 일상의 것들을 통해 오는 은혜의 유효성을 주장한다. 만약 바울이 옳다면, 회중은 그 자체로 그리스도의 "진정한 임재"를 나타내는 상징이 된다. 우리가 우리 가운데서 성육신하신 하나님을 기념할 때마다, 그러한 상징적인 행동들은 우리 안에서 능력을 일으킨다. 우리 인간의 모임을 신성한 상황 속에 있게 하고, 상징들의 임재와 상징적인 행위들 없이는 우리에게 허락되지 않는 실재의 심층을 불러일으키면서 말이다.

나는 교회가 "기도의 법이 믿음의 법을 앞선다"(*Lex Orandi, Lex Credendi*) 라고 주장했을 때, 교회는 우리 예배의 의례와 상징들이 형성하는 능력을 가지고 있음을 인정했다고 생각한다. 역사적으로 예전은 우리의 신학적인 주장들을 앞서고 형성한다. 실천은 교리를 앞선다. 우리는 먼저 기도한다. 그 후 그 기도의 의미에 대해서 말한다. 그러므로 목사는 우리 신앙의 상징들을 "읽고," 신자들에게 우리의 예전적인 상징들의 불러내는 힘을 공개하고, 우리의 본질적인 상징들이 이질적인 상징들에 의해 밀리게 되거나 산만해지지 않게 안내하는 데 주의를 기울여야 한다. 오늘의 예전적인 상징들은 내일의 신학을 형성할 뿐 아니라 내일의 공동체를 다듬어가는 데도 도움이 될 것이다. 1인용의 작은 "물고기 밥" 같은 제병들이 따슨한 빵 덩어리 대신 사용될 때, 그리고 묽은 포도주가 피같이 붉은 포도주를 대신할 때, 우리는 왜 우리의 대중적인 성찬신학이 약하고 의미가 없고 우리 공동체의 성찬식이 왜 무미건조하고 활기가 없는지를 알게 된다. 어떻게 안 그럴 수 있겠는가?

교회가 항상 그랬던 것은 아니다. 성찬 빵이라는 사소하지 않은 문제를 생각해 보라. 빵의 봉헌은 원래 매우 중요한 행위로, 사람들의 일상의 것을 바치는 것을 상징했다. 아우구스티누스는 빵을 성찬대 위에 놓으면서 "주님의 식탁 위에 놓이는 것은 당신 자신의 신비이다. 당신이 받는 것은 당신 자신의 신비이다."라고 회중에게 말했다. 바울은 "떡이 하나요 많은 우리가 한 몸이니 이는 우리가 다 한 떡에 참여함이라"(고전 10:17)라고 말하면서 빵을 그리스도인들의 화합의 상징으로 보았다. 장 칼뱅은 빵-화합의 상징성을 지속하면서 『디다케』(9:4)에 나오는 옛 기도문을 다른 말로 바꿔 표현한다.

우리가 일상에서 사용하던 것이지만 거룩하게 된 빵이 많은 알곡들로 만들어지고, 서로를 구분할 수 없을 정도로 그 알곡들이 섞여 있는 것처럼, 우리도 우리 안에서 서로를 때어 놓을 수 없는 사랑으로 그렇게 연합되어야 한다. 더욱이 거기에서 우리는 그리스도의 몸의 지체가 되기 위해서 하나이자 동일한 그리스도의 몸을 받는다.[15]

빵의 조각들, 사람들의 손에 빵을 놓는 것, 빵을 굽고, 떼고, 맛보고, 냄새 맡고, 먹는 행위들은 모두 다양한 시대 속에서 우리 신앙의 심오한 신비들, 성례전이 없이는 영묘하고 접근할 수 없는 것으로 남아 있는 신비들과 경험들의 상징들로서 집중되어 왔다.

사람들에게서 성찬의 요소들을 점차적으로 빼앗은 중세 시대의 교회는, 빵의 상징성에도 변화가 필요하다는 것을 느꼈던 것 같다. 초월적이고 멀리 떨어져 계신 하나님이 강조되면서, 교회는 누룩 없는 빵을 순수함과 정결함의 표징으로 차용하기 시작했다. 적합하고, 순수하고, 흠이 없는 헌물이 요구되었다. 레위기적 이해가 기독교의 성찬에 영향을 미치기 시작했다. 빵은 사제만이 취급할 수 있는 거룩하고 특별한 음식이 되었다. 평범하고 일상의 식탁에서 사용되는 빵, 기쁨과 교제의 빵, 사람들의 손으로 만들어졌음을 분명하게 보여주는 빵은 거부되었다. 그렇게 함으로, 교회는 평범하고 일상적인 것 안에, 우리의 부족한 헌물이 받아들여지는 것 안에, 그리고 하나님의 백성의 화합의 표징 안에 임재하시는 하나님에 대한 강력한 상징을 교회 자체로부터, 그리고 교회의 성찬으로부터 없애버렸다. 성찬대 위에 놓인 바로 그 빵은 회중에 대한 교회의 파편화되고 부적당한 이해를 드러냈다.[16] 아니면 특별하고 누룩이 없는 빵을 사용하다 보니 성찬 임재에 대한 교회의 이해가 바뀐 것인가? 좌우간 사제의 빵을 사용하는 것과 성찬을 사제만의 의식으로 이해하는 것은 관련되었다. 상징들과 신학은 상호의존적이다. 그러므로 성찬대 위에 놓인 그 빵의 본질은 공동체가 성찬을 하는 데 있어서 매우 중요하다. 예전의 의례들과 상징들에 관련해서, 목사들은 예수 그리스도 안에서 계시된 하나님의 성육신적 본질에 대해서, 그리고 이에 더해 인간의 본질과 인간이 필요로 하는 의례와 상징에 대해서 무엇을 알고 있는지 솔직해야 한다.

교제와 공동체를 추구하면서, 우리를 위해 잔치를 베푸시는 하나님께서 우리를 모으실 것이라는 소망 속에서, 우리의 눈이 열려 우리 가운데 계시는 그분을 보게 되고 우리의 성찬(eucharistia: 감사로서의 성찬-역주)이 코이노니아를 만들어 갈 것이라는 소망 속에서, 성찬대에 모이자. 우리를 성찬대와 그리스도의 몸으로 초대하는 아우구스티누스의 말을 들어보라.

> 신자들이 그리스도의 몸을 인정할 때는 그들이 그리스도의 몸이 된다는 것을 부끄러워하지 않을 때이다. … 그래서 사도는 이 빵의 의미에 대해서 이렇게 설명한다. "떡이 하나요 많은 우리가 한 몸이니 이는 우리가 다 한 떡에 참여함이라"(고전 10:17). 오, 사랑의 성례전이여! 오, 화합의 표징이여! … 생명을 찾는 이는 여기서 생명의 근원을 찾을 수 있다. 그를 앞으로 나아오게 하고, 결합되게 하라. 그러면 그는 생명을 받게 될 것이다. 다른 이들과 함께 묶여 있는 것을 꺼리도록 하지 말라. … 그리스도의 몸에 단단히 붙어 있도록 하라.[17]

3. 사례: "이 잔을 내게서 옮기소서"

상황 나는 도심에 있는 (대부분 나이든 사람들로 구성된) 한 작은 교회의 목사로부터 성찬에 대한 워크숍을 인도해 달라는 부탁을 받았었다. 그 목사는 지난 몇 달 동안 교회의 성찬예식을 개선하기 위해서 노력하고 있었다. 그는 예식의 순서와 방식에 대한 많은 새로운 것들을 교인들에게 소개했고, 잘 받아들여졌다. 그러나 성찬예식에서 공동의 잔을 사용하는 것에 대해선 어려움을 겪었다(그들은 개인용 잔들을 사용해 왔었다). 그래서 (잔에 담긴 것을 마시는 것이 아니라 빵을 잔에 잠깐 담가) "빵을 포도주에 적시는 방법"으로 공동의 잔을 사용하자고 절충안을 제시했지만, 그럼에도 불구하고 교인들 속에서 지속적인 저항감을 발견하고 실망했다. 나는 그의 부탁을 받아들였고, 워크숍을 진행하면서 성찬예식에서 공동의 잔과 빵 덩어리를 사용하는 것의 성경적, 역사적, 상징적 가치를 설명했다. 그리고 교인들이 그 목사의 생각을 받아들이기를 소망했다. 워크숍의 마지막 시간에는 교회의 친교실에 모여 앉아서 앞으로 교회가 성찬을 할 때 어떤 변화가 있었으면 하는가에 대해서 토의했다.

나: 이곳 교인들에게 성찬이 보다 의미 있는 경험이 될 수 있도록 당신들이 무엇을 할 수 있는지에 대해서 생각해 볼 수 있을까요?

교인 1: 음, 저는 어떤 사람이 작은 잔들과 제병들보다는 하나의 잔과 빵 한 덩어리를 사용했던 것이 좋았다고 말하는 것을 들었습니다.

교인 2: 저는 그 말에 동의할 수 없습니다. 나는 당신이 들은 것과는 정반대의 소리를 들었습니다.

목사: (교인 2에게 말을 하면서) 무슨 뜻이죠?

교인 2: 제가 말하는 것은, 많은 사람들이 모두가 동일한 잔으로 마시는 일을 분명히 좋아하지 않았다는 것입니다.

목사: 글쎄요, 그것은 우리가 했던 것이 아닙니다. 아무도 같은 잔으론 마시지 않았어요. 우리는 빵을 잔에 살짝 담갔을 뿐입니다. (나를 보며) 그것을 뭐라고 했죠?

나: 성찬의 빵을 포도주에 적시는 것(Intinction)?

목사: 맞아요, 성찬의 빵을 포도주에 적시는 것. 나는 사람들이 왜 그것을 싫어하는지 모르겠습니다.

교인 1: 감기 같은 것에 옮을까봐 걱정이 되어서 그러는 것이 아닐까요? 어떤 사람들은 그런 것들에 대해 좀 유별납니다.

교인 3: 그래요. 저는 어떤 사람이 자신들은 만지고 담그고 하는 것을 좋아하지 않는다고 말했던 것을 기억합니다. 그렇게 말했던 여성은 그런 식으로 계속하면 앞으로 성찬식을 하는 주일에는 교회에 오지 않을 것이라고 말했어요. 그녀는 그것이 매우 역겹다고 했습니다.

목사: (교인 3을 향해) 당신도 그렇게 느꼈나요?

교인 3: 저는 이것 아니면 저것을 좋아했다고 말했던 것이 아닙니다. 이렇게 하거나 저렇게 하거나 별 차이가 없다고 생각합니다. 단지 기술적인 문제라고 생각합니다.

목사: 그러나 저는 그 잔이 좋았다고 말했던 사람도 있었다고 생각했어요.

교인 1: 그래요, 제가 그랬어요. 그러나 저에게는 별로 대수롭지 않은 일입니다. 저는 다른 사람들을 불편하게 만드는 것을 좋아하지 않습니다. 그것은 단지 멋진 상징일 뿐이에요. 중요한 것은 당신이 어떻게 하느냐가 아니라 마음속으로 무엇을 느끼느냐 입니다.

교인 3: 주님께서는 이 겨울에 우리 중에 아픈 사람들이 있다는 것을 아십니다. 저는 감기 같은 것에 걸리기를 원하지 않는 사람들을 절대로 비난할 수 없습니다. 제가 말해 봤던 사람들은 그것을 정말로 싫어했어요. 한 사람은 저보고 그것에 대해서 무언가를 꼭 말해 달라고 신신당부했습니다.

나: 공동의 잔과 한 덩어리의 빵을 사용하는 것이 의미 있는 경험이 될 수 있다는 사실을 발견한 사람은 아무도 없었습니까? 계속 사용할 만한 가치가 있다고 말입니다.

(어색한 침묵이 흘렀다.)

목사: 음. 여러분들은 모두 제가 무엇을 원하는지를 압니다. 저는 그것을 좋아합니다. 저는 윌리몬 목사님께서 설명해 주신 동일한 이유들 중 몇몇 때문에 그것을 좋아합니다. 저는 우리 교회에 화합과 교제가 더 필요하다고 생각하고, 이것이 바로 화합과 교제의 상징이라고 봅니다. 저는 사람들이 그것으로부터 무언가를 얻을 것이라고 생각합니다.

교인 1: 저는 사람들을 화나게 하는 것이 싫을 뿐이에요. 어떤 사람들은 그들의 방식을 고집합니다.

교인 3: 모든 사람들이 빵과 그 부류를 만지고 한다는 생각이 저를 불편하게 합니다. 그건 인정합니다.

목사: 저는 다만 우리가 병균에 너무 집착하면서 성찬의 진정한 의미를 잊는다는 것이 싫을 뿐입니다. 그러나 여러분이 그렇게 느낀다면, 최소한 성찬대 위에는 공동의 잔과 한 덩어리의 빵을 올려놓아야 된다고 생각합니다. 상징으로 말입니다. 개인용 잔들과 제병들은 계속 사용할 수 있지만, 잔과 빵의 상징은 계속 간직하는 것입니다. 어떻습니까?

교인 3: 괜찮네요. 좋을 것 같습니다. 중요한 것은 방식이 아니라 예수님께 집중하는 것이니까요.

교인 1: 사람들은 점점 변화될 것입니다. 그러면 언젠가는 공동의 잔을 사용할 수 있을 겁니다. 그래도 전 그것이 그리 중요한 문제는 아니라고 생각은 하지만요.

의견 성찬은 그리스도의 몸을 세우고 공동체를 형성하자는 초대와 수단만은 아니다. 성찬은 우리가 성도의 교제(Communion)를 제한하는 것에 대한 심판이기도 한다.

이 사례연구에서 우리는 화합되고, 연합된 것이 가시적으로 드러나는 예배 공동체를 갈망하는 목사를 본다. 그 목사의 목회적인 자존심은 교인들을 위해 진정한 성찬식을 "만들어야겠다."는 그의 열망과 연관되어 있었던 것이 틀림없다. (교인들에게 올바른 예전적 형식에 대해 납득시킬 수 있는 "예배 전문가"를 찾아갈 정도로 말이다!) 어떤 사람은 그에게서 목회자로서의 격앙("그것은 우리가 했던 것이 아닙니다.")과 교인들이 새로운 예배 형식과 공동체에 대한 새로운 의미를 받아들이도록 외부 전문가를 이용("그것을 뭐라고 했죠?")하는 노력을 느낄 수 있을 것이다. 공동의 잔과 빵 한 덩어리는 "우리 교회에서 더 나은 화합, 더 좋은 친교"를 이루고자 하는 그 목사 자신의 열망을 상징하는 것이 되었다. 보다 깊은 의미를 지닌 성찬식을 조장하고자 한 그 목사의 열망은 칭찬받을 만하지만, 그의 노력은 사제의 초자연적인 주도권을 통해서 성찬식을 "만들어 내고" 미사를 "조제한" 중세의 여러 대중적인 시도들과 꽤 비슷하다. 성찬의 상징들이 공동체를 형성하는 힘을 향상시킨다는 사실에 나는 전적으로 동의하기는 하지만, 공동체는 목회자의 강요나 교묘한 기술로 이루어지는 것이 아니라, 결국에는 하나님의 선물로서, 성찬에 자발적으로 자신들을 온전히 내던지는 모험을 감수하는 개인들로 인해 되는 것이다. "성찬의 진정한 의미"를 보여준다고 여겼던 공동의 잔과 빵 덩어리를 통해 화합을 이루고자 했던 그 목사의 열망은 좌절되었다. 그가 할 수 있었던 최소한의 일은, 공동의 잔과 한 덩어리의 빵을 "일종의 상징으로" 성찬대 위에 올려놓음으로써 자신의 바람들을 드러내는 것이었다. 비록 그것들이 성찬식에서는 실제로 사용되지는 않았고, 그렇게 되지 못했던 성찬식을 분명하게 상기시키는 것들로 그곳에 있을 것이지만 말이다.

그러나 평신도들의 토론 속에서, 교제와 공동체를 갈망하는 이는 목사만이 아님을 볼 수 있었다. 비록 에둘러서 표현하기는 했지만 교인 1은 공동체에 대한 이야기를 시작하고, 토론 내내 교회가 "사람들을 불편하게 하거나", "화나게 하면" 안 된다고 계속 주지시킨다. 교인 1이 말한 내용은 교회에 있는 우리가 종종 빠지게 되는 비극적인 딜레마를 보여준다. 우리는 성도의 교제(Communion)를 원하지만, 그 교제를 위해 갈등이 불가피하게 생긴다면 원하지 않는다. 우리는 만지고, 완전하게 되고, 치유되는 초청을 갈망한다. 그 과정 속에서 우리의 한계와 부족함이 드러나지 않는다면 말이다. 토론의 끝에 교인 1은 "그것이 그리 중요한 문제는 아닙니다."라고 자신과 그룹에게 납득시키면서 한 발짝 뒤로 물러선다.

교인 2와 교인 3의 발언은 예배의 변화를 반대하는 다른 사람들의 의견을 충실히 대변한다. 여러 차례 그 목사는 교인 2와 3에게 맞서면서("당신도 그렇게 느꼈나요?"), 그 문제에 대한 그들의 주장과 느낌이 무엇인지를 솔직하게 말하라고 다그친다. 이에 대해 교인 2와 3은 대체적으로 얼버무리거나("저는 이것 아니면 저것을 좋아했다고 말했던 것이 아닙니다."), 자신들은 단지 다른 사람들의 의견을 대변하고 다른 이들의 감정에 신경 쓰고 있는 것뿐이라고 말한다("저는 감기 같은 것에 걸리기를 원하지 않는 사람들을 절대로 비난할 수 없습니다."). 마침내 교인 3은 "모든 사람들이 빵과 그 부류를 만지고 한다는 생각이 저를 불편하게 합니다."라는 사실을 인정한다. 나이 든 교인들에게 건강과 위생은 당연히 중요한 문제일 수 있다. 그러나 건강에 대한 문제이거나 다른 것에 대한 문제이든지 간에, 지나친 자기-염려는 더욱 풍성한 삶을 가로막는 장애물과 구실이 될 뿐이다. 우리는 종종 우리의 반 공동체적인 감정을 공동체 안에서 기분이 상한 사람들에 대해 걱정하는 척하면서 드러낸다. 그러면서 공동체를 격려하고 촉구하는 사람들을 마치 다른 이들의 권리와 감정에 둔감한 이들로 보이도록 만든다. 교제가 이뤄지기 위해선 대립을 피할 수 없다. 우리의 이기심을 죽이고 공동체를 세우기 위해서는 우리의 배타성, 자기-염려, 이기주의가 반드시 다루어져야 하기 때문이다.

그 목사가 대화에 참여하면서, 그리고 성찬의 상징들에 집중하며 교제를 조장하고자 했음에도 불구하고 그 대립은 회피되었다. (1) 갈등을 위생에 대한 문제로 옮기고, 동시에 위생에 대한 논점을 어떤 사람들의 의미 없는 유별남으로 일축하고(교인 1), (2) 상징 질문들을 "단지 방식의 문제로서"(교인 3) 아니면 "중요한 문제는 아닌 것으로" 치부하고자 시도하고(교인 1), (3) 상징에 대한 관심을 "예수님께 초점을 맞추는 것"으로 방향을 바꾸도록 하면서, 예수님께 초점을 맞추면 공동체를 세워가지 못하고 있기 때문에 불편해하는 교인들의 감정이 풀어질 수도 있다고(교인 3) 하면서 말이다. 그 토론은 목사의 소망과 사람들의 힌계 사이익 다루어지지도 않고 해결되지도 않은 갈등, 그리고 "사람들은 점점 변화될 것입니다. 그러면 언젠가는 공동의 잔을 사용할 수 있을 겁니다."라고 했던 (처음으로 토론을 시작했던) 교인 1의 긍정적인 바람으로 끝난다. 그리고 교인 1은 그들의 토론에 최종적이고, 모호하고, 설득력이 없는 축복을 하듯이, 자기 자신과 동료 그리스도인들에게 장담한다. "그러나 어쨌든 간에 전 그것이 그리 중요한 문제는 아니라고 생각합니다."

그 그룹은 해결되지 않은 많은 장애물들, 문제들, 갈망들을 남긴 채 헤어졌다. 그럼에도 불구하고 (첫 번째 제자들처럼) 성찬 때의 그러한 해결되지 않는 문제들 가운데서조차 예수님께서는 그들을 초청하셨고 모이도록 하셨다. 우리는 처음부터 "모든 것을 훌륭히" 해내지 못해도 된다. 예수님께서는 우리가 아직 함께할 준비가 되어 있지 않은 이들과 함께 우리를 항상 성찬대로 초대하신다. 이 식탁 교제에 들어가는 것에 대해 망설이고 주저하는 우리의 모습은, 우리가 초대받은 다른 식사 자리에 가기 전에 우리가 보이는 모습과 비슷하다.[18] 사람들은 식사에 대해서 성찬식에 대한 우리의 반응과 무관하지 않은 기대감, 망설임, 좌절감을 보인다. 나는 손님을 잘 접대하는 주인이 될 것인가? 사람들이 좋은 시간을 갖도록 할 수 있을까? 나는 즐거운 시간을 보내게 될까? 초대받은 사람들이 나를 좋아할까? 내가 너무 많이 마시거나 먹어서 남의 웃음거리가 되지는 않을까? 아이들을 데려가야 하나? 아무개 옆에 앉게 되지는 않을까? 자연스럽게 행동할 수 있을까? 먹기 싫은 음식을 권하면 어떻게 해야 하나? 음식을 먹고 배탈이 나지는 않을까? 식사 후에 어떤 약속을 하게 되는 것은 아닌가? 이러한 것들은 성찬을 위해 우리가 모일 때 느끼는 두려움, 망설임, 갈등이기도 하다.

사실 그 그룹이 했던 대화의 역학관계는 다락방의 최후의 만찬 자리에서 예수님과 제자들이 했던 식탁 대화와 놀랍도록 비슷하다. 누가복음 속에서 예수님께서 주인이셨던 유일한 식사자리인 그 식탁에서는, 누가 큰지에 대한 논쟁(눅 22:24-27을 보라), 비난과 배신(눅 22:31-34를 보라), 부인, 의심, 그리고 갈등이 있었다. 이는 제자들이 예수님을 이해하지 못했고, 예수님께서 약속하신 공동체를 위한 준비가 되지 않았음을 보여준다. 고린도인들처럼, 그들은 공동체의 삶을 깨뜨림으로써 주님을 배신한다.

그럼에도 불구하고 그 이야기의 요점은, 예수님께서 식사로 초대하시고 그분의 왕국에서 처소를 약속한 이들이 바로 두려움, 자기-의심, 망설임, 갈등 속에 있었던 바로 그 제자들이었다는 사실이다. 복음서들을 보면 예수님께서는 주리고, 궁핍하고, 말다툼하고, 아는 체하고, 무지한 죄인들하고만 식사를 함께하셨다. 우리는 우리가 알고 인정하는 것보다 훨씬 더 최후의 만찬 때의 제자들과 비슷하다. 최후의 만찬 때 예수님께서는 모든 공동체에게 있어 가장 공통적이고 실제적인 요소들을 취하시고, 그것들을 부수시고, 그것들에 축사하시면서, 교회의 교화를 위해 사용될 수 있도록 하셨다. 우리는 공동체의 가장 좋은 재료들이 아닐 수 있다. 그러나 교회는 그의 공동체이고, 그가 요소들을 선택하신다. 교회는 그의 몸이다. 그래서 그가 지체들을 부르신다.

나는 때때로 우리가 성찬을 만들고 있는지 궁금하다. 왜냐하면 성찬은 너무 위협적이어서 우리의 것으로 만들 수 없기 때문이다. 우리는 그리스도를 마치 불명료한 우리의 세속적인 삶과 동떨어져 있는 일종의 외부적인 현상으로 여기면서 그에게 집중한다. 우리는 "둘 셋이 함께 모인 곳에서" 그를 소유하지 못할 것이다. 그것은 너무 절박하다. 우리는 성찬을 죽은 과거로 되돌려 보낸다. 즉 그 식사를 "기념식"으로 만들고, 예수님에게서 멀리 떨어져서, 그를 회고하면서, 그가 화합과 교제를 위해 위험을 감수하는 우리의 모습을 본다. 그래서 우리는 우리 자신을 위태롭게 만들지 않게 된다. 우리는 그 식사를 객관화하고 신성하게 하면서, 그의 몸으로 "들어가" 일부가 되지 않아도 되게 한다. 따라서 예수님께 대한 헌신이 공동체가 된다고 하는 복잡한 일로부터의 탈출구로 여겨지기도 한다. 우리는 빵과 포도주에 초점을 맞추고 그것들을 성별된 음식으로 바꾸거나 아니면 우리의 주린 손을 뻗어 빵과 포도주를 받기보다는 그것들을 "단순한 상징들"로 치부하고 병균이나 우리의 감정이나 우리의 의심에 집중한다.

그렇게 함으로써 많은 사람들에게 소위 성찬은 우리가 아닌 모든 것들을 고통스럽게 상기시키는 경험이 된다. 사랑, 화합, 교제에 대한 우리의 말들은 신성모독처럼 들린다. 목사가 교회의 성찬대 위에 남겨 놓은, 사용하지도 만지지도 채우지도 않은 성찬배와 먹지 않은 빵 덩어리처럼, 성찬식은 와서 채워질 수 없는 우리의 무능함, 즉 "몸을 분별할 수 있는" 자격이 우리에게는 전혀 없다는 것에 대한 상징이 된다. 그 식사는 성찬(Communion)을 받기보다는 교제(communion)를 피하는 방법이 된다. 그 식사는 모인 공동체의 "진정한 임재"가 없기 때문에 공허하고 특별하지 않은 사건이 되었다. 사람들은 그들이 모이기는 했지만 진정으로 와 있는 이들은 몇 안 된다는 사실을 느낀다.

그렇지 않으면 성찬은 아마도 우리가 성도의 교제에 실패했다는 것에 대한 고통스러운 증거 그 이상일 수 있다. 빵이 부서질 뿐 아니라 축사되고, 봉헌되고, 주린 이들을 배불리 먹일 수 있도록 주어진다. 성찬은 그분의 은혜로 우리가 누구인지를 상기시킬 뿐 아니라 우리가 될 수 있는 자들이 되라고 초청한다. 잔과 빵 덩어리, 식탁 교제에 대한 우리의 두려움은 아마도 우리만으로는 공동체를 만들 수 없다는 보다 근본적인 두려움을 표현하는 우리의 방법일지도 모른다. 그러나 우리는 "우리만이" 아니다. 성찬은 만약 우리가 먹여지고, 결합되고, 길러져서 그분의 형상에 따라 신비롭게 성장하기 위해서는, 그분의 은혜를 통해서만 가능하다는 사실을 우리에게 상기시키고 보여준다. 그분이 바로 식사의 주인이시고, 우리를 부르시고, 우리를 먹이시고, 우리가 우리를 위해 할 수 없는 것들을 하시기 위해 우리를 우리 밖으로 이끌어 내는 분이시다. 그분과 그분의 초청에 "예"라고 대답하면서, 우리는 우리의 진정한 자아에게도 예라고 말한다. 우리가 성찬대로 모일 때 너무나도 자주 기억하지 못하는 초청에 대해 말하는, 아우구스티누스의 유명한 성찬 설교를 다시 들어보자.

"당신은 그리스도의 몸이고 지체들이다." 만약 당신이 그리스도의 몸이고 그의 지체이면, 성찬대 위에 놓인 것은 당신 자신의 신비이다. 그리고 당신이 받는 것은 당신 자신의 신비이다. 당신이 아멘이라고 대답하는 것은 바로 당신이고, 대답함으로써 동의한다. 당신이 "그리스도의 몸"이라는 말을 들을 때, 당신은 "아멘"이라고 답한다. 그리스도의 몸의 지체가 되라. 그리고 당신의 "아멘"을 사실로 인정하라.[19]

9장

예전과 리더십 : 사제와 목사

WORSHIP AS PASTORAL CARE

9장

예전과 리더십: 사제와 목사

    교회는 자신을 아프게 하는 병을 쉽게 치료하는 방법을 찾고자 지속적으로 노력하면서, 그 병의 원인은 신학교라고 결정짓곤 한다. 나는 교수로서 자부심을 갖고 있다. 신학교에 있는 우리가 교회의 삶에 큰 영향력을 끼치고 있다고 긍정적으로 생각한다. 그러나 사람들은 교회의 성공과 실패에 대한 공과를 지나칠 정도로 신학교에 돌리는 것 같다. 어떤 자리에서 있었던 일이다. 한 목사가 신학교가 교회를 망치고 있다고 열변을 토하면서 다음과 같은 제안을 하는 실수를 범했다. "신학교 교수들은 강의실에서 나와 강대상으로 돌아가야 합니다. 그곳에서 실제로 어떤 일이 일어나는지 봐야 합니다." 그의 공격에 더 이상 참을 수 없던 동료 교수 하나가 벌떡 일어나 말했다. "형제님, 우리 모두는 교회에서 '실제로 어떤' 일들이 일어나는지 너무나도 잘 알고 있습니다. 왜냐하면 우리는 강대상보다 더 좋은 위치에서 보기 때문입니다. 우리는 매주일마다 회중석에 앉아 있습니다."

    나는 강대상이 아닌 회중석에서 더 많은 시간을 보냈기 때문에 이 책을 썼다고 생각한다. 나는 회중식이라는 좋은 위치에서 동료 목사들의 예전 리더십의 수준을 볼 뿐 아니라, 그들을 통해 나의 리더십 문제도 볼 수 있었다. 내가 봤던 것들이 즐겁지는 않았다. 나는 다음과 같은 질문들을 스스로에게 물어야 했다. "성도들은 (적어도 개신교회의) '예배에서 설교가 가장 중요하지 않습니까?'라고 질문할 것인데, 왜 우리 목사들은 제대로 준비도 되지 않고 전달도 되지 않는 설교로 교인들을 괴롭히고 있는가? 왜 목사는 주중의 다른 날도 아니고 주일 아침 예배 시간에 많은 사람 앞에서 모호하고 부실하고 제대로 들리지도 않는 기도를 중얼거리는가? 왜 세탁기를 수리할 때처럼 구부정한 자세로 성찬식을 인도하는가? 왜 예배 시간 내내 별것도 아닌 것에 대해 쉴 새 없이 말하고, 중요하지 않은 문제만을 다루면서 정작 사람들에게 매우 중요한 것은 알도록 하지 않는가? 왜 그러면서 우리가 긴 시간에 걸쳐 하고 있는 일이 실제론 전혀 중요하지 않은 것이라는 인상을 심어 주고 있는가?"

평신도들은 하나님에 대해 무관심하고 예전을 대충 치르는 우리의 모습을 놓치지 않는다. 평신도들은 예배에 대해서 이야기를 할 때마다, 그들이 경험했던 당혹감을 나에게 말해 준다. - 목사들은 다른 모든 목회 활동에는 많은 노력을 기울이면서, 목사라면 당연히 잘할 것이라고 기대되고, 내가 살펴보았던 모든 연구에 따르면 평신도들이 모든 목회 활동 중에서 가장 중요하거나 적어도 가장 중요한 활동 중 하나라고 여기는 공예배에 필요한 리더십을 함양하는 일에는 왜 소홀한가? 나는 또한 예배를 가치 있게 여기지 않고 예배를 위해 노력하지 않는 스스로의 모습에 교인들만큼 당혹스러워하는 사역자들도 많이 봤다. 교인들과 함께 모이는 주일 아침에 대한 우리의 두려움, 망설임, 회피, 엉성함, 부주의의 근원은 무엇인가?

이 문제의 근원은 분명히 복잡하고 다면적이다. 그 근원은 우리 스스로의 목사에 대한 자각, 교회의 사역에 대한 이해, 우리의 개인적인 장단점에 대한 자기평가, 교인들의 기대에 대한 평가, 그리고 다른 심리-사회-신학적 요인들과 연관된다. 나는 이 책의 전 장들에서, 개신교 신학교들이 목사들을 예배 사역자로 충분히 구비시키는 일에 실패했다고 언급했다. 그리고 개신교 목회신학자들과 교회 지도자들이 갖는 예배에 대한 관심이 전통적으로 부족했었다고 말했다. 또한 예배자들을 형성하고 변화시키는 예전의 힘에 대한 이해, 사람들을 안내하고 교육하고 격려하고 화해시키고 치유하는 예전의 효율성에 대한 확신, 그리고 교회의 삶과 증거에서 예전이 차지하는 중요성에 대한 인식이 부족했었다고 지적했다. 이 책은 목회자들이 교회의 예배가 가진 힘과 약속에 민감해지도록 하면서, 언급된 사안들을 논하고자 시도했다.

그러나 나는 예전의 목회 리더십과 관련된 문제들은 더 깊은 뿌리를 갖고 있다고 생각한다. 목사 개개인이 건전한 예배 신학을 충분히 이해하고, 예전의 역사에 대해 어느 정도 알고, 예배를 인도하는 실제적인 기술을 갖고 있는 것은 매우 중요하다. 그러나 지식과 기술만으로는 충분치 않은 것 같다. 최근에 나는 스스로에게 질문해야 했다. 많은 동료 목사가 예배에 대한 모든 "사실"을 알고 있고, 그들을 탁월한 예배 인도자로 만들어야만 하는 은사와 능력을 예배 밖의 활동에서는 보이면서도, 여전히 예배를 인도하지 못할 것처럼 보이는 까닭은 무엇인가? 어떤 이는 이러한 문제들의 원인이 사역자의 정체성과 역할 혼란, 권위에 대한 의문에 있다고 생각한다.[1] 다시 말해, 많은 목사의 경우, 문제의 근본적인 원인은 안수(ordination)에 대한 이해와 경험이 충분치 않다는 데 있다. 바로 이 마지막 장에서 다룰 주제이다.

1. 공동체의 기능으로서의 사역

나는 최근의 안수 목사직(ordained ministry)에 관한 논의를 살펴보면서, 베드로전서 2장 9절에서 하나님의 백성에게 사용된 "왕 같은 제사장" 이미지를 토대로 한 "만인제사장직"의 모호한 정의들로 인해 혼란스러움을 느꼈다. 모든 그리스도인은 세례의 "안수"(ordination)를 통해 이 땅에서 그리스도의 대제사장직을 공유한다(7장을 보라). 그러나 1장에서 언급했듯이 이 사실이 안수 목사직의 역할을 발전시키기 위한 필요나 근거가 없다고 말하는 것은 아니다. 우리 개신교도는 베드로전서에서 말하는 것처럼 "만인제사장직"을 주장하지만, 그렇다고 안수 목사직이 필요 없다고 여기는 것은 아니다. 나는 안수 목사직의 필요성을 격하시키면서 평신도 사역("모든 신자의 제사장직")을 주장하는 사역에 대한 최근의 잘못된 많은 견해를 별로 좋아하지 않는다. 사실 많은 평신도가 서로를 향해, 세상을 향해 "제사장"처럼 느끼지 못하는 한 가지 이유는, 그들의 목사가 평신도들을 "제사장으로 여기는 것"(priesting)을 거의 보지도 경험하지도 못했기 때문이다. 나는 평신도 사역을 활기차게 하는 역동적이고 헌신적인 교회들을 봐왔다. 모두 역동적이고, 헌신적이고, 활기차게 사역을 하는 목사들에 의해 인도되고 도전을 받은 교회들인데, 그 목사들은 안수 목사직이 교회 안에서 모든 그리스도인이 공유하는 사역의 근본적인 상징과 중심이라는 사실을 아는 이들이다. 안수를 받은 그 사람이 사제로 불리건, 목사로 불리건, 설교자로 불리건 그것은 중요하지 않다.

안수 신학(theology of ordination)의 중심은 "사제(교황, 주교)가 기독교 공동체의 직분자로 존재하고 기능한다는 단순한 사실"이다.[2] 우리가 덧붙인 경건한 것들, 신성하고 특별한 기운에 대한 이야기, 샤머니즘, 고결하고 숙련되었다고 여겨지는 것들, 공동체가 안수 받은 대표자에게 보여주는 부적절한 경외감은 안수 목사직이 기독교 공동체의 한 기능이라는 단순한 사실에서 멀어지게 만들 뿐이다. 안수 받은 사역자는 공동체의 직분자이고, 대표자이며, 지명된 지도자다. 내가 속한 개신교 전통에서 안수 받은 사역자는 하나님의 소명을 반드시 받았어야 하고 받아야만 한다. 하나님의 소명은 개인적이고 경험적이어야 한다. 그리고 어느 정도 구체적으로 주어지고 응답되어야 한다. 내가 아는 모든 좋은 목사는 예라고 대답하도록 인도된 인생의 특정한 시점을 가리킬 수 있는 사람들이다. 그러나 나는 칼뱅이 말한 목회직(presbyterate)의 "이중 소명"을 인정한다. 하나님은 우리를 부르신다. 그리고 교회도 우리를 부른다. 하나님이 부르신 사제직의 소명을 설명하고 숙고하는 것은 가치 있는 연구 주제이다. 그러나 여기서 나는 공동체가 주는 소명을 강조하고자 한다. 왜냐하면 오늘날 사역자라는 우리의 정체성에서 이 부분이 무시되는 경향이 있기 때문이다. 안수 받은 사역자는 공동체의 공인(official)이다. 안수 받은 사역자의 기능에서 핵심 요인은 사역자 안에서, 그리고 사역자를 통해서 나타나는 하나님의 일하심이라고 말하는 것은 안수 받은 사역자의 역할을 이해하는 데 도움이 되지 않는다. 하나님은 모든 그리스도인의 사역에 관여하신다. 사역자의 훈련과 전문 지식이 사역자의 기능에서 핵심 요인이라고 주장하는 것도 도움이 되지 않는다. 이러한 사실은 성직자가 주장하는 "전문적인" 지위와 지식이 사역에 대한 역사적인 요구나, 오늘날 공동체가 그들의 사역자들에게서 필요하다고 느끼는 것에 특별히 부합되지 않음을 쉽게 보여준다.

아니, 가장 중요한 문제는 안수 받은 사역자들의 활동에 대한 직무, 직무상의 공식성에 있다. 직설적으로 말하면, 목사가 세례를 베풀고, 설교하고, 용서하고, 축복하고, 기도하고, 상담하고, 격려할 때나, 다른 그리스도인들이 그 일을 할 때나 사실 아무런 차이가 없다. 유일한 차이는 안수 받은 사역자들이 가진 공식성이다. 전통이나 형식에 상관없이, 안수예식은 공동체가 지명된 특정한 개인들에게 단순하지만 가장 분명하게 공식성을 부여해 준다. 공동체가 인정하기에 '앞서' 하나님이 그 사람들을 지명하실 수도 있다. 그러나 공동체가 승인하지 않으면, 모든 개인이 주장하는 공식성은 인정되지 않고, 따라서 아무런 효력을 발휘하지 못한다.

나는 '공인'(official)이라는 일상적 용어를 사용하여 안수 받은 사역자에 대해 말하고자 하는데, 그 이유는 기독교 공동체가 우리를 목사로 인정하는 근원이라는 사실을 될 수 있는 한 분명하게 보여주기 위함이다. 제사장직(priesthood)에 대해 "공식적으로," 기능적으로 말하는 방식은, 우리 중 일부가 목사직에 대해 갖고 있는 비현실적이고 신학적으로 근거 없는 기대에 어긋난다. 우리 중에는 목사들이 영적인 의미에서 "일반적인" 그리스도인들과는 다르다고 주장하는 이들도 있다. 최근에 이러한 "특별함"에 대한 주장은 다양한 형태로 나타났다. 헨리 나우웬(Henry Nouwen)은 "상처 입은 치유자"에 대해 낭만적으로 표현하면서, 고난과 공감하는 감수성이 목사라면 반드시 소유해야 하는 특성인 것으로 말한다. 어반 홈즈(Urban Holmes)는 "성례전적인 사람들"에 대해서 신비롭게 말한다. 성례전적인 사람들은 "말로만이 아니라 인격으로 그리스도를 구현"하면서 "초월에 대한 기대를 인격의 내재로" 구체화시키는 사람들이다.[3] 이런 식으로 말하는 것은, 성직자들과 자칭 성직자들의 옹호자들이 갖고 있는 불확실성을 드러내는 것이다. 다시 말해, 성직자들을 기독교 공동체의 "공인들"로 말하게 되면, 그들을 어떻게든 "특별하게" 만드는 일부 "필수적인" 특성을 없애버리게 될 것이라는 두려움을 나타내는 것이다. 우리는 공식성만으로는 충분하지 않은 것처럼 행동한다. 공식성만으로는 리더십을 불러일으키는 데 충분하지 않고, 하나님의 소명에 평생을 바칠 만큼 극적이지 않은 것처럼 행동한다.

다른 저자들은 오늘날의 일부 특별한 "영적인 감각"으로 사역에 대해 말하는 것을 꺼려하면서 다른 이미지들을 사용하여 목사직의 "특별함"은 지키고자 한다. 목회심리학 분야의 저자들은 안수 목사직의 근거에 대해 연구할 때, 목사직을 특별한 기술과 정보, 전문적인 기능을 필요로 하는 사역으로 말하는 경향을 보였다. 시워드 힐트너는 그의 저서『사역에서의 동요』(Ferment in the Ministry)에서 오늘날 "사역을 위기에 빠뜨린" 주된 원인은, 그가 칭한 "기능적 책무들"을 수행하기 위한 목사들의 기술이 충분하지 못한 데 있다고 주장했다. 힐트너는 그 기능을 주로 목회 돌봄과 상담 기술의 관점에서 정의했다. 라일 슐러(Lyle Schaller)가 쓴 책들은 사역자들이 조직 분석, 행정, 기획, 목표 설정을 위한 기술들을 축적해야 한다고 강조한다.[4]

이 모든 것은 제임스 D. 글래세(James D. Glasse)의 저명한 저서인『전문직: 사역자』(Profession: Minister)에서 논리적 절정을 이룬다.[5] 그는 만약 "전문인"이 특별한 지식과 기술을 소유하고 있고, 어떤 기관에서 책임을 지고 수준을 맞추는 사람으로 정의된다면, 사역자도 다른 전문직들과 어깨를 나란히 할 자격이 있다고 주장한다.

성직자의 "전문성"이 숙달된 능력과 어떤 전문적인 지식을 요구한다는 것은 호소력이 있다. 특히 세속적인 세상 목표와 기준 앞에서 기독교 사역의 정당성을 부과한다는 측면에서 적절하다. 그러나 전문성에 대한 이러한 요구가 목사들로 하여금 효율성과 능력에 대한 오늘날의 대중적이고 세속적인 기준을 사용하여 자기-합법화와 자기-정당화를 시도하도록 하는 것은 아닌가 생각된다. 이것은 문제가 있다. 왜냐하면 공동체가 명령하고 인가한 것과는 '동떨어진' 어떤 기술이나 능력에 의한 "특별함"에 대한 새로운 요구는 안수 목사직에 대한 역사 및 신학적인 기초에 반하기 때문이다. 또한 오늘날 주요한 두 가지 "전문직"-의료와 법률에서 나타나는 큰 비극처럼, 목사직이 실무적이고 실용적이고 자기 잇속만 챙기는 직업으로 전락되도록 만들기 때문이다. 의사들과 변호사들이 무단히 노력하면서 지키고자 하는 그 "전문성"은 공동체와 그들의 도움을 가장 절실히 필요로 하는 사람들로부터 그 전문직들을 분리시켰다. 그리고 목사들이 철저히 피해야 하는 생산자-소비자 사고방식에 일조했다. 리처드 뉴허스(Richard Neuhaus)는 사역의 전문직 모델을 비평하면서 도움이 되는 구분법을 제시한다. 인류학자들은 소위 선사 사회를 연구할 때 마법사의 역할과 사제의 역할을 구분하곤 한다. 마법사들은 의뢰인에게 어떤 전문 지식을 제공한다. 사제들은 공동체에 참여한다. 당신은 해결되어야 할 문제를 가지고 마법사'에게' 간다. 우리 사회에서 마법사는 의사나 변호사로 불릴 수 있다. 당신은 사제가 공동체의 정체성과 사역의 대리인으로 있는 공동체에 '속해' 있다.[6] 기독교의 안수 목사직에 대한 소명은 공동체의 사제직에 대한 소명이다. 마법을 행하라는 소명이 아니다. 사제는 섬김을 받기 위해서가 아니라 섬기기 위해서 산다.

공식성(officialness)에 대한 강조는 하급 관료, 공무원, 조직인, 평범한 기관의 지루하고 평범한 사람들을 풍자적으로 말하는 데 사용된다. 반면에 직무(office)에 대한 강조는 우리를 일부 '지울 수 없는 특성', 신성하거나 전문적인 "특별함," 아니면 사역에 대한 개인주의적 요구들에 관한 논쟁에서, 제사장직의 가장 기초적인 근원과 목적에 대해 새롭게 생각할 수 있도록 옮기는 데 이점을 갖고 있다. 신약성경은 우리 교단들의 "정당성"(validity)에 대한 논쟁에 관심을 보이지 않는다. 신약성경은 교단들이 무엇을 위해 존재하는가에 대한 문제를 제기하는 것 같다. 목사의 공식성을 통해서 하나님의 어떤 목적이 수행되고 있는가? 목사의 직무는 어떤 선한 목표를 향하고 있는가?

공인들은 공동체의 목적들, 공동의 목표를 실현하는 일이 아니면, 공동체에서 바람직하지 않거나 필요하지도 않다. 모든 공동체들은 공식적이고 비공식적인 방식으로 지도자를 지명한다. 지도자를 만들기 위해서가 아니라 공동체를 만들기 위해서다. 리더십은 공동체, 특히 어떤 중요한 과업을 수행하고자 하는 공동체에서 필수적이다. 예수님은 이것을 아셨다. 예수님은 설교하시고, 치유하시고, 판단하시고, 해방시키셨다. 또한 공동체를 형성하셨다. 그분은 세상을 전복시킬 수 있는 능력을 공동체에게 주셨다. 그분은 그 새로운 공동체를 확장하기 위해서 위임하셨고 파송하셨다. 조지 맥컬리(George McCauley)가 상기시키는 것처럼, 예수님은 비전이 확실하면 조직된 공동체가 없이도 그 비전이 지속될 수 있을 것이라고 생각할 만큼 순진한 분은 아니셨다. 그렇기 때문에 예수님은 공동체를 조직하셨고, 모으셨고, 합치셨고, 준비하셨다. 복음서들에서 개개인은 형성되고 있던 공동체를 반영하면서 등장한다.[7] 사제들은 "성직에 있다"(in orders)기보다는 "명령을 받은"(under orders) 이들이다. 그리스도의 비전은 몸을 형성하는 정치적이고, 사회적이고, 전 세계적인 비전으로 "모두가 하나가 되는 것이다." 조르주 베르나노스(Georges Bernanos)의 시골 사제는 안수 받은 사역자는 양육하라는 명령을 받은 공동체 전체의 비전을 얼핏 봤다.

나의 교구! 원대한 사랑과 같은 것이 없으면 그 단어는 말해질 수도 없다. …
나는 나의 교구가 실제적이고 우리는 서로에게 영원토록 속해 있다는 것을 알고
있다. 교구는 단순한 행정적인 허구가 아니다. 영속하는 교회의 살아 있는 세포이
다. 그러나 선하신 하나님께서 나의 눈을 뜨게 하시고 나의 귀를 여실 때에만, 교
구의 얼굴을 볼 수 있게 될 것이다. … 모든 기독교와 모든 교구들의 눈에 보이는
것은 아마도 불쌍한 인류일 것이다. 우리의 주님은 십자가에서 그들을 보셨다.[8]

교회의 가장 초기 시대부터 사제는 그리스도의 공동체 전체의 비전을
공유하고 나타내는 공동체에 의해 지명되는 사람이었다. 사제는 신앙의 측
면에서 공동체를 살펴볼 뿐만이 아니라 공동체를 형성시키는 데 집중한다.
1장에서 언급했듯이, 교화(edification)는 사역에 대해 특별한 소명을 받은 이
들에게 지워진 부담이다. 목사는 전체라는 맥락 속에서 개개인의 삶을 목회
돌봄의 모든 차원에서 살펴봐야 하는 책임을 진 사람이다. 목사는 때때로
공동체의 전통이라는 무거운 부담을 견뎌야 하고, 불평등과 분열, 다양성의
존재를 확인해야 한다. 일치되도록 필요한 환경을 만들어야 하고, 화해될 수
있는 분위기를 조성해야 한다. 우리의 "동질성"이 가지고 있는 잠재적인 악
의 측면들을 판단해야 하고, 우리가 추구하고 이루고자 하는 공동체가 '기
독교' 공동체가 분명한지를 질문해야 한다. 그리고 자신의 개인 취향들과
공동체 화합과 유지, 비평이 요구하는 것을 구분해야 한다.[9]

분명히 공동체의 다른 사람들도 이러한 일들을 할 수 있을 것이고, 어쩌
면 더 잘할 수도 있다. 그러나 안수 받은 사역자가 이러한 일을 할 때 특히
중요하다. 왜냐하면 사제가 해야 할 책무이기 때문이다. 그렇다. 사제의 책
무이다. 카리스마, 기술, 좋은 외모, 감성, 지성은 사제들이 이 책무를 더욱

잘 감당할 수 있게 한다. 그러나 이런 특성들 중에 그 책무의 기원이나 근원, 이유가 되는 것은 아무것도 없다. 공동체의 구성원들은 공동체에 대한 염려, 즉 공동체의 과거, 현재, 미래의 상태를 살피는 것이 사제가 해야 하는 책무라고 인식한다. 그들은 사제가 하는 일이 중요하다고 인식한다. 그들은 또한 공동체에 대한 염려를 공인들의 특별히 집중하고 부담을 가져야 하는 짐으로 여기면서, 그들의 어깨 위에 고정적으로 놓인다고 인식한다. 공동체에 있는 다른 이들도 공동체를 세우는 기술이나 통찰력을 갖고 있을 수 있다. 그러나 목사들이 갖고 있는 것들과 동일하게 여겨지지는 않는다. 이것은 목사의 책무이다. 목사에게는 공동체를 돌보는 일이 책무로서 기대된다. 그러나 목사는-다른 이들의 권한을 무시하지 않으면서-이 책무를 위한 권한을 공동체로부터 불분명하거나 무계획적으로 부여받는다.

권한을 부여받지 못하면, 사제나 목사의 책무는 불가능하다. 만일 목사가 공동체를 형성시키는 자신의 역할을 등한시하면서 다른 이가 그 일을 할 수 있다고 추정하고, 개개인의 상담자나 일반적인 의미에서의 사회 운동가가 독립된 성경학자나 개별적인 다른 비슷한 일을 하면서 곁길로 새게 된다면, 얼마 지나지 않아 그 목사는 공동의 차원으로 돌려보내질 것이다. 만약 그렇지 않으면, 그 목사는 사제로서 자신의 독특성과 정체성을 결코 찾지 못할 것이다.[10]

이러한 공식성 때문에, 사적인 명령으로는 사제가 될 수 없다. 제사장직에 대한 소명을 단순히 하나님이 한 개인을 부르시는 것이라고 잘못 이해하는 사람들은, 공동체가 그들의 공식성을 인정하지 않을 때 예외 없이 실망한다. 공동체로부터 공식적으로 권한을 부여받는 일에 실패할 때, 그들은 사신들과 비슷한 사상적 신념을 가진 이들을 이끌 수 있는 그 공동체의 하위 집단에서 공식적인 지위를 얻고자 할 수도 있다. 그러나 이러한 시도는 기독교 공동체의 충만감에 결코 미치지 못하는, 파벌이나 분파, 일시적인 당파 운동으로 끝맺는다.¹¹

물론 사제나 목사의 존재가 공동체를 보장하지는 않는다. 그러나 사제나 목사의 존재는 공동체가 가치 있고, 공동의 관심사가 개인의 관심사보다 중요하다는 사실을 가시적으로, 개인적으로 분명하게 상기시켜 준다. 사제가 존재한다는 사실은 공동체를 증거하고 공동체로 초정하는 것이다. 다른 동료 그리스도인들은 그리스도 개인으로서 자신들의 문제에만 주로 관심을 갖는다. 사제는 개인적인 관심사에만 몰두할 수 없다. 사제는 안수를 받았기 때문에 공동체 사람(community person)이 된다. 사제를 통해서 사람들은 자신들의 종교적인 분투를 공동체의 일원으로서, 공동의 관심사로서, 상호적인 관계와 의존 속에서 이해하게 된다. 또한 과거의 신자들의 분투와 연결되어 있고, "시간과 장소를 불문하고" 주의 이름으로 부름을 받는 다른 그리스도인들과도 연결되어 있는 것으로 이해하게 된다. "사제가 성례전적인 환경 속에서 선포하는 것이 바로 '공동체 관점'이다. 공동체 관점은 공동체가 안수를 통해서 새로운 공인을 받아들일 때 지지하는 바로 그 관점이다."¹²

안수에 대한 근본적인 의문을 갖고 있는 교회를 나에게 보여주면, 나는 당신에게 공동체에 대한 근본적인 의문으로 극심한 고통을 겪고 있는 교회를 보여주겠다. 안수에 관한 갈등 속에서, 교회는 안수 문제에 반응하는 것이 공동체에 있어서 결정적인 일이 될 것임을 자각해야 한다.

안수 목사직의 부담은 (특권보다는 부담이 늘 더 많다) 사제들과 목사들이 공동체 의식의 부족, 공동체의 어려움, 공동체 내의 분열을 직접적으로, 공식적으로 볼 수 있는 좋은 위치에 서 있다는 데 있다. 많은 목사는 분열로 가득하고 누가 봐도 공동체가 아닌 것 같은 곳에서 행하고 있는 그들의 사역에 대해 강한 의구심을 품고 있다. 그러한 의구심은 우리의 강력한 개인주의와 공동체를 위한 그리스도의 요청 사이의 긴장 속에서 목사가 사역하고 있다는 것의 상징일 수도 있다.

그러나 만일 사제나 목사가 공동체의 '바람직함'이나 공동체의 '가능성'에 대해 의구심을 품는다면, 그것은 전혀 다른 문제이다. 그러한 의구심에 직면하여, 사제는 다른 이들을 조종하거나 거짓된 위세나 세상적인 권력을 사용하면서 자기-실현을 성취하고자 시도할 것이다. 그러면서 그는 가부장주의나 권위주위에 빠지고 평신도들은 공동체를 위해 아무것도 하지 않으려고 할 것이다. 또는 설교자가 공동체의 책(성경)을 버리고 우리의 자기중심적인 "복음"의 한계를 분별하기 모호하거나 어렵게만 하는 다른 출처의 텍스트를 사용할 것이다. 아니면 목사는 스스로에게 불가능한 리더십을 요구하면서 자기-정당화를 시도할 것이다. 그는 스스로를 슈퍼-그리스도인, 슈퍼 공감자, 슈퍼 선한 행위 실천가, 신앙과 덕의 귀감, 평신도보다 제사장직을 훨씬 더 잘 해내는 사람(바울은 그들을 고린도후서 11:5에서 "가장 위대한 사도들"이라고 불렀다)으로 여길 것이다. 그렇게 하면서, 그 목사는 사람들의 비전을 그리스도의 몸이 아닌 다른 데로 돌릴 뿐 아니라, 사람들이 공동체에서 실패한 것에 대한 희생양으로 자신을 내어줄 것이다. 결국 목사는 그들로 하여금 하나님과 공동체를 버리도록 도운 것이 된다. 그들은 누구를 비난해야 하는가?

안수예식은 공동체가 모이고 교화되도록 돕는 중요한 기능을 겸손하게 행하는 사람들을 따로 세우는 교회의 의식이다. 모든 인수예식은 공동체의 공인들을 세운다는 사실을 분명하게 진술하고 입증한다. 안수예식들은 예식 안에 하나님의 역사와 임재가 있다고 분명하게 선포할 것이다. 그러나 그 임재와 역사는 어떤 엄청난 그리스도인이나 신비스러운 권위자를 만들기 위함이 아니다. 공동체 형성이라는 목적을 위함이다. 새『공동기도서』(Book of Common Prayers)에서 주교는 성직자 수임 후보자에게 다음과 같이 말한다.

> 교회는 하나님의 가족, 그리스도의 몸, 성령의 전이다. 세례를 받은 모든 사람은 그리스도를 구원자와 주로 알리고 그의 세상을 새롭게 하는 데 동참하도록 부르심을 받았다. 이제 당신은 목사와 사제, 선생으로 일하도록 부름을 받는다. … 사제로서, 당신의 책무는 말과 행동으로 예수 그리스도의 복음을 선포하고, 복음의 가르침에 따라 당신의 삶을 맞춰가는 것이다. 당신은 젊은 사람과 나이든 사람, 강한 자와 약한 자, 부유한 자와 가난한 자를 동일하게 보살피면서, 당신이 사역하는 사람들을 사랑하고 섬겨야 한다. 당신은 설교해야 하고, 회개하는 죄인들에게 하나님의 용서를 선언해야 하고, 하나님의 복을 말해야 하고, 거룩한 세례식을 집례하고 그리스도의 몸과 피의 신비를 기념하는 일을 함께 나눠 해야 하고, 당신에게 맡겨진 다른 직무들을 수행해야 한다.
>
> 당신이 하는 모든 일들 속에서, 당신은 그리스도의 풍성한 은혜로 그리스도의 백성을 양육해야 하고, 그들이 현재의 삶과 앞으로 올 삶 속에서 하나님께 영광을 돌릴 수 있도록 그들을 격려해야 한다.
>
> 나의 형제여, 당신은 당신이 이 제사장직을 위해 하나님과 그의 교회로부터 진정으로 부름을 받았다는 사실을 믿는가?

안수예식은 공동체를 세우는 사람의 공식성을 분명하게 하는 근거이기도 하다. 손을 얹는 행위는 권위 양도, 성령의 은사, 누군가에 대한 공동체의 위임을 상징적으로 보여주는 역사적으로 중요한 행위이다. 이 행위는 모든 안수예식에 포함된다. 안수 후보자는 신앙 진술이나 그 진술에 대한 개인적 성향과 관련하여 질문을 받을 수도 있다. 후보자는 교육과 기술 습득을 위한 과정을 밟게 될 수도 있다. 그러나 안수예식의 성례전 및 상징적인 초점은 항상 신앙 공동체에 의해 공식성을 부여받는 표지인 손을 얹는 행위에 있다.

대부분의 안수예식에서, 공식성을 상징하는 것들이 후보자들에게 주어질 것이다. 고대 로마에서 지위를 상징했던 스톨은, 사제가 그리스도와 교회에 묶이게 되었다는 사실을 상징하면서 그의 어깨 부위에 놓일 것이다. 교회의 책이자 교회 전통의 보고인 성경이 주어질 것이다. 성찬배와 성반이 새로운 사제에게 주어질 것이다. 이 모든 것들은 공동체를 형성하고 교화하는 사역을 하는 사제의 도구가 될 것이다. 공동체의 지명을 받은 새로운 목사는 이제 세례로 주의 백성을 확인하고, 주의 식탁에서 초대자가 되고, 주의 백성을 기다리고, 그들이 주의 몸의 지체가 되도록 돕는 일을 할 수 있게 되었다. 교회는 안수예식을 통해서 안수 목사직의 근거와 목적을 선포한다.

후보자가 성경을 받을 때 주교는 이렇게 말한다. "말씀을 설교하고 성례전을 집전하는 권한을 받으십시오." 이 말은 명령이자 약속이다. 새로운 사제는 그 권한을 대담히 받아야 할 것이다. 왜냐하면 그 권한이 매우 대담하게 주어지기 때문이다. 명령은 "받으십시오."이다. 공동체의 공식성이라는 선물이 후보자가 그 선물을 받는 것보다 앞서지만, 후보자가 주어진 새로운 역할을 맡기 전까지 공동체가 주는 공식성은 아무런 의미를 갖지 못한다. 이것이 바로 약속이다. 공동체가 주는 권한을 담대하게 받을 때, 그 사람은 사역의 열매 속에서 하나님으로부터 확증을 받게 될 것이다.

신학교에서 목사 후보자들을 가르치는 동안에, 나는 마지못해 "권한을 받는" 이들을 종종 봐왔다. 학생들은 때때로 교회가 그들을 "다른 누구처럼 똑같이 대해 주었으면," "나를 한 개인으로 존중해 줬으면" 하는 소박한 바람을 말하곤 한다. 그들이 곧 알게 되겠지만, 그러한 바람은 이뤄지기 힘들다. "다른 누구"(anybody else)와 "한 개인"(individual persons)은 공동체가 그리스도의 몸이 되도록 하는 일에 있어 도움이 거의 되지 않는다. 나는 최근의 어설픈 "평신도 사역론"과 목사가 "자기 자신이 되어야 할" 필요성을 주장하는 움직임에서 안수의 명령과 약속을 교묘하게 회피하고자 하는 시도를 발견한다. 우리 사역자들은 때로 우리가 "여러 소년이나 소녀 중 하나였으면" 하는 바람을 표한다. 공동체 사람(community person)으로서 부담을 지지 않았으면 한다. 다른 누구처럼 되고자 하는 우리의 바람은 우리의 평등주의의 겸손에서 기인한다기보다는, 우리 자신을 공동체의 뜻에 연결할 때 나타날 수 있는 위협을 감지하는 우리의 완고한 자기-중심적 교만에서 기인하는 것 같다. 우리는 사역의 요구를 충족시키기에 능력이 부족하고 자격도 없다고 스스로에 대한 의구심을 표한다. 이러한 의구심의 원인은 공식성이라는 선물이 우리에게 주어질 때 그것을 받을 수 있는 능력이 없다는 것에 있을 수 있다. 사역자로서 우리 스스로에 대한 의구심은 우리 개인의 속성에 대한 의구심에서 크게 기인하지 않는다(왜냐하면 앞에서 언급했듯이 안수에서 개인의 속성은 부차적이고, 공동체의 속성이 본질적이기 때문이다). 오히려 우리에게 권한을 부여하는 공동체의 능력에 대한 의구심과 공동체에 권한을 부여하시고 우리를 통해 공동체를 형성하시는 하나님의 능력에 대한 의구심에서 기인한다.

우리에게 주어진 공식성의 정당성과 유효성에 대한 이러한 의구심과 의혹은 공동체 예배에서 우리가 갖고 있는 리더십을 통해서 분명하게 표현될 것이다. 왜냐하면 예배를 인도할 때, 사제의 공동체 기능은 가장 분명하게 드러나고, 사제의 공식성에 대한 근거도 가장 강력하게 확인되며, 목사의 자기-이해도 공공연하게 드러날 것이기 때문이다. 평신도들은 목사의 예배 리더십이 가장 중요하고 두드러지는 목회 활동이라고 생각한다. 옳은 생각이다. 평신도들은 목사가 공동체의 예배 리더십을 통해 그들을 돕지 못하면, 다른 영역에서도 그들을 돕지 못할 것이라는 사실을 잘 안다. 만일 목사가 그리스도 공동체 전체의 비전을 현존케 하는 데 도움이 되지 못한다면, 그 목사는 공동체 전체의 비전을 지닌 구성원이 되고자 하는 평신도들의 개인적 소명을 성취하는 일에도 도움이 되지 못할 것이다.

2. 예배의 목회 리더십에 대한 실제적인 관찰들

얼마 전에 한 저녁 파티에서 나는 한 여성 옆에 앉게 되었다. 대화하는 도중에 그녀는 나에게 그녀의 교회에 새로운 목사가 부임했다고 말했다. "그 목사님이 어떻던가요?" 내가 물었다.

"아, 그는 훌륭해요." 그녀는 크게 답했다. "그 목사님은 최고의 축도를 하세요."

나는 목사의 능력에 대한 많은 칭찬을 들어왔지만, 그러한 칭찬은 한 번도 들어본 적이 없었다. 그래서 그녀에게 좀 더 자세히 설명해 달라고 부탁했다.

"음, 우리는 축도에 대해서 그리 중요하게 생각하지 않았었어요. 아마도 우리가 진정한 축도를 한 번도 경험해 본 적이 없었을 수도 있었겠네요. 그러나 그 목사님과 함께 처음으로 예배를 드린 주일, 예배의 끝부분에서 그 목사님은 급히 문 쪽으로 달려가서 사람들에게 인사하는 대신에 앞에 계속 서 있었고 이런 식으로 말했습니다. '이제 제가 여러분들을 축복하겠습니다. 전부 저를 보시고 저의 축복을 받기를 바랍니다. 왜냐하면 여러분은 앞으로의 한 주간을 위해 저의 축복이 정말로 필요할 것이기 때문입니다.' 우리 모두는, 목사님이 두 팔을 머리 위로 올려 마치 우리를 안아주듯이 크게 벌리고, 우리 한사람 한 사람을 아버지처럼 바라보고, 성부와 성자와 성령의 이름으로 우리를 축복하는 것을 쳐다봤습니다. 내 생각에 목사님의 축도는 매 주일 예배의 가장 중요한 순간이 된 것 같습니다."

어떤 면에서, 그 여성의 간증은 내가 여기에서 말하고자 하는 모든 것을 말하고 있다고 생각한다. 목사의 축도가 가져오는 도움에 대한 그녀의 간증은 몇 년 전에 폴 프루이저가 쓴 훌륭한 에세이인 "거장의 솜씨: 목회적 축복에 대한 심리학적 해설"(The Master Hand: Psychological Notes on Pastoral Blessing)[13]을 기억하게 했다. 프루이저는 많은 목사가 예배에서 내키지 않는 태도로 축도를 하는 것에 대해 걱정했다. 그리고 목사들이 섭리를 강하게 상징하는 축도를 회피하는 몇 가지 가능한 이유를 추측했다. 첫째, 그는 목회적인 축도 행위의 쇠퇴는 섭리에 대한 전통적인 신학 교리의 퇴조와 동시에 일어났다고 보았다. 이러한 퇴조는 섭리에 대한 신학 교육이 약화되었기 때문인가, 아니면 목사의 축복을 통한 하나님의 섭리가 잘 나타나지 않았기 때문인가? 아마도 사람들은 하나님의 섭리를 이해하는 것이 어렵다고 여겼을 것이다. 왜냐하면 그들은 다른 사람, 즉 그들의 목사를 통해서 섭리를 경험한 적이 없었기 때문이다.

또 다른 가능한 이유는 목사가 축도 행위를 제대로 하지 못하기 때문이다. 이것은 이 장에서 다루는 중요한 주제와 매우 가깝다. 이 두 번째로 가능한 이유는 자신들의 전문적인 정체성과 관련한 목사들의 갈등에 있다.

예배 지도자들이 예전의 직무를 엉성하게 행하는 것은, 그들이 이 부분에 대한 그들의 활동에 전문적인 가치를 높게 두지 않는다는 것을 분명하게 보여준다. 그리고 그들이 축도를 제대로 못할 때, 회중은 다음과 같은 무언의 메시지를 받게 된다. (1) 축도는 의미 없는 것이다. (2) 목사는 회중이 축도를 받을 가치가 있다고 생각하지 않는다. (3) 목사 자신이 이미 오래 전에 섭리에 대한 생각을 버렸다. (4) 목사는 목자로서의 역할을 거부하고 있다.[14]

축도와 같은 매우 중요한 예전 행위를 제대로 하지 못하는 것은, 자신의 축복할 수 있는 능력에 대한 목사의 의심이 목사에게 축복의 능력을 부여한 공동체의 권한을 압도하게 만들었음을 의미한다. 목사는 축복하기를 거부함으로써, 사람들의 필요에 대해 공감하지 못하고 잘 알지 못한다는 사실을 나타낸다. 또한 그러한 목사는 권한, 능력, 자기-실현의 필요성, 그리고 목사로서 다른 사람들의 필요에 응답할 수 없다는 자기-이해로 인해 갈등에 빠질 수 있다는 사실을 보여준다. 안수는 우리에게 다음을 상기시킨다. 목사는 신의 섭리에 대한 모든 어려운 질문에 대답할 수 있기 때문이 아니라, 공동체에 있는 다른 누구보다 그 일을 더욱 잘하기 때문이 아니라, 축복해야 할 순간을 느낄 수 있기 때문이 아니라, 공동체로부터 축복하라는 책무를 부여받았기 때문에 축복한다.

사실 프루이저가 계속해서 제안하듯이 단지 축복의 책무를 올바르게 시도만 하더라도, 목사는 자신의 의구심과 의혹이 축복의 행위를 하는 자체만으로도 풀린다는 것을 알 수 있다. 예전 행위는 정신-역학적으로 매우 중요하고, 내적 감정과 매우 밀접하게 연결된다. 그래서 올바른 동작을 하는 것이 그에 상응하는 감정을 유발시킬 수 있다. 축복을 하면서 목사는 복을 받을 수 있다. 그러나 목사가 복을 받든지 그렇지 않은지는 중요하지 않다(목사의 책무에 있어서 이는 부차적인 문제이다). 목사에게 중요한 것은 그러한 축복을 항상 필요로 하는 공동체를 위해 기능하고자 하는 마음을 갖는 것이다. 나는 이것이 바로 C. S. 루이스(C. S. Lewis)가 언젠가 불평을 토하면서 했던 생각이라고 여긴다. "약식으로 예식적인 일들을 행하는 오늘날의 관습은 겸손을 나타내는 증거가 아니다. 오히려 그것은 예식에 몰두할 수 있는 능력이 없고, 다른 사람들이 의례에서 경험할 기쁨을 망칠 준비가 되어 있다는 것을 증명한다."

고열로 인해 몸이 좋지 않았음에도 불구하고 무대에 올라가서 나를 놀라게 했던 배우 친구가 생각난다. 내가 왜 그랬냐고 묻자 그녀는 이렇게 대답했다. "그들은 돈을 지불했잖아요. 사람들이 오늘밤에 극장에 온 이유는 나를 보기 위해서도 아니고, 나의 아픔과 고통에 대해 듣기 위해서도 아닙니다. 그들은 입센(Ibsen)의 천재성을 보고, 즐거워지고, 힘을 얻기 위해 온 것입니다. 내가 할 일은 연기하는 것입니다. 내 좋지 않은 기분은 그 일을 하는 데 아무런 상관이 없습니다." 물론 연기와 예전 리더십을 비교하는 것이 지나칠 수는 있다. 그러나 나는 이 이야기가 우리가 가진 공식성의 근거와 우리가 존재하는 목적을 다시금 기억하게 만든다고 생각한다.

오늘날 권위주의에 대한 우리의 두려움은 권위 혐오증으로 발전되었다.

나의 학창 시절에 정치적 "영웅"은 유진 매카시(Eugene McCarthy: 1960-70년대 미국 민주당의 상원의원으로서, 당시 대통령인 린든 존슨의 베트남전 개입을 비판했다.-역주)였다. 그는 비 지도자(nonleader)의 전형이었다. 매카시는 우리가 린든 존슨(Lyndon Johnson)에게서 본 권위적인 스타일과는 매우 대조적인 모습을 보여줬다. 그러나 리더십의 문제는 지도자를 없앤다고 해결되지 않는다. 리더십의 일부 스타일이 적절하지 않고 일부 지도자의 자기-이해에 문제가 있다면, 그러한 것들은 바뀔 수 있다. 그러나 우리에게는 지도자가 반드시 있어야 한다. 우리는 우리에게 주어진 권한을 권위적이지 않으면서 정당하게 행사하는 방법을 배워야만 한다.

아주 묘하게도, 공동체 예배에서 비 지도자로 보이고자 하는 우리의 노력 뒤에는 때때로 초기의 성직주의 같은 것이 있다. 우리는 우리의 어설픈 리더십을 통해서, "거룩한 사람" 이미지를 매우 불편해하며 "단지 여러 소년 중 하나"로 보이고자 하는 열심을 통해서, 우리 자신의 정체성 위기를 나타냄으로써, 마치 우리 자신의 자기-이미지가 사역에서 핵심 사안인 것처럼 스스로의 주위를 환기시킨다. 우리가 예배를 우리의 자기-의심과 권한 문제, 무능이 시끄럽게 선포되는 장으로 바꾸면, 회중은 하나님을 예배하지 못하고 만나지 못하게 된다. 설교자는 여전히 쇼의 중심, 즉 예배에서 말씀의 종이고 공동체의 공인이라는 패러다임이 아니라 자신의 성격 갈등(personality struggle)으로 예배를 교묘하게 지배하는 패러다임의 중심에 서 있다.

예전이 제대로 기능하는가에 대한 핵심 요인은 목사의 리더십이다. 예전 인도자는 집회의 분위기를 만들고, 자기 자신의 존재와 태도로 교육하고, 공동체의 예식에 일관성과 일치성을 제공하고, 회중으로 하여금 그들이 바랐던 목표를 향해 나아가도록 돕고, 우리가 누구의 은혜와 심판 아래 있는지 회중이 기억하도록 돕는다. 공동체 예배가 개방성과 환대를 전달하는지, 공동체가 확신과 신뢰를 가지고 하나님을 만나러 나아가는지는 놀라울 정도로 공동체의 목회 리더십의 본질에 의해 좌우될 것이다. 목사의 "공식성"에 있어서 목사의 자기-이해가 주요 요소는 아닐 수 있다. 그러나 목사가 그 공식성을 수락하고, 그 역할의 요구를 감당하는 것은 매우 중요하다. 만약 목사가 예전에서 하나님의 일하심을 의심한다면, 그 의심은 하나님의 역사가 일어나도록 만들고자 하는 조작(manipulation)으로 표현될 것이다. 그리고 그 조작은 하나님의 부재에 대한 고백, 가부장주의와 사제가 하나님으로부터 예전을 탈취하는 쇼맨십이 된다. 아니면 그 조작은 평신도들이 기본적인 부정직함(진정성 없이 건성으로 하는 행위)으로 인식하는 냉담한 무관심이 된다. 그렇게 하면서 사제는 공동체의 도구이자 신과 인간이 만나는 성례전이라는 자신의 존재와 능력을 비하시킬 뿐 아니라, 사제가 공인인 공동체 자체를 비하시킨다. 설교대와 성찬대에서 행하는 직무의 중요성을 의심하면, 목사는 자신을 임명한 공동체의 정당성을 의심하는 것처럼 보인다. 그리고 공동체를 축복하기에 너무나도 부족한 자신을 통해 일하시기 위해 스스로를 낮추신 하나님을 의심하는 것이 된다.

갓프리 디이크만(Godfrey Diekmann)이 말했듯이 "도나투스파는 신학적으로는 틀렸지만 목회적으로는 정말로 옳았다."[15] 목사는 예배 속에서 주요 행위자와 응답자가 아니다. 행위와 응답의 주요 도구이다. 목사는 하나님의 백성이 존재한다는 표지이다. 그리고 아퀴나스가 성례전에 대해서 말했던 것처럼, "보여줌으로써 영향을 미친다(by signifying it effects)." 예배를 인도하는 목사는 회중의 신앙과 헌신, 하나님의 백성들 가운데서 은혜의 공동체를 만드시는 그리스도의 일하심을 가시적으로 표현한다. 목사는 그렇게 함으로써 신앙과 형성의 대리자가 된다. 미국 가톨릭교회의 주교들이 몇 년 전에 선포했던 내용은 옳았다. "좋은 예식은 신앙을 양육하고, 나쁜 예식은 신앙을 약화시키고 파괴한다."

마지막으로, 예전의 지도자는 공동체가 부여한 역할을 대담하게 맡을 때 공동체를 가장 잘 도울 수 있다. 뿐만 아니라 설교대에서는 설교자이고 성찬대에서는 사제인 그가 공동체의 목사로서도 분명하게 드러날 때 공동체를 가장 크게 도울 수 있다. 신학적으로 자유주의 설교와 보수주의 설교 할 것 없이, 개신교 설교의 골칫거리가 된 사소한 훈계와 힐책은 설교자가 자신이 목사이기도 하다는 사실을 잊는 상황 속에서 자주 나타나는 경향이 있다. 소위 "예언자적 설교"(구약 예언자들의 고통스러운 "목회적" 감정이입을 비웃는 표현이다.)는 권위에 대한 자신의 사춘기 반항심을 아직 해결하지 못해 여전히 잔존하는 적대감을 배출하는 수단으로 일부 설교자들에 의해 너무나도 자주 사용된다. 이러한 설교에서 목사는 설교자의 권한을 부여한 공동체와 스스로 반목한다. 마치 예언자적인 말씀이 하나님의 고독한 대변인을 통해서 그 대변인이 속해 있지 않은 공동체에게 전달되는 것처럼 말이다. 진정한 예언자적 말씀은 사람들과 함께 하나님의 말씀 아래 서 있는 사람, 즉 설교대의 설교자일 뿐 아니라 사람들을 성찬대로 초청하여 먹이는 사람에 의해서만 가장 잘 전달될 수 있다. 말씀과 성례전의 결합은 신학적으로 바람직할 뿐 아니라 목회적으로도 중요하다.

공동체의 공인이라기보다는 예전적인 아마추어, 루터가 지칭한 "성단소에서 날뛰는 이들"(chancel prancers), 거들먹거리는 예전 로봇이 된 예배 지도자들도 마찬가지다. 예전은 앞선 시대가 예술적인 즐거움을 위해 우리에게 물려준 순전하고 흠이 없는 거룩한 독립체가 아니다. 예전은 "사람들의 일"이고, 성찬대 주위에 모인 사람들의 행동이고, 열망이고, 비탄이고, 펼친 손이다. 그리고 그들을 직접 만나고자 하시는 하나님의 행동이고, 열망이고, 비탄이고, 펼친 손이다. 전통적으로 예전의 실천적인 기능에 대한 연구에 사용되었던 '목회적 예전'이라는 용어는 유의어 반복이다.

안수 받은 사역자의 사제와 목사로서의 역할 사이의 상호적이고 필수적인 관계에 대한 하나의 예로 개혁주의 전통에서 고안된 "목회기도"를 들 수 있다. 많은 침례교, 감리교, 그리고 장로교 예배에서 볼 수 있는 "목회기도"는 일반적으로 주일예배에서 목사가 하는 즉흥적이고 광범위한 기도를 말한다. 내가 생각하는 한, "목회기도"는 개신교 예배에 있어서 가장 주된 문제 중의 하나이다.[16] 나는 목회기도는 "무력한 회중에게 쏟아 붓는 퉁퉁 불은 국수가 담긴 그릇"이나 크게 다를 바 없다고 표현한 예일대학교 신학부의 리앤더 켁(Leander Keck)에게 동의한다. 내가 들은 목회기도들에 대해 나는 두 가지 중요한 이의를 제기한다. 그것들은 기도가 아니다. 그리고 그것들은 대개의 경우 매우 목회적이지 않다. 개신교 목사들은 그들의 공적 기도를 사람들을 위해서가 아니라 사람들을 향해 또는 사람들에 대해 눈을 감고하는 진부하고, 모호하고, 횡설수설하는 짧은 설교로 만들어버렸다는 질타를 받아 왔다. 이것은 회중을 하나님 앞으로 데리고 가려는 사제의 노력과는 전혀 다르다. 기도는 우리 많은 사람들에게 문제가 될 수 있다. 왜냐하면 그들이 공예배의 기도에 참여하는 경우가 거의 없기 때문이다.

둘째, "목회기도"는 마치 회중을 전혀 모르는 이가 기도하는 것처럼 들릴 정도로 너무나도 자주 추상적이고, 구체적이지 않고, 동떨어져 있고, 형식적이다. 회중의 목사가 하는 즉흥적이고 자유로운 기도는 주일예배에서,

특히 소위 자유-기도라고 불리는 전통을 가지고 있는 교회들에게 매우 중요한 부분이 될 수 있다. 그러나 그것은 '기도'여야 한다. 다시 말해, 그것은 목사 쪽에서 초점을 잘 맞춰서 하나님께 말씀을 잘 드리고 하나님의 말씀을 잘 들을 수 있는 잘 구성되고 잘 서술된 기도여야 한다. 또한 이 기도는 목회적이기 때문에, 목사가 특정한 회중의 특정한 필요를 구체적으로 알고 있고, 돌보는 사람으로서 말하는 것처럼 들려야 한다. 사제는 월요일부터 토요일까지 진정한 목사가 되어야만 주일에 회중을 대신해서 기도할 권리를 가진다. 목사는 침대 머리맡에서, 그리고 주방에서, 그리고 상담시간에 들을 수 있을 때에만 기도할 수 있다. 진정한 예전적인 기도는 이러한 목회적인 감성, 관여, 그리고 결속을 필요로 한다. 심도 있는 목회 돌봄은 반드시 기도를 필요로 할 것이다.[17] 나는 내가 목회를 할 때, 목회적으로 꽤 탈진한 상태와 자포자기의 심정으로 예배 속에서 "목회기도"나 다른 기도를 하곤 했던 몇 주를 기억한다. "주님, 저는 제가 할 수 있는 모든 것을 했습니다. 그리고 그들도 그들이 할 수 있는 모든 것을 했습니다. 이제 우리는 숨김없이, 모든 것을 비우고, 당신을 신뢰하며 나아갑니다. 당신을 향해 우리가 울부짖을 때 우리를 들으소서." 우리가 목회 상담 때 하는 기도(또는 기도 모임에서 하는 목회 상담)는, 공동체 안의 사람들이 우리가 극복해야 할 장애물이 아니며, 교회 프로그램을 통해서 다루어야 할 대상자나 해결되어야 할 문젯거리가 아님을 상기하도록 도움을 준다. 그들은 자신들의 말이 들려지기 원하는 구원받은 하나님의 자녀이자 죄인이다.

이와 같은 때에, 목사가 담대하고 기대에 찬 모습으로 하나님의 백성을 은혜의 보좌 앞으로 인도한다면, 나는 그러한 목양은 반드시 보상을 받으리라고 확신한다. 하나님의 백성은 목사의 인도를 통해서 복을 받을 것이다.

해결되지 않고, 개선되지 않고, 또는 온전히 치유되지 않더라도, 그들은 복을 받을 것이다. 그들이 복을 받는다는 그 자체가 그들을 신실하게 인도한 목사에게는 충분한 보상이 될 것이다.

Notes

서문

1. William H. William, "The Relationship of Liturgical Education to Worship Participation," *Religious Education*, vol. 69 (Septe, ber-October, 1974), pp. 621-27.

2. Harville Hendrix, "Pastoral Counseling: In Search of a New Paradigm," *Pastoral Psychology*, vol. 25 (Spring, 1977), pp. 157-72. 핸드릭스는 목회 상담가의 다양한 정체성에 대하여 논한다. 핸드릭스는 목회 상담가의 정체성을 넓은 의미에서 설명하는데, 나는 그가 생각하는 선지자로서의 목회 상담가의 사역에 대하여 의견을 제시한다.

1장

1. James D. Glasse, *Putting It Together in the Parish* (Nashvile: Abingdon, 1971), pp. 134-35.예를 들어, 제임스 글레스는 "목회 사역의 역량"을 위한 규범들을 작성한 목록에서 사회적 혁신가(social organizer), 상담가, 커뮤니케이터와 같은 목회자에 대한 장들로 할애했다. 그러나 예배를 인도하는 목회자의 능력에 관해서는 한두 문장만 있을 뿐이다.

2. Paul W.Hoon, *The Integrity of Worship* (Nashville: Abingdon, 1971), pp. 25-27.

3. Ibid., p. 298.

4. Bernard Cooke, *Ministry to Word and Sacraments* (Philadelphia: Fortress Press, 1976), pp. 33-112.

5. Karl Barth, *Church Dogmatics, trans.* G. W. Bromiley, IV/2 (Edinburgh: T & T Clark, 1958), p. 638.

6. James White, *New Forms of Worship* (Nashville: Abingdon, 1971), pp. 32 ff; Don Wardlaw, "Takestock: Worship" (worship workshop by Don Wardlaw, McCormick Serminary, Chicago).

7. John Macquarrie, *Paths in Spirituality* (New York: Harper & Row, 1972), pp. 53ff.

8. Karl Barth, *Dogmatics*, IV/1, p. 705; *Encyclical Mediator Dei* (November 20, 1947).

9. Frank C. Senn, "Martin Luther's Revision of the Eucharistic Canon in the Formula Missae of 1523," *Concordia Theological Monthly*, vol 44 (January, 1973), pp. 39ff.

10. Paul W. Pruyser, *A Dynamic Psychology of Religion* (New York: Harper, 1968), pp. 178-79.

2장

1   William A. Clebsch and Charles R. Jeackle, *Pastoral Care in Historical Perspective* (Englewood Cliffs, N.J.: Prentice-Hall, 1964), pp. 34-66. Seward Hiltner, *Preface to Pastoral Theology* (Nashville: Abingdon, 1958), pp. 89-172. 최초로 목회 돌봄에 대한 세 가지 역사적 기능에 대하여 설명했으며, 처음으로 토론했다.

2   Clebsch and Jaeckle, *Pastoral Care*, p. 13.

3   J. A Jungmann, S.J., *Pastoral Liturgy* (New York: Herder and Herder, 192), p. 380.

4   Clebsch and Jaeckle, *Pastoral Care*, pp. 124-35; Mary Catherine O'Conner, *The Art of Dying Well: The Development of the Ars Moriendi* (New York: Columbia University Press, 1942).

5   Richard Baxter, *The Reformed Pastor*, ed. Hugh Martin (London: SCM Press Ltd., 1956; Richmond, Va.: John Knox Press, 1963), pp. 48-49.

6   보이슨(Boisen)이 스스로 병원 환자들을 예배하는 공동체로 보면서 공동의 돌봄을 강조한 점을 주목해야 한다. Anton Boisen, *Out of the Depths* (Harper, 1960), chap. 5, "An Adventure in Theological Education," p. 143-97을 보라. 또한 보이슨은 정신병원에서 사용할 수 있는 찬송가집을 집필했다. Anton Boisen, *Lift Up Your and Hearts: A Service-Book for Use in Hospitals* (책의 제목이 훗날 *Hymns of Hope and Courage*로 바뀌었다.) (Philadelphia: Pilgrim Press, 1950).

7   Urban T. Holmes III, *The Future Shape of Ministry* (New York: The Seabury Press, 1971), pp. 173-78.

8   Paul W. Pruyser, *The Ministry as Diagnostician* (Philadelphia: The Westminster Press, 1976). Gaylord B. Noyce, "Has Ministry's Nerve Been Cut by the Pastoral Counseling Movement?" *The Christian Century*, vol. 95 (February 1-8, 1978), pp. 103-14를 보라.

9   Pruyser, *Minister as Diagnostician*, p. 43. 왜 사람들이 인정받는 목회 상담가를 찾는지에 대한 프루이저의 견해들은 Emil J. Posavac and Bruce M. Hartung, "An Exploration into the Reason People Choose a Pastoral Counselor Instead of Another Type of Psychotherapist," *The Journal of Pastoral Care*, vol. 31 (March, 1977), pp. 23-31에 자료들로 모여 있다.

10 Pruyser, "The Use and Neglect of Pastoral Resources," *Pastoral Psychology*, vol. 23 (September, 1972), p. 9. 공정하게 말하자면, 시워드 힐트너(Seward Hiltner)는 자신의 책인 *Pastoral Counseling* (Nashville: Abingdon, 1949), p. 226에 있는 "종교적 자료들"(Religious Resources)이라 명시된 목록을 통해 목회자들에게 도움을 주고자 했다. 그러나 힐트너는 "자, 아마도 목회 상담이 주된 관심인 많은 전문 분야에서 우리는 실제 경험(actual experience)에 관한 충분한 연구 보고서들을 더 많이 필요로 할 것이다."라고 말했다. 데이비드 K. 스위처(David K. Switzer)는 "Considerations of the Religious Dimensions of Emotional Disorder," *Pastoral Psychology*, vol 24 (Summer, 1976), p. 327의 내용 중에 "예배의 기회(opportunity for worship)는 … 그 자체가 특별히 강력한 치료 과정일 수 있다. … 예배보다 종교들의 관념(religions ideation)과 망상적 체계들(delusional systems)에 대한 현실 검증(reality testing)을 할 수 있는 적절한 환경

은 없다."라고 썼다.

11 Pruyser, *Minister as Diagnostician*, p. 48. 프루이저가 "In Relation to All Psychology," *Pastoral Psychology*, vol. 21 (February, 1970), p. 49를 썼을 때에 제임스 디테스(James Dittes)의 의견이 다음과 같이 포함되어 있었다. "목회심리학은 20년간 목회자에게 성도들과의 관계를 위한 독특하면서도 필수적인 자신의 위치, 즉 종교와 교회의 지도자로서의 목회자의 역할을 진지하게 받아들일 수 있도록 격려했다."

12 Don S. Browning, *The Moral Context of Pastoral Care* (Philadelphia: The Westminster Press, 1976), pp. 108-9. Karl Menninger(칼 매닝거)가 그의 책, *What Became of Sin?*에서 이와 유사한 많은 논쟁들을 언급한다. 매닝거는 만일 윤리적 맥락에서 정신의학과 목회 상담이 선행되지 않는다면, 규범적 가치 체계(normative value systems)와 연관된 다양한 문제들은 우리 일상의 삶에서의 결단들과 관계가 있다는 사실을 누구든지 직면하는 것이 이상할 것이라 생각했다. 매닝거의 의견들은 그의 추청에 기반을 두었다. 그러나 그의 의견은 심리적 문제들을 포함하는데, 이 심리적 문제들은 가치 혼란과 얽혀 있고 감정과 대인관계의 역학적 원리를 흔히 수반한다. 돌봄은 가치 논쟁(value issues)과 감정과 대인관계의 역학적 원리에서 반드시 제공된다. 매닝거와 브라우닝의 함축된 생각은 가치 논쟁의 해명(clarification)과 안정화(stabilization)가 감정과 대인관계의 역학적 관계에 대한 논쟁만큼 중요한 상황에서 목회자가 일해야 한다는 것이다. Karl Menninger, *What Became of Sin?* (New York: Hawthorn Books, Inc., 1973). 듀크 대학교에서 함께 가르친 동료 교수 중 한 명인 하몬 스미스(Harmon Smith)는 자신만의 기독교 윤리의 관점으로 목회 상담가들에 관한 유사한 논쟁을 다음 논문에 제기했다. "Language, Belief, Authority: Crises for Christian Ministry and Professional Identity," *Pastoral Psychology* (April, 1972), pp. 15-21.

13 Ivan Illich, *Tools for Conviviality* (New York: Harper, 1973), pp. 1-7과 *Medical Nemesis* (New York: Pantheon Press, 1976)를 보라. 불행하게도, 사람들은 의학적 모델(medical model)에 관한 끊임없는 사랑을 기대하는 것이 가능하다. 왜냐하면 몇몇의 목회 상담가들의 현재의 수고들, 자신들의 봉사들이 개인과 정부 자료용으로 정리되어 제3의 결제(third-party payment) 방식으로 지급받는 것을 허락받았기 때문이다. Seward Hiltner, "Pastoral Counseling and the Church," *The Journal of Pastoral Care*, vol 31 (September, 1977), pp. 202-5를 보라.

14 Glenn E. Whitlock, *Preventive Psychology and the Church* (Philadelphia: The Westminster Press, 1973), pp. 16-17.

15 Browning, *The Moral Context*, p. 105. 이와 같은 교회적 상황에 대한 강조는 브라우닝으로 하여금 목회 돌봄을 전문으로 하는 많은 동료들과의 관계를 난처하게 했다. 예를 들어, 웨인 오츠(Wayne E. Oates)는 목회자의 권위를 논하면서, 목회자가 "사제로서 성례를 전달하는 사람"에서 "구비되고 훈련된 사람"으로 변화되었다고 당당하게 주장했다.

"개신교 목회 상담가는 상담가로서 자신의 전문 능력을 발휘하기 위하여 자신의 '인물됨'(personage)이나 교회의 제도성에 의존하지 않는다. … 미국에서 개신교 목회 상담 운동이 많은 관심과 힘을 임상 목회 교육의 전문성 있는 유효한 형태들을 발전시키는 데 집중시킨 것은 옳았다. … 목회자가 상담가로서의 승인과 자격, 그리고 권위를 얻는 것은 개신교 신학 교육자들에게 아주 중요하게 부각되었다."

Wayne X. Oates, *Protestant Pastoral Counseling* (Philadelphia: The Westminster Press 1962), p. 161. Seward Hiltner와 Lowell G. Colston은 *The Context of Pastoral Counseling*

(Nashville: Abingdon, 1961)에서 목회 돌봄에 대한 교회의 상황에 초점을 맞춘다. 그러나 교회 상황의 명확한 본질에 대한 그들의 설명은 명쾌하지 않다. 그리고 예배 공동체로서의 교회 상황에 대한 그들의 인용 문헌은 무시해도 될 정도다. "Pastoral Counseling and Church," *The Journal of Pastoral Care*, vol 31 (September, 1977), pp. 194-209에 있는 힐트너(Hiltner)의 담화가 목회 돌봄에 대한 중요한 맥락을 아주 세밀하게 짚어준다는 것을 발견하였다.

16 찰스 W. 스콧(Charles W. Scott)의 책인 *Pastoral Psychology* (February, 1972)는 편집되어 출판되었다. 그리고 스콧은 이 책의 5-6쪽 중에 다음과 같은 내용을 썼다.

"우리는 목회 돌봄과 예배의 긴밀한 관계를 인식해야 한다. … 상담가가 아무리 능숙하고 공감적이라 하더라도, 그는 자기 자신의 인격 안에서 예배를 가장 진실하게 집약하는 돌봄과 나눔의 공동체를 반영하지 못한다. 이는 예배가 상담의 '도구'임을 옹호하는 것이 아니다. 만일 예배가 그 자체가 목적이 아니라 목적을 위한 수단처럼 여겨진다면, 그러한 예배는 거짓이다. 그러나 목회 상담가는 예배 공동체의 상황에서 자신의 일을 수행하며, 세상 밖의 사람을 상담하는 장점을 가지고 있다는 사실을 잊지 말아야 한다."

William R. Philips and Don S. Browning, "A Litany for Thankfulness," *Journal of Pastoral Care*, Vol. 27 (March, 1973), pp. 21-25에는 치료적 설정과 규격화된 설정에서 예배라는 용어를 사용한 시도에 관한 흥미로운 예가 있다. 또한 예배라는 용어를 사용한 것에 대한 신학적인 책임 평가(a theologically responsible evaluation)도 있다.

17 H. Boone Porter, Jr., "Ministerial Priesthood and Diaconate in Holy Scripture," *Worship*, vol. 51 (July, 1977), pp. 326-31; Bernard Cooke, *Ministry to word and Sacraments* (Philadelphia: Fortress Press, 1976), pp. 33-57.

3장

1 Jonathan Edwards, *Religious Affections*, ed. John E. Smith (New Haven: Yale University Press, 1959).

2 Seward Hiltner, *Pastoral Counseling* (Nashville: Abingdon, 1949), pp. 71 ff.

3 Carl Rogers, *Client-Centered Therapy* (New York: Houghton Mifflin Co., 1951), p. 97.

4 Paul W. Pruyser, *A Dynamic Psychology of Religion* (New York: Harper, 1968), pp. 176-78.

5 예를 들어, Wayne E. Oates, *Protestant Pastoral Counseling* (Philadelphia: The Westminster Press, 1962), pp. 88-91를 보라.

6 Pruyser, *Dynamic Psychology*, p. 178.

7 Richard A. Goodling, "The Bible in Pastoral Counseling," *The Duke Divinity School Review*, vol. 41 (Fall, 1976), pp. 178-95.

8 Pruyser, *The Minister as Diagnostician* (Philadelphia: The Westminster Press, 1976), pp.

60-79, 81-82.

9   William Muehl, *All the Damned Angels* (Philadelphia: Pilgrim Press, 1972), pp. 24-31.

4장

1   Sigmund Freud, *The Future of an Illusion*, trans. W. D. Robson-Scott (New York: Liveright Pub. Corp., 1949).

2   Carl Gustav Jung, *Modern Man in Search of a Soul*, trans. W. S. Dell and C. F. Baynes (New York: Harcourt Brance, and Co., 1936) 그리고 *Psychology and Religion* (New Haven: Yale University Press, 1938).

3   예를 들어, Mircea Eliade's *Images and Symbols*, trans. Philp Mairet (New York: Sheed and Ward, 1962)를 보라.

4   E. R. Goodenough, *The Psychology of Religious Experiences* (New York: Basic Books, 1965), p. 8; Pruyser, *A Dynamic Psychology of Religion*, pp. 337-38.

5   James E. Dittes, *The Church in the Way* (New York: Charles Scribner's Sons, 1967), pp. 326-50.

6   Ibid., p. 331.

7   Ibid., pp. 337-38.

8   디테스는 "대체적으로 예배는 행동에 관한 성찰을 위한 충분한 기회를 제공하는 않는 듯하다"라고 말한다. ibid., p. 38. 그러나 나는 디테스의 말에 반대한다. 왜냐하면 예배는 대개 가시적이며 활동적인 행위이기 때문이다. 나는 예배가 행동에 관한 성찰을 할 수 있는 충분한 기회를 제공한다고 생각한다.

9   고집스러운 저항과 고집스러운 저항의 결과에 대한 내 생각들을 정리할 수 있도록 나에게 도움을 준 것을 알고 싶다면 Rodney J. Hunter, "Ministry-or Magic?" *Princeton Seminary Bulletin*, vol. 1. (New Series, 1977), pp. 61-67을 보라. 나는 헌터에게 빚을 졌다.

10 Ibid., p. 65.

5장

1   Edward Shils, "Ritual and Crisis," in Donald R. Cutler, ed., *The Religious Situation*: 1968 (Boston: Beacon Press), p. 736.

2   Jessica Mitford, *The American Way of Death* (New York: Simon and Schuster, 1963); Victor Turner, *The Ritual Process* (Chicago: Aldine Publishing Co., Inc., 1969).

3   Howard J. Clinebell, Jr., "How to Set Up and Lead a Grief Recovery Group," *The Christian Ministry*, vol. 6 (November, 1975), pp. 34-36.

4   Edgar Jackson, *Understanding Grief, Its Roots, Dynamics and Treatment* (Nashville: Abingdon, 1957); Granger Westberg, *Good Grief* (Rock Island, III.: Augustana, 1962); David Switzer, *The Dynamics of Grief* (Nashville: A bingdon, 1970), pp. 93-177은 죽음 사람을 애도하는 과정이 갖는 원동력에 대하여 상세히 설명한다.

5   Schuyler Brown, "Bereavement in New Testament Perspective," *Worship*, vol 48 (February, 1974), pp. 93-98. 그리고 Willimon, "Can a Christian Grieve?" *New Covenant* (March, 1978)도 보라.

6   Janet Eells, "In Time of Grief," *Journal of Religion and Health*, vol. 16 (April, 1977), pp. 116-18.

7   John P. Meier, "Catholic Funerals in the Light of Scripture," *Worship*, vol. 48 (April, 1974), pp. 206-16.

8   Paul E. Irion, *The Funeral: Vestige or Value* (Nashville: Abingdon, 1966); Robert W. Bailey, *The Minister and Grief* (New York: Hawthorn Books, 1976); 그리고 Austin H. Kutscher, comp., *Religion and Bereavement: Counsel for the Physician, Advice for the Bereaved, Thoughts for the Clergyman* (New York: Health Sciences Pub. Corp., 1972)와 같은 장례 문헌에 속한 근대 고전들은 분명히 비평에 해당되지는 않는다.

9   William Sloan Coffin, Jr., *Once to Every Man and Nation* (New York: Atheneum, 1977), pp. 82-83.

10 성도들이 쓴 장례 성명서에 관해서는 Wilfred Bailey, *Awakened Worship* (Nashvill: Abingdon), pp.136-43; C. C. Crawford, "How to Beat the High Cost of Funerals," *The Christian Ministry*, vol 8 (May, 1977), pp. 26-28을 보라.

11 Paul W. Hoon, "Theology, Death and the Funeral Liturgy," *Union Seminary Quarterly Review*, vol 31 (Spring, 1976), pp. 169-81; Elisabeth Kübler-Ross, *On Death and Dying* (New York: Macmillan, 1969). 기독교 신학의 관점에서 퀴블러로스(Kübler-Ross)의 자연적 죽음에 대한 기독교 신학적 관점의 비평은 Roy Branson, "Is Acceptance a Denial of Death? Another Look at Kübler-Ross," *The Christian Century* (Mary 7, 1975), pp. 464-68을 참고하라.

6장

1   John H. Westerhoff and Gwen Kennedy Neville, *Learning Through Liturgy* (New York: Seabury Press, 1978), pp. 91-92.

2   Arnold Van Gennep, *Les Rites de Passage* (Paris: Emile Nourry, 1909).

3   결혼예식의 역사적인 배경에 대해서는 G. H. Joyce, *Marriage: An Historical and Doctrinal*

Study (New York: Sheed and Ward, 1948)와 E. Schillebeeckx, *Marriage: Secular and Sacred* (New York: Sheed and Ward, 1965)를 참조하라.

4 *Informal Conversations with Seward Hiltner: Marriage Sex, and the Church Today* (Nashville: Abingdon audiographics, 1975)가 인용된 조지아 주 애틀랜타 소재 콜롬비아 신학대학원의 테론 니스(Theron Neese) 박사의 연구를 참조하라.

5 W. Norman Pittenger, *Making Sexuality Human* (Philadelphia: United Church Press, 1970)과 Stephen Sapp, *Sexuality, the Bible, and Science* (Philadelphia: Fortress Press, 1977), 1-4장을 참조하라.

6 Lawrence A. Cremin, *American Education: The Colonial Experience 1607-1983* (New York: Harper, 1970), p. xiii.

7 아래의 논의에서 사용된 인용구는 연합감리교의 *The Book of Worship* (Nashville: The Methodist Publishing House, 1964), pp. 28-31에 나와 있는 *The Book of Common Prayer*의 "성혼예식"을 응용한 것이다. 이 예식은 크랜머(Cranmer)가 그 전에 있었던 중세의 예식을 약간 변경한 것으로, 거의 모든 전통적인 개신교 예식의 기초가 되었다.

8 Willimon, *Saying Yes to Marriage: The Two Shall Become One Flesh* (Valley Forge, Pennsylvania: Judson Press, 1979)를 보라.

9 나는 어떤 교회들이 결혼예식에서 사용하는 현대의 일부 상징적인 부착물들(신부의 부케에서 장미꽃 봉우리 하나를 뽑아 신부의 어머니에게 주는 행위, "사랑의 잔"으로 마시는 행위, "혼인 초"를 켜는 행위)이 서로 손을 잡고 인사를 나누는 가장 중요한 상징적인 표현을 모호하게 만드는 것은 아닌가 걱정이 된다. 예식 안에서 피상적이고 감성적인 예전적 장식품들을 너무 많이 사용하고 있기 때문이다. 우리가 결혼을 교육하는 데 있어서 가장 중요한 역사적인 상징들을 잘 사용하고 초점을 잘 맞추면, 그것들만으로도 결혼에 대한 우리의 신앙을 충분히 잘 표현할 수 있다.

10 개신교인들은 결혼예식이 성례전이 아니라고 주장할 수 있지만, 그들 중 대부분은 결혼예식이 주요한 "은혜의 수단"이라는 사실을 믿고 있는 것처럼 그 예식을 묘사하고 참여한다. 이같은 사실은 교회가 성례전의 수에 대해서 공개적으로 다시 생각해 봐야 한다는 제임스 F. 화이트(James F. White)의 제안이 논의될 가치가 충분히 있음을 시사한다.

11 *Rituals in a New Day* (Nashville: Abingdon, 1976), pp. 74-96에 나오는 소위 이혼을 위한 의례들은 사람들의 필요를 채우기 위한 치료적인 시도로서 예배를 이해하는 것의 문제점을 보여준다. 사람들의 필요를 목회하는 데 교회의 자원을 사용하기보다는, 사람들의 필요만을 강조하는 것 같은 오늘날의 문화적 가치에 순응한 결과처럼 보이기 때문이다. 나의 "The Risk of Divorce," *The Christian Century* (June, 1979)를 보라.

12 우리가 가지고 있는 신앙고백서에 나타난 결혼예식보다 더욱 적절한 결혼예식을 구성하는 데 있어 좋은 예들이 필요하다면, "The Celebration and Blessing of a Marriage," *The Book of Common Prayer* (New York: The Church Hymnal Corporation, 1977), pp. 422-23과 Hoyt Hickman, ed., *A Service of Christian Marriage* (Nashville: Abingdon, Forthcoming)를 참고하라.

13 *Informal Conversations with Seward Hiltner: Marriage, Sex, and the Church Today*

(Nashville: Abingdon audio graphics, 1975)의 카세트테이프 내용을 발췌했다.

7장

1. Willimon, "A Liberating Word in Water," *The Christian Century* (March 22, 1978), pp. 302-6.

2. G. H. W. Lampe and David M. Paton, eds., *One Lord, One Baptism* (London: SCM Press, 1960), p. 70.

3. James White, *Christian Worship in Transition* (Nashville: Abingdon, 1976), pp. 42-51.

4. *Institutes of the Christian Religion* IV, 14, 3 (Philadelphia: Westminster Press, 1960), II, 1278.

5. Johannes Schneider, *Die Taufe im Neuen Testaments* (Stuttgart: Kohlhammer, 1952), p. 30.

6. Robert W. Jenson, "The Mandate and Promise of Baptism," *Interpretation* (July, 1976), pp. 271-87.

7. P. T. Forsyth, *The Church and the Sacraments* (London: Independent Press, LTD., 1949), pp. 177-78.

8. George McCauley, S.J., *The God of the Group* (Niles, Illinois; Argus Communications, 1975), pp. 23-24.

9. Lawrence H. Stookey, "Three New Initiation Rites," *Worship* (January, 1977), pp. 33-49를 보라; *A Service of Baptism, Confirmation, and Renewal* (Nashville: The United Methodist Publishing House, 1976).

10. Aidan Kavanaugh, O.S.B., in *Made Not Born, New Perspectives on Christian Initiation and the Catechumenate* (Notre Dame: Murphy Center for Liturgical Studies, 1976), p. 133.

11. 새로운 세례예식에서 필요한 목회 리더십에 대한 제안들을 보기 위해서는, Frank C. Senn, *The Pastor as Worship Leader* (Minneapolis: Augsburg, 1977), pp. 64-76과 *A Service of Baptism, Confirmation, and Renewal: Introduction, Text, Commentary, and Instructions* (Nashville: The United Methodist Publishing House, 1976), pp. 17-30을 참고하라.

12. 여기서 루터는 로마서 6:4를 다른 말로 바꾸어서 표현하고 있다. "그러므로 우리가 그의 죽으심과 합하여 세례를 받음으로 그와 함께 장사되었나니 이는 아버지의 영광으로 말미암아 그리스도를 죽은 자 가운데서 살리심과 같이 우리로 또한 새 생명 가운데서 행하게 하려 함이라."

13. Richard Jensen, "How Many Baptisms?" *The Lutheran Quarterly* (November, 1975), pp. 312-21.

8장

1. Paul W. Pruyser, "The Use and Neglect of Pastoral Resources," *Pastoral Psychology* (September, 1972), pp. 5-17.

2. Hans Conzelmann, *An Outline of the Theology of the New Testament*, trans. John Bowden (New York: Harper, 1969), pp. 52-53. 참고. Paul S. Minear, "Paul's Teaching on the Eucharist in First Corinthians," *Worship* (February, 1970), pp. 83 이하.

3. Willi Marxsen, *The Lord's Supper as a Christological Problem*, trans. Lorenz Nietung (Philadelphia: Fortress Press, 1970). pp. 34-35. Jean-Jacques von Allmen, *The Lord's Supper*, trans. W. Fletcher Fleet (Richmond: John Knox Press, 1969), pp. 14-15도 보라; Edward Schillebeeckx, O.P., *The Eucharist* (New York: Sheed and Ward, 1968), p. 123.

4. 제2차 바티칸 공의회에서 이 주장을 분명히 했다. "성찬은 교회의 존재를 통해서 하나님의 생명을 공유하고 하나님의 백성이 하나 되는 것을 완전하게 나타낸다. 그리고 놀라울 정도로 그렇게 되도록 만든다." *Vatican Council II, The Conciliar and Post Conciliar Documents,* Austin Flannery, O.P., ed. (Collegeville, Minnesota: The Liturgical Press, 1975), p. 107.

5. Peter L. Berger and Thomas Luckmann, *The Social Construction of Reality* (Garden City, N.Y.: Doubleday, 1966), p. 158.

6. Erik Erikson, "The Development of Ritualization," *The Religious Situation: 1968*, ed. Donald R. Cutler (Boston: Beacon Press, 1968), pp. 711-33.

7. Howard J. Clinebell, Jr., *Basic Types of Pastoral Counseling* (Nashville: Abingdon, 1966), p. 171; Eliot D. Chapple and Carleton Coon, *Principles of Anthropology* (New York: Holt, Rinehart and Winston, 1942), pp. 130-44. 우리의 의례가 경험을 "표현하는" 것인지 아니면 "초래하는" 것인지, 우리의 가치를 단순히 표현하는 것인지 아니면 우리의 가치를 형성하는 것인지에 대한 논쟁들이 있다. 성찬식과 같은 의례들이 공동체를 형성하는 데 도움이 된다는 것을 주장할 때, 우리가 반드시 인정해야 하는 것이 있다. 사람들은 의례가 가져올 것이라고 약속하는 변화를 어느 정도 기대하고 원할 때에만 의례에 참여한다는 사실이다.

8. Margaretta K. Bowers, *Conflicts in the Clergy* (New York: Thomas Nelson and Sons, 1963), p. 45. Howard J. Clinebell, Jr., *Mental Health Through Christian Community* (Nashville: Abingdon, 1965), p. 58도 보라. 안톤 보이슨(Anton Boisen)은 "기독교 예배의 기능은 사람들이 그들의 실질적인 문제들과 어려움을 기독교 신앙의 관점으로 직면하고, 그것들을 다루는 통찰력과 용기를 적극적으로 찾도록 돕는 것이다"라고 말한다. "The Consultation Clinic," *Pastoral Psychology* (March, 1960), pp. 50-51. 참고. Don S. Browning, *The Moral Context of Pastoral Care* (Philadelphia: Westminster Press, 1976), p. 89.

9. William E. Hulme, *Pastoral Care Comes of Age* (Nashville: Abingdon, 1970), p. 85.

10. Robert W. Hovda가 *Strong, Loving, and Wise* (Washington: The Liturgical Conference, 1976), p. 20에서 제안했다. Dietrich von Hildebrand, *Liturgy and Personality* (Baltimore: Helicon Press, 196), chap. 4도 보라.

11 Erik Erikson, *Toys and Reasons* (New York: W. W. Norton, 1977), pp. 43f.

12 평화의 인사에 대한 간략한 역사와 평화의 인사가 사라진 이유들에 대한 심리학적인 의견들, 그리고 기독교 예배에서 평화의 인사가 회복되어야 할 필요성에 대해서는 William K. Phipps, "The Kiss of Love," *Pastoral Psychology* (February, 1972), pp. 27-32를 보라.

13 Mary Collins in *It's Your Own Mystery*, Melissa Kay, ed. (Washington: The Liturgical Conference, 1977), p. 9.

14 Paul Tillich, "Theology and Symbolism," *Religious Symbolism*, ed. F. Ernest Johnson (New York: Harper, 1955), p. 108.

15 Augustine, Sermon 272; J.J. von Allmen, *The Lord's Supper*, trans. W. Fletcher Fleet (Richmond, Virginia: John Knox Press, 1969), p. 60에서 인용.

16 Collins, *It's Your Own Mystery*, pp. 9-11.

17 Bernard Häring, *A Sacramental Spirituality*, trans. R. A. Wilson (New York: Sheed and Ward, 1965), p. 152에서 인용.

18 George McCauley, S.J., *The God of the Group* (Niles, Illinois: Argus Communications, 1975), p. 75를 통해서 이러한 시각을 갖게 되었다.

19 Augustine, *Sermon* 272.

9장

1 로널드 슬리스(Ronald Sleeth)는 설교의 중요성을 떨어뜨리고자 하는 오늘날의 시도들 배후에 있을 수 있는 이유들에 대해 연구했다. 그는 설교자 스스로에 대한 자기 의문이 설교에 대한 의문의 원인일 수 있다고 보았다.

"오늘날 교회에 있는 많은 성직자들은, 설교가 의사소통에 있어서 비효율적이라는 이유로, 아니면 신학적으로 권위주의를 주장한다는 이유로 설교 직무에 대한 이의를 제기한다. 그러나 설교 직무에 대한 본질적인 문제는 설교자 자신의 존재와 관련된다. … 설교는 설교자들의 내면을 드러내는데, 이것은 심각한 위험이 될 수 있다. 설교자들은 자신들의 존재에 대해 확신하지 못한다. 그래서 설교로 노출될 수 있는 자신의 불확실한 신앙과 인격 때문에 두려워한다. … 그들은 자신들의 가장 깊은 곳에 있는 자아가 드러나는 것이 두렵기 때문에 설교하는 것을 원치 않는다."

Ronald E. Sleeth, "The Crisis in Preaching," *Perkins Journal*, vol. 30 (Summer, 1977), p. 11.

2 Georgy McCauley, S.J., *The God of the Group* (Niles, Illinois: Argus Communications, 1975), p. 84. 맥컬리(McCauley) 신부의 책은 내가 안수식에 대한 생각을 정리하는 데 큰 도움을 주었다. 맥컬리 신부처럼 나는 그 주제에 대해서 어느 정도 인류학적으로, 즉 기능적으로 접근했다. 내가 내린 결론이 그 주제에 대한 역사적이고 신학적인 연구와 상충되지는 않는다고 생각한다. 1장에 언급된 Bernard Cooke, *Ministry to Word and Sacrament* (Philadelphia: Fortress Press, 1976)는

그러한 연구에 대한 훌륭한 개관을 제공한다.

3   Henry Nouwen, *The Wounded Healer: Ministry in Contemporary Society* (Garden City, N.Y.: Doubleday, 1972); Urban T. Holmes, *The Future Shape of Ministry* (New York: The Seabury Press, 1971), pp.27, 31. 사역에 대한 최근의 저서에서, 홈즈(Holmes)는 성직자가 가져야 할 특별하고 직관적이고 상상력이 풍부한 능력을 주장한다. *Ministry and Imagination* (New York: The Seabury Press, 1976), chap. 9. Holmes, *The Priest in Community* (New York: The Seabury Press, 1978)도 보라.

4   Seward Hiltner, *Ferment in the Ministry* (Nashville: Abingdon, 1969), p. 58; Lyle E. Schaller, *The Change Agent* (Nashville: Abingdon, 1972)와 *Parish Planning* (Nashville: Abingdon, 1971).

5   James D. Glasse, *Profession: Minister* (Nashville: Abingdon, 1968). David C. Jacobson, *The Positive Use of the Minister's Role* (Philadelphia: The Westminster Press, 1967), pp. 21-22도 보라. 성직자의 "전문가주의"(professionalism)에 대한 비판에 직면하여, 글라세(Glasse)는 자신의 초기 입장을 어느 정도 수정한 것처럼 보인다. "Beyond Professionalism," *The Christian Ministry* (March, 1978), pp. 12-14를 보라.

6   Richard John Neuhaus, "Freedom for Ministry," *The Christian Century* (February 2-9, 1977), p. 86.

7   McCauley, *God of the Group*, p. 86.

8   Georges Bernanos, *The Diary of a Country Priest* (Garden City, N.Y.: Doubleday, 1954), pp. 22-23.

9   McCauley, *God of the Group*, p. 87.

10 오래 전에 깁슨 윈터(Gibson Winter)는 목회 상담이 선호하는 일대일 돌봄의 관계들이 친교와 같은 교회의 목회적 기능을 애매하게 만들었고, 그 결과 성직자들이 공동체를 세우는 기능을 제대로 수행하지 못하게 만들었다고 지적했다. "Pastoral Counseling or Pastoral Care," *Pastoral Psychology*, vol. 8 (February, 1957), pp. 16-22.

11 McCauley, *God of the Group*, p. 88.

12 Ibid., p. 89.

13 Pual W. Pruyser, "The Master Hand: Psychological Notes on Pastoral Blessing," William B. Oglesby, Jr., ed., *The New Shape of Pastoral Theology: Essays in Honor of Seward Hiltner* (Nashville: Abingdon, 1969), pp. 352-65.

14 Ibid., p. 361.

15 Godfrey Diekmann, O.S.B., Robert Hovda, *Strong, Loving, and Wise: Presiding in Liturgy* (Washington, D.C.: The Liturgical Conference, 1967)의 서론에서 인용. p. vi. 호브다(Hovda) 신부의 책은 예배 인도에 대한 신학적인 근거와 실천적인 세부 사항들을 잘 논의한다.

16 R. P. Marshall, "The Pastoral Prayer in Today's Worship," *Religion in Life*, vol. 43 (Autumn,

1974), pp. 192-96.

17 목회 돌봄에서 개인기도가 차지하는 중요성에 대해서는 William E. Hulme, *Pastoral Care Comes of Age* (Nashville: Abingdon, 1970), pp. 151 이하의 논의를 참고하라.

성구 색인

시편
90:12　　　　　　　　132

마태복음
5:23　　　　　　　　　227
28:18-20　　　　　　　193

누가복음
5:29-39　　　　　　　　62
22:24-27　　　　　　　243
22:31-34　　　　　　　243
24:28-35　　　　　　　214

요한복음
14:27　　　　　　　　132

사도행전
2장　　　　　　　　　117
2:12　　　　　　　　　117
2:17-21　　　　　　　117
2:43-47　　　　　　　117
3:39a　　　　　　　　193
8:12　　　　　　　　　192
8:35　　　　　　　　　192
9:18　　　　　　　　　192
18:8　　　　　　　　　192

로마서
6:4　　　　　　　　　282

8장　　　　　　　　　151
12장　　　　　　　　217
15:16　　　　　　　　60

고린도전서
1:2　　　　　　　　　23
1:1-12　　　　　　　216
1:11-17　　　　　　　193
10:2-4　　　　　　　216
10:6-13　　　　　　　217
10:14-15　　　　　　217
10:17　　　　　　　233, 235
10:19-30　　　　　　217
10:26　　　　　　　　217
10:30　　　　　　　　217
11:2-29　　　　　　　26
11:17　　　　　　　　217
11:17-34　　　　　　216
11:18　　　　　　　　217
11:20　　　　　　　　217
11:29　　　　　　61, 217, 218
11:30　　　　　　　　219
12장　　　　　　　　216
13장　　　　　　　　219
14:26　　　　　　　　23

고린도후서
5:19-20　　　　　　　29
11:5　　　　　　　　261

에베소서

4:11   60

골로새서

1:12-14   193
2:9   29

데살로니가전서

4:13   135

디모데전서

4:14   60

야고보서

5:14-16   60

베드로전서

2:9   192, 252
5:2   60

요한계시록

4:4   60
14:13   132